编委会名单

2020

CHINA JOURNALISM AND COMMUNICATION JOURNAL

中国新闻传播研究

网络视频传播

高晓虹◎主编
刘宏 赵淑萍 曾祥敏◎副主编

中国传媒大学出版社
·北京·

目录 >>>>CONTENTS

视听传播

理论与历史

传播与文化

视听传播

无障碍电影的社会价值与审美取向*

Research on the Social Value and Aesthetic Orientation of Barrier Free Movies

◎ 高晓虹　潘　悦　付海钲

Gao Xiaohong　Pan Yue　Fu Haizheng

摘要:2020年是全面建成小康社会和"十三五"规划的收官之年。习近平总书记强调,全面建成小康社会,残疾人一个也不能少。① 无障碍电影,作为一种专为有障碍人士提供的公共文化服务,促进了全社会的信息平权和文化共享。本文以中国传媒大学2017年创立的"光明影院"公益项目为创新个案,探讨无障碍电影在发展过程中所体现的人文关怀、社会价值与审美取向。通过理论研究和实践总结,为增强残障人士的获得感、幸福感、安全感,推动我国无障碍事业发展贡献力量。

关键词:无障碍电影;光明影院;视听传播

Abstract:2020 is the closing year of building a moderately prosperous society in all respects and the 13th Five Year Plan. President Xi Jinping stressed that no one should be left behind in building a moderately prosperous society in all respects, especially the disabled. Barrier free movies, as a public cultural service for the disabilities, promotes the right of information equality and the cultural sharing of the whole society. This paper takes the "Bright Cinema", a public welfare project founded by Communication University of China in 2017 as an innovative case, discussing the humanistic care, social value and aesthetic orientation of developing barrier free movies. Through theoretical research and

---

* 本文系教育部人文社会科学重点研究基地中国传媒大学国家传播创新研究中心课题"中国传媒人才体系建构研究"(项目编号:19JJD860001)的阶段性成果。

① 习近平.全面建成小康社会,残疾人一个也不能少[EB/OL].(2016-07-29)[2020-05-31]. http://www.gov.cn/fuwu/cjr/2016-07/29/content_5124019.htm.

practical summary, it will contribute to make disabled person feel happier, safer, and more satisfied, and promote the development of accessibility in China.

Keywords: barrier free movies, Bright Cinema, audio-visual communication

“无障碍”最初是一种建筑设计理念，旨在为残疾人提供方便安全的行动空间。20世纪50年代，丹麦学者卞·迈克逊(N.E. Bank-Mikkelsen)提出“正常化原则(the normalization principle)”，希望能让残疾人和正常人一样，回归社会主流。1969年，瑞典人本·那杰(Bengt Nirje)首次对“正常化原则”进行了理论阐释。[①] 此后，“正常化原则”成为制定无障碍标准的基础原则，[②]目标对象从智力障碍者拓展到所有有障碍人士。

党的十九大报告指出，要“发展残疾人事业，加强残疾康复服务”[③]，突出强调了为残疾人提供社会参与机会、营造发展空间的重要意义。进入新时代，我国社会主要矛盾已经转化为人民日益增长的美好生活需要和不平衡不充分的发展之间的矛盾。除了物理层面的无障碍环境建设外，精神文明层面的无障碍文化建设越发得到社会各界的关注。如何在铺设物理盲道的同时，构筑一条直抵心灵的“文化盲道”[④]，让残障人士以平等的地位和均等的机会充分参与社会生活，共享物质文明和精神文明成果，成为立足国家战略、服务社会公益的重要议题。

2017年12月17日，我国首个以高校师生为志愿者主体的无障碍电影制作与传播项目——“光明影院”创立。该项目由中国传媒大学与北京歌华有线、东方嘉影联合推出，旨在优化口述影像服务模式，提升无障碍电影作品质量，打造一条更具专业性和服务性的“文化盲道”，通过无障碍电影的高品质生产和规模化推出，让更多视障人士走进五彩斑斓的电影世界，共享新时代文化成果。

---

① NIRJE B. The normalization principle and its human management implications[J]. The international social role valorization journal, 1994, 1(2): 19-23.

② 段培君，等.无障碍国家战略[M].沈阳：辽宁人民出版社，2019：2.

③ 决胜全面建成小康社会夺取新时代中国特色社会主义伟大胜利：在中国共产党第十九次全国代表大会上的报告(2017年10月18日)[EB/OL].(2017-11-01)[2020-05-30]. http://www.qstheory.cn/dukan/qs/2017-11/01/c_1121886256.htm.

④ 高晓虹，陈欣钢.光明影院：无障碍视听传播的研究与实践[J].中国编辑，2019(3)：4-7,25.

一、无障碍电影：专为残障群体提供的公益文化服务

无障碍电影，一般是指通过在电影原片的基础上增加手语、字幕或解说，对电影的视听语言进行翻译、拆分和转化，以供视障或听障人士欣赏的电影。其宗旨是为特定人群提供具有独特性的文化服务，进而促进有障碍者享受信息平等、社会参与和文化共享的权利。

我国目前有8500多万残疾人，视障人士超过1732万。近年来，我国人口老龄化加剧，60岁及以上人口近2.5亿。从狭义上讲，无障碍电影的服务对象特指有视觉或听觉障碍的残疾人，但从广义上看，所有有障碍人士都是无障碍电影的受众，其中既包括视障听障人士，也包括行动不便和视觉功能减退的老年人。

根据服务对象的不同，无障碍电影可简单分为两种：给视障者"听"的和给听障者"看"的，并各有其对应的视听元素转化方式。"听觉→视觉"的转化主要通过听障者字幕或手语视窗实现，而"视觉→听觉"的转化则以影像描述为主。电影是一种以视觉为主的视听艺术，视觉感官是人类获取电影信息的重要来源，视障人士在欣赏影视作品时，会遇到更多障碍。因此，"光明影院"将研创重点放在了面向视障人士的无障碍电影上，通过影像描述，为视障者带去完整的观影体验。

(一)无障碍电影的社会价值

电影被认为是综合了建筑、音乐、绘画、雕塑、诗和舞蹈的"第七艺术"，通过视觉创造、声音设计和镜头剪辑，让观众宛如身临其境，又仿佛超然物外，具有丰富的艺术价值。作为一种大众喜爱的休闲娱乐活动，电影还具有广泛的文化价值和社会意义。通过对现实世界的还原和对虚拟世界的创造，电影不断引发观众对当下生活的思考，对人性与生命的反思，为社会大众的文化交流和思想碰撞创造了更多话题。

当前，我国无障碍环境建设已取得显著成绩，无障碍文化建设正加速推进。在视听新媒体时代，无障碍电影的制作和推广成为无障碍文化服务延展的新方向。通过影像描述，让视障人士能够和明眼人一样，完整地理解、享受一部电影，这不仅是对视障人士艺术生活的拓展，更是对其精神文化需求的满足。借由电影这种艺术形式，让视障人士与电影中的人物产生共鸣，进而和明眼人一样，通过虚拟的故事充实现实的人生、拓宽生命的广度、得到心灵的启迪、拥有更多与人交流的话题，进而主动参与社会生活。

无障碍电影为视障人士的精神文化生活提供了更多选择。一直以来，由于视觉感官的缺失，视障群体接触和选择视听文化时受到了较大限制。电影作为重要的文化传播载体，是人们享受精神文化生活的重要渠道。和健全人一样消费和享受电影，是视障人士的基本文化权利。① “光明影院”通过影像描述为视障人士接触视听媒介创造了有益条件，让视障人士在盲文、广播、有声书之外，拥有与明眼人一样多的文化选择，共赴视听盛宴，共享文化成果。

无障碍电影为视障人士参与社会生活创造了更多机会。与多种多样的人保持社会关系是个人得到社会支持的重要条件。② 现实生活中，囿于视力障碍，视障人士的社会参与程度较低。《视障人士在线社交报告》显示，74％的视障人士上网是为了社交，寻找与他人的共同语言。③ 共同观影，不仅能够为视障人士创造出积极互动的群体社交空间，而且能够让视障人士和健全人拥有更多的共同话题。每次“光明影院”公益放映活动现场都有不少视障人士的家人、朋友。观影过程中，视障人士会非常自然、主动地与身边人交流；影片结束后，他们还会三五成群地点评、讨论电影情节和内涵。无障碍电影观影活动为残障者在社会参与中树立信心、在与健全人的交往互动中获得社会认同，提供了良好的平台和环境，不仅在物理上拉近了人们的社交距离，而且在精神上促进了人与人的深度交流。

（二）无障碍电影的发展进程

影像描述，是一种将视觉画面转换为声音描述的方法，诞生于 20 世纪 70 年代的美国，也被称为口述影像。④ 20 世纪 90 年代初，美国电视台开始推出专为残障人士提供口述影像服务的音频辅助频道。⑤ 2016 年起，世界最大的收费视频网站网飞(Netflix)开始为其流媒体库中的所有内容提供音频描述，旨在为视障用户提供与视力正常用户相同的搜索、观影功能。与欧美的发达国家相比，我国的口述影像服务起步较晚。2002 年，中国台湾“口述影像发展协会”成立。2005 年，“心目影院”在北京建成。2009 年，上海市残联、上海市图书馆、上海电影评论学会筹划成立“无障碍电影工

① 马波.普及型无障碍电影推广模式[N].中国新闻出版广电报，2015-09-10(004).

② 贺寨平.国外社会支持网研究综述[J].国外社会科学，2001(1)：76-82.

③ 信息无障碍研究会.研究会携手腾讯，QQ 发布《视障人士在线社交报告》[EB/OL].(2019-10-17)[2020-05-31].http://www.siaa.org.cn/qq-4.

④ CRONIN B J，KING S R. The development of the descriptive video service[J]. Journal of visual impairment & blindness，1990，84(10)：503-506.

⑤ SNYDER J. Audio description：the visual made verbal[J]. International congress series，2005，1282：935-939.

作室”，同年 4 月，中国第一部无障碍影片《高考 1977》首映。

随着国内无障碍电影服务的逐步启动，服务过程中面临的问题与困境也逐渐显现。一者，“影像描述”本身具有公益服务和专业创作的双重属性，但国内外缺乏关于如何有效、得当地向视障人士描述画面的学理研究和效果评估方式，导致内容生产缺乏规范性和专业性。二者，以上项目的口述影像服务志愿者大多由政府或公益机构组织，面向社会招募，合格的志愿者数量仍然较少，口述影像服务的质量良莠不齐，且由于志愿者的时间调配可能存在冲突，无障碍电影的讲述质量和播放场次均难以保证。基于以上限制，我们亟须探寻无障碍电影的规范化制作和规模化生产模式。

二、“光明影院”：无障碍电影的创作实践与价值拓展

国内外常见的影像描述服务模式分为现场影像描述（live audio description）和预录影像描述（pre-recorded description）两种。当前国内的现场影像描述发展较为成熟，北京的“心目影院”、上海的“光影之声”都是请志愿者在电影放映现场担任讲解员，为视障人士现场讲解电影，赢得了视障人士的广泛认同。现场聆听、实时讲述，为“看电影”这项文化活动带来了更多互动感和仪式感。从单向收听放映机中的声音，到能够与有温度的人进行现场交流、感受讲述者旁白与电影原声交织的声韵流动，现场讲解为无障碍影像服务带来了更多温度和人情味。此外，观众与讲解员同处一个物理空间，能够更加直观地感受到讲解员的情绪，产生共鸣，这也有助于搭建起双方心灵沟通的桥梁，建立起视障人士之间、视障人士与明眼人之间的平等对话。

随着无障碍电影的发展，大众对口述影像服务的技术水平、艺术效果、传播的深度和广度有了更多期待。如何突破现场讲述的局限性、提升影像描述的艺术感、优化无障碍电影的作品质量，成为无障碍电影创新发展的关键。为了解决服务专业性和项目可持续性等问题，2017 年底，中国传媒大学推出“光明影院”无障碍电影公益项目。从一次性的口述影像服务到可复制、可传播的视听文化精品，“光明影院”通过实践创新完成了对无障碍电影的价值拓展，从产品内容的生产传播，到公益行动的可持续、可拓展，为我国无障碍电影事业的未来发展提供了专业、稳定的公益平台。

(一)高品质的内容生产

"光明影院"所采用的是预录影像描述模式。志愿者在录音棚提前完成影像描述的录制以及剪辑、混音、合成等后期工作,将无障碍电影成品刻录成U盘或光盘,以便后续放映和推广。虽然制作过程相对复杂,但产品优势非常明显。

一是内容描述的准确性。如何获取信息是视障人士观看电影时不得不面对的问题,也是无障碍电影创作要解决的基本问题。如何在有限的时间内,抓取最重要的元素进行从视觉信息到听觉信息的转化,成为无障碍电影创作者们不断探索的重要课题。无论是现场讲解还是提前录制,一份内容准确、信息完整、理解到位的讲述稿都是无障碍电影创作的重中之重。讲述稿的撰写涉及对镜头语言的解读、对叙事逻辑的拆分、对情节内容的把握,这些都要求志愿者具备较高的专业素质和专业能力。"光明影院"依托中国传媒大学双一流学科建设,打造了一支由500多名视听传播专业师生共同参与的无障碍电影创作团队,从志愿者的专业性和稳定性方面保证了电影的创作质量,从志愿者的规模和数量方面确保了电影的创作效率。在创作过程中,"光明影院"严把质量关,采用便于反复修改、调整的预录模式,从撰稿、录制到剪辑、合成,对每个步骤都精雕细琢、精益求精,一部90分钟的无障碍电影,往往要反复推敲300多个小时。从一件物品的准确名称,到一个情节的前后呼应,项目团队始终将内容描述的精准性放在首位,以期为视障朋友提供准确、专业、到位的无障碍服务。

二是内涵阐释的深刻性。"光明影院"在创作过程中,不仅对画面内容进行准确描述,而且对画面背后的故事内涵、思想价值进行了深刻阐释,让视障人士在欣赏电影时,既能了解"现在正在发生什么",又能理解"发生的原因"以及"情节发展的意向",更加充分、完整地认知和感受一部电影。例如,在《我们俩》中,介绍房东奶奶"时常也会扭扭脖子,像小女孩教她的那样",用这个细节将影片前后巧妙勾连,让大家在听电影的时候同样能够对情节设计有所领悟;在《地道战》最后,"那口挂在老树上的铜钟再次被敲响,这一次,它传递的是胜利的喜悦和美好的祝福",志愿者对画面内涵进行了合理推演,将时代精神与人文理想进行了巧妙融合。

三是音质音色的高保真。听觉感官是视障人士接收信息的最主要渠道,听觉元素在无障碍电影中的地位举足轻重。从单纯的"视觉艺术"到兼具视觉和听觉的"视听艺术",电影中听觉元素的表意功能和艺术价值逐步得到大众的认可。一部优秀的无障碍电影作品,既要让人听得懂,又要让人听得好,给视障人士以听觉的享受。口述影像志愿者在对视听元素进行“翻译、再现”①的同时，还应该通过声音造型向观众传达情绪、进行艺术呈现。现场影像描述具有一定的不确定性，不同志愿者对影片情绪的把握不尽相同，同一位志愿者在不同场次的服务中的状态也难免有起伏。只有按照标准化的制作流程，进行精细的声音剪辑和严格的音频调配，才能确保无障碍电影声音信息的清晰、流畅，实现讲述者旁白与电影对白、原声声效的精妙配合。只有反复调整和不断打磨，才能让讲述人的情绪始终饱满、声音始终具有感染力，进而通过讲述人的情绪带动，激发视障人士的情感，获得双方在审美情绪上的涟漪效果。②“光明影院”的录制环节在专业的录音棚中进行，每次录制会安排专门的录音师和监听人员，对讲述者声音的层次、质感、感染力等进行监督，让声音具有触达心灵的冲击力，确保讲述者旁白与电影原声搭配得自然和谐。录制结束后，后期制作小组对人声轨道进行降噪、调平，再与电影原声混音合成，既保证音质音色的高保真，又让影片的声音元素富有艺术美感和审美意趣。

（二）多渠道全覆盖的作品传播

无障碍电影既是一类普通的视听文化产品，又是一项面向特定人群的社会公共服务，其作品的消费、生产和传播具有独特的人文价值和重要的社会意义。

内容版本可复制，为无障碍电影的广泛传播打下基础。“光明影院”制作的无障碍电影打破了现场讲述的场景限制，一经制作完成，即可批量生产、广泛传播。一方面，相比现场讲述每次只能邀请有限的观众观影，预录好的无障碍电影受众面更广。另一方面，通过拷贝心仪的影片，视障人士可以随时随地欣赏电影，这进一步降低了触媒门槛，拓展了视听媒介的“可及性”。此外，“光明影院”所采用的预录模式能够较好地解决当前口述影像服务志愿者人数不足和视障人士观影需求较大之间的矛盾，为无障碍电影公益放映的常态化打下基础，让更多视障人士受益。

传播覆盖面广，为残疾人文化扶贫助力。截至 2019 年底，“光明影院”已经形成了一套独具特色的传播模式，简称“五进”模式：以各省级盲协为纽带，走进影院、盲校、图书馆、社区以及千千万万个家庭。无障碍电影在全国 30 个省、市、自治区的公益放映和推广，使口述影像服务的覆盖面从北上广深等一线城市拓展到新疆、西藏、青海、宁夏等欠发达地区。“光明影院”走村入户，将电影送到内蒙古大青山革命老区、四川凉

---

① 赵雅丽. 口述影像：一个翻译与再现观点的对话[J].新闻学研究，2002(1)：97-134.

② 周景.无障碍理念下口述影像的播音实践与研究[J].吉林艺术学院学报，2019(5)：70-77.

山彝族自治州、福建宁德等地，为贫困地区视障人士带去文化产品，通过无障碍电影的推广和传播，实现对视障群体的文化扶贫；从文化传播角度入手，将扶贫与扶志、扶智相结合，借助电影潜移默化的教育功能，提升视障群体的生活品质和文化素养，激发残疾人脱贫攻坚的内生动力，为决胜全面建成小康社会不懈奋斗。

传播渠道多样，进一步拓展视障人士的观影空间。三年来，“光明影院”持续探索无障碍电影的传播渠道：将无障碍电影送到残障人士家中，打通无障碍文化传播的“最后一公里”；与各地影院合作建立无障碍放映厅，定期组织无障碍电影线下公益放映活动，让视障人士走进电影院观影；与北京歌华有线等城市广电媒体合作，搭建线上无障碍电影放映专区，让视障人士足不出户观影成为可能；与网络平台合作，通过版权的部分授权，推动无障碍电影的线上推广……“光明影院”逐步建立起覆盖线上线下的无障碍观影渠道，为视障人士提供了更加便捷、舒适的“无障碍观影空间”。

(三)聚沙成塔的公益服务

每年制作完成 104 部无障碍电影，这是“光明影院”的承诺。这意味着，一年 52 周，每周视障人士能够欣赏 2 部无障碍电影，达到甚至超过明眼人的观影频次。经过几年的实践累积和学理研究，“光明影院”已经制作完成了 208 部无障碍电影，并逐步搭建起一个高校公益新平台。

多方参与，保证公益项目的可持续性。“光明影院”将高校的专业优势、企业的资源优势和媒体的平台优势有机结合，经过多方的共同努力，从运作管理上保障了无障碍电影服务的专业、稳定、可持续。在反馈机制上，“光明影院”不断根据受众需要和用户反馈进行内容调整；与各残联、盲协保持联络，定期举办研讨会和观影反馈会，让盲人朋友在享受口述影像服务的同时，也能参与无障碍电影的内容生产与项目优化，实现残疾人与健全人的双向互动，在促进视障人士“平等、参与、共享”的同时，保障项目的健康发展。

共同享有，保证公益服务的高延展性。“光明影院”作为一个立足无障碍视听文化传播的公益项目，具有广阔的社会需求和发展前景。从面向特定人群的狭义无障碍到服务全社会的广义无障碍，无障碍电影的服务对象随无障碍理念的进步而不断增加。从无障碍电影到无障碍纪录片、电视剧、文艺晚会……无障碍文化的服务内容随人们文化需要的日益多样而不断丰富。从内容创作到公益推广，从活动日观影到常态化享有，从线下放映到线上传播，“光明影院”以无障碍电影为起点，不断创新服务形式，逐步发展成为集无障碍电影制作、无障碍内容传播、无障碍观念普及于一身的无障碍文化品牌。

三、无障碍电影的艺术审美与美育价值

习近平总书记在文艺工作座谈会上指出："精品之所以'精'，就在于其思想精深、艺术精湛、制作精良。"从无到有、从有到好、从好到精，无障碍电影在内容制作、艺术呈现和思想引领等方面，有着更高的标准和更多的追求。

（一）无障碍电影的艺术审美

审美是一种精神—文化活动，它的核心是以审美意象为对象的人生体验。在这种体验中，人的精神超越了"自我"的有限性，得到了一种自由和解放。[①] 这种基于人的生活经验、生命观照的审美活动，对视障人士突破感官障碍的桎梏，进行自我实现与自我认同，有着不可替代的作用。

美是一种审美愉悦，这种"愉悦感"的产生，取决于情感和认知的微妙反应。[②] 明眼人观看电影时产生的愉悦感主要来自视觉信息，而这种愉悦体验对视障人士来说，要通过影像描述来填补。从电影到文化再到精神，"光明影院"除了对电影本身的艺术之美进行再现，还试图营造一个让视障人士可以平等感受文化之美的意境，为其留下一种关于生命之美、精神之美的想象。

1. 美的空间

电影，是光与影的艺术，是色彩斑斓、缤纷夺目的世界。一位合格的无障碍电影创作者，应当成为无障碍视听审美空间的构建者、引导者和分享者。[③] 从讲述稿的遣词造句到故事情节的设计取舍，再到电影人物的描摹塑造，无障碍电影要有美的内容。从亲情、友情到爱情，从为友为邻到为国为民，从儿女情长到家国情怀，无障碍电影要有美的情感。从讲述者声音的表现力和感染力到讲述者旁白与电影原声的相得益彰，无障碍电影要有美的形式。从语气的变化到节奏的转换，再到情绪的升华，无障碍电影要有美的氛围。无障碍电影要通过创作者的创作，给观众以美的享受，让观众进行

---

① 叶朗.美学原理[M].北京：北京大学出版社，2019：15.

② ARMSTRONG T，DETWEILER-BEDELL B.Beauty as an emotion：the exhilarating prospect of mastering a challenging world[J].Review of general psychology，2008，12(4)：305-329.

③ 周景.无障碍理念下口述影像的播音实践与研究[J].吉林艺术学院学报，2019(5)：70-77.

美的发现和美的创造，进而通过电影，感受生活之美、发现生命之美，在电影中感受生命的力量。

2. 美的想象

电影并不只是真实的再现或拙劣的模仿，而是一种有心理活动和联想、想象参与的艺术。阿恩海姆认为，真实事件的某些部分一旦被取消，镜头的吸引力反而大大增强了。[①] 例如，默片中无声的笑比有声的笑更具艺术穿透力，就在于它留给人们无尽的想象空间。“一千个观众眼中有一千个哈姆雷特”，留白让每个人都可以根据自己的生活经验和对影片的理解，进行“个人化”的想象。这种积极的选择和主动的“再创造”，让电影拥有了更多艺术美感和审美价值。

“美不自美，因人而彰”，没有心灵的映射是无所谓美的。[②] “光明影院”试图通过对画面细节的创造性描述，利用声音的传情达意功能，让视障人士通过听觉和想象构建起基于自身生活经验的审美体系。在《流浪地球》中，“从太空俯瞰，地球就像一个水晶球”，这句话既生动介绍了地球表面萦绕着淡淡光线的质感，又通过“水晶球”一词本身代表的梦幻和浪漫，给人以神秘唯美的想象。在《无问西东》中，“此时镜头拉远，(沈光耀)家里客厅的牌匾上写的是‘三代五将’”。讲述者通过对“三代五将”一词的强调，塑造出服从影片风格和整体情感基调的声音形象，让视障人士通过声音造型感受到沈家一门以身许国、为国舍家的家国情怀。

(二)无障碍电影的美育价值

“光明影院”不仅让视障人士“看到”了电影，更将无障碍电影拓展为一种美育活动，旨在通过提供审美线索来配合观众积累的审美经验，激发视障人士在审美活动中的主体能动性，让其在享受电影的同时，培养审美能力，陶冶性情，完善人格。[③]

审美能力集中表现为对美的感知、理解与想象，它的形成和培养大多是在不经意间完成的。这种基于成长环境的“不经意”，造成了审美能力的不平衡。对于健全人来说，审美是一种基于千百万次感官经验的选择。但对于视障人士来说，由于感官受限，他们只能通过针对性的训练，通过对事物的想象、对形式内涵的理解，对视觉审美能力进行感知和发掘。为此，“光明影院”在影像描述时，特意加入了对故事内涵的阐释和

---

① 阿恩海姆.电影作为艺术[M].杨跃，译.北京：中国电影出版社，1981：91.

② 宗白华.美学散步[M].上海：上海人民出版社，2005：121.

③ 《美学原理》编写组.美学原理：第二版[M].北京：高等教育出版社，2019：255-257.

对重要细节的描述，让电影的表层信息“可知”，深层表意“可感”，让视障人士在观影过程中获得与明眼人同等的审美经验。

性情的陶冶和人格的完善贯穿无障碍电影服务始终。一方面，“光明影院”格外注重对视障群体精神文明建设的关注，在影像描述时坚持和弘扬社会主义核心价值观，展现中国精神，凝聚中国力量，为视障人士提供正向的价值引导和精神引领，让他们能够从电影中汲取力量，塑造自尊自爱、自立自强的健全人格，主动融入社会，参与社会生活。另一方面，“光明影院”致力于在全社会形成关心、关爱、关注有障碍群体的公益氛围，积极传递正能量，让他们拥有更加积极的人生观，用乐观阳光的心态面对生活；以无障碍电影为起点，建立起人与人、人与社会和谐美好的关系，促进残健共融，推动社会文明进步。

作为一种专为残障人士提供的公共文化服务，无障碍电影在与残疾人分享文化成果的同时，也为健全人的人权教育和同理心培养提供了鲜活的资料。中国传媒大学借助“光明影院”平台，将公益服务与教学实践相结合，让“立德树人”贯穿活动始终；将育人和育才相统一，摸索出一套“课程思政”新模式。将专业教育、素质教育与情怀教育有机融合，在培养学生专业能力的同时，加强对其公益精神和家国情怀的培育，实现全员、全程、全方位育人；在进行无障碍电影创作培训的同时，对志愿者们进行无障碍文化的普及和通用无障碍理念的教育，为我国无障碍事业发展培养“知行合一”的专业人才，服务国家战略，力行社会担当。

无障碍电影是我国无障碍文化发展的重要组成部分，也是人类文明进步和社会现代化的重要体现，近年来得到社会各界的广泛关注。2019 年两会期间，全国人大代表贾樟柯导演提出了《关于发展我国无障碍电影事业的议案》，号召社会各界关心、支持无障碍电影。在 2020 年 5 月召开的全国政协十三届三次会议上，全国政协委员、中国盲协主席李庆忠提交了《关于将〈无障碍环境建设法〉列入 2021 年全国人大常委会立法计划的提案》《关于开放版权，推动无障碍电影发展的提案》等多项提案，①助力残疾人全面小康、丰富视障人士的精神文化生活。

无障碍文化的实质，是人道的精神、人权的精神、现代化的精神。②“光明影院”以无障碍电影为媒介，以公益行动为桥梁，在满足残障人士的精神文化需要的同时，从社会接纳层面加强对视障人士的尊重与保护，让“自由、平等、公正、法治”的社会主义核

① 中国网.李庆忠委员：多份提案为盲人发声 关注残疾人精神文化需求[EB/OL].(2020-05-27)[2020-06-04].http://canjiren.china.com.cn/2020-05/27/content_41166035.html? f=pad&a=true.

② 段培君，等.无障碍国家战略[M].沈阳：辽宁人民出版社，2019：80.

心价值观真正转化为人们的情感认同和行为习惯，推动残健融合，助力信息平权、文化平权和交流平权。从无障碍电影到无障碍文化，再到惠及全人类的无障碍事业，以世界眼光、国际标准、中国特色为指引，探索出一条国家无障碍发展路径，是构建人类命运共同体的生动实践，也是新时代文化发展的新方向、新使命。

〔高晓虹，中国传媒大学新闻传播学部学部长，教育部新文科建设工作组成员，2018—2022 年教育部高等学校新闻传播学类专业教学指导委员会主任委员；潘悦，中国传媒大学电视学院硕士研究生；付海钲，中国传媒大学教师，助理研究员〕

〔特约编辑：顾洁〕

新中国成立70周年国庆阅兵仪式直播报道的文化解读*

——基于"场景—情感—权威"的分析框架

Cultural Interpretation of Live Coverage of the Military Parade Marking the 70th Anniversary of the Founding of the PRC

—Based on the Analysis Framework of "Scene - Emotion - Authority"

◎王 甫 蔡旻俊

Wang Fu Cai Minjun

摘要：阅兵在国家的各个时期都是重要的仪式性活动，媒体在此类仪式性活动中发挥着日益重要的作用。新中国成立70周年国庆阅兵仪式规模空前、振奋人心。在此次国庆阅兵仪式中，大部分观众通过电视直播、互联网直播观看阅兵仪式，通过仪式传播来认识仪式本身和仪式的文化价值。事实上，在重大仪式活动中，人们接收信息的过程也是分享信仰的过程。詹姆斯·凯瑞曾在《作为文化的传播》中说："传播的仪式观并非直播信息在空中的扩散，而是在时间上对一个社会的维系；不是指分享信息的行为，而是分享信仰的表征。"①在阅兵仪式直播过程中，海内外华人共同参与仪式，分享对祖国的热爱、对军队的热爱、对人民的热爱。本文从文化角度，基于"场景—情感—权威"的三级分析框架，重点考察此次阅兵仪式是如何通过媒体的直播报道使观众产生审美体验、提升价值认同、维系社会关系的。

关键词：新中国成立70周年国庆阅兵仪式；直播报道；场景；情感；权威

Abstract: The parade is an important ceremonial event in all periods of the country. Media are playing an increasingly important role in such ceremonial activities. The scale of the military parade marking the 70th anniversary of the founding of the People's Republic of China (PRC) is unprecedented and exciting. During the National Day, most of Chinese watched the parade on TV

* 本文系研究阐释党的十九届四中全会精神国家社科基金重大项目"建立健全我国网络综合治理体系研究"（项目编号20ZDA061）阶段性成果。

① 凯瑞.作为文化的传播[M].丁未，译.北京：华夏出版社，2005：3.

and the Internet, they experienced the cultural value of the parade through the mass media. Actually, in the grand ritual activities, the process of people receiving information is also the process of sharing their faith. James W. Carey said in *Communication as Culture* :"the ritual view of communication is not the spread of information in the air, but the maintenance of a society; It's not merely the behaviour of sharing information, but the act of sharing the representation of faith." Chinese people participated in the ceremony by the way of watching the live coverage of the parade at home or abroad to share their love for the motherland, the army and the people. This paper is based on the analysis framework of "scene-emotion-Authority", and focuses on the interaction, value identity, aesthetic experience and the maintenance of society, on which the parade has effects by the parade communication.

Keywords: the military parade marking the 70th anniversary of the founding of the PRC, live coverage, scene, emotion, authority

仪式活动古已有之,如今,伴随着媒体的参与和传播,仪式活动的传播力与影响力迅速扩大。2019 年新中国成立 70 周年国庆阅兵仪式规模空前。据统计,阅兵人数达 1.5 万人,共 59 个方队,另有战机 160 余架,其余导弹、运输车、火炮等设备共计 580 套,是近几次阅兵中规模最大的一次。这次阅兵仪式也成为各大主流媒体创新直播报道模式、优化直播产品、彰显传播力、凝聚国人意志的盛会。

新中国成立 70 周年国庆阅兵仪式不仅是一次重要的国家活动、媒体盛会,更是一个重要的文化现象、文化仪式。在此次仪式活动中,媒体传播发挥着重要的作用。我国主流媒体通过电视、互联网、移动互联网等大众媒介,以视频、图文、VR 画面等形式,让海内外华人同时观看盛大阅兵仪式,共同沉浸在充满仪式性、国民性的文化氛围中,感受民族自豪、分享共同信仰。本文从文化角度,重点考察此次阅兵仪式在传播过程中是如何运用融合式的直播手段传播仪式的精神内核、文化内涵,并产生社会维系作用的。

一、直播报道"引领"仪式活动传播

当前,对重大仪式活动的直播报道已成为我国主流媒体常态化的报道形式。从广播、电视到互联网、移动互联网,随着技术的更新迭代,当下仪式活动直播报道的内容、形式的丰富程度,触达的速度、广度,都是此前无法企及的。在重大仪式活动中直播报道的呈现形式与传播方式都极大地影响了仪式文化意义的传达。

新中国成立70周年国庆阅兵仪式直播报道采用融合式直播报道，从内容、平台、技术、产品等层面打造精品，全方位、立体化展现国庆阅兵仪式。先进的直播设备、融合的报道形式、前沿的报道手段、独特的摄影技巧纷纷被应用在直播报道中，此次直播衍生出形态多样的直播产品，同时结合强大的平台矩阵，给全球观众身临其境的现场感和参与感。直播报道也实现了多项突破。其中，中央广播电视总台各电视频道在阅兵仪式直播期间并机收视率为22.9%，总收视份额达86.58%，观众规模空前（见表1）；截至2019年10月2日12时，央视新闻客户端直播总观看量超过10亿人次，加之各合作平台，总观看量超过17亿人次；①国内70家影院同步播放总台4K直播电影，全部满座。此外，在直播系统上，此次阅兵仪式直播报道采用了新中国电视史上规模最大、设备最先进、技术最复杂的直播系统；在呈现方式上，首次使用虚拟现实（VR）+5G的直播技术对阅兵仪式进行现场直播报道，并首次采用人工智能（AI）剪辑；在拍摄手法上，此次直播采用多样化的创新拍摄手法，如使用近距离贴地机位、用升降塔拍摄时政画面、在领导人阅兵拍摄车上安装陀螺仪、在离中心区更近的地方用索道摄像机拍摄等；各大媒体纷纷推出融媒体直播产品，创造互动话题，提供交流平台，提升直播热度，如央视新闻新媒体设计制作原创H5产品《预约专属席位全景观盛典》并发放网络虚拟观礼券，邀请网友广泛参与直播互动（见表2）。

表1　中央广播电视总台国庆70周年庆典活动直播情况分析

传播平台	观看情况
中央广播电视总台央视	电视端观看人数达7.99亿，各频道并机收视率为22.9%，总收视份额达86.58%。
中央广播电视总台央广	央广直播节目《中国之声》累计触达2100万城市核心人群；《大湾区之声（粤语）》直播的新媒体端收听量最高时段为300万人次。
中央广播电视总台国际视频通讯社	国庆阅兵直播信号及素材被84个国家和地区的1177家境外电视台/频道采用9224次，播出总时长为120小时42分26秒。
央视网、央广网、国际在线	庆祝大会、阅兵仪式及群众游行直播报道，累计收视用户2.88亿，视频收视次数4.89亿，最高同时在线人数超过1106万，创历史新高。
中央广播电视总台新媒体平台	国庆70周年庆典活动直播期间，总台新媒体平台及合作平台总体阅读浏览量达45.98亿次，视频点播收看次数超过36.93亿次。

① 王思北，孙少龙，周玮.高站位·广视角·融媒态：数说中央主要媒体新中国成立70周年报道亮点[EB/OL].(2019-10-11)[2020-12-01].http://www.zgjx.cn/2019-10/12/c_138465469.htm.

表 2　三大主流媒体国庆 70 周年庆典活动部分融媒体产品

平台	部分融媒体产品
人民日报	H5《56 个民族服装任你选！快秀出你的爱国 Style》《复兴大道 70 号》《一笔画出 70 年》《时代青年秀》《我的年代照》等。
新华社	H5 小游戏《我的最美"打卡照"》《手速大考验》,H5《NO.70 时光机》,AR 产品《AR 新闻丨大阅兵》;新华社客户端推出 VR 直播产品等。
中央广播电视总台	H5《预约专属席位全景观盛典》《和平的力量丨VR 带你看人民军队强盛阵容》,小游戏《武器解锁大挑战》;图文特稿《刘 sir 来了!》《"大国重器"来了！很多都是首次亮相!》《超震撼！59 张动图带你看阅兵》《找老乡啦～ 打卡我家乡的彩车!》等。

当前,直播报道在仪式活动的传播中占据主导地位,引领仪式活动传播。在对这场全国性仪式活动的研究中,学者们通常更关心应用层面的新闻传播研究而不是文化层面的传播研究。前者主要讨论应用层面的新闻生产、传播效果等,后者则更多地涉及传播活动对自我认知、社会文化、社会关系等方面的影响。因此,本文试图利用"场景—情感—权威"的多重认识框架,分析新中国成立 70 周年国庆阅兵仪式的直播报道,深化对仪式活动直播报道的理解。

二、直播报道的场景重构

科技的进步带来直播的场景化发展。5G、4K、VR、AR 等技术逐渐进入直播报道领域,可以将仪式场景全方位呈现给观众,让用户产生身临其境的感受。罗伯特·斯考伯与谢尔·伊斯雷尔所著的《即将到来的场景时代》指出"未来的时代是场景的时代",未来的传播也将成为场景化的传播。在技术驱动下,直播报道将逐渐走进多种场景化的模式中,也将进一步影响人们对场景化传播、自身角色与社会关系的认知。

(一)场景建构:沉浸叙事下的场景化建构

目前,场景建构已经开始向沉浸式体验迈进,尤其是随着 VR、5G、4K 等技术的逐渐成熟,场景建构开始从个性化、精准式信息服务走向景观式场景的建构。"从信息传播的角度来说,当今世界是一个景观的世界,大众媒介要想给我们呈现世界的表象,就要根据宣传计划和报道方针来组织信息内容,其组织模式还要给自己限定一个范围作为感知背景,生产'真实'效果或艺术效果。"[①]在此次国庆阅兵仪式直播报道中,央视

① 陈卫星.影像:传播悖论[J].现代传播,2001(3):58-61.

频推出4K超高清直播电影《此时此刻——共庆新中国70华诞》，首次将国庆盛典的4K超高清信号接入全国70家影院，全新的传播方式引发了观众的强烈反响。观众共同在影院场景下感受4K高清信号的同步直播画面，在沉浸化视听场景中感受阅兵仪式。这是电视、电影、互联网等全媒体首次同步直播。此外，中央广播电视总台、新华社等主流媒体在此次国庆阅兵仪式直播报道中构建了VR直播矩阵，使用户可以用手机、VR一体机等设备观看VR全景直播，全方位体验现场的视觉效果。

在技术的推动下，仪式活动直播通过构建场景给观众提供了沉浸式的体验，这种场景逐渐趋向于和真实环境的高度统一，使用户在虚拟现实中获得真实的体验，并进一步"走入"场景以获得互动体验。"场景直接改进和提高了传播的有效性，除一如既往地重视语境对信息效果的作用外，场景传播还是用户实时状态、生活惯性、社交氛围等因素综合影响的结果。"①随着虚拟场景建构的逐步完善，在场景中，用户不仅作为观众，甚至成为参与者获得内容的互动体验，可以身处不同区域对同一直播场景进行分享与交流。在这一场景中，虚拟与现实的界限日益模糊，用户的体验、交流方式甚至思维模式逐步向场景化转变。

(二)角色建构：用户成为场景中的主导者

在新的传播场景中，用户不是仅仅观看直播，而是成为直播场景中的主导者，可自由切换直播的画面、角度、平台等。用户可以自由建构他们所需要的内容。用户的身份也在新的场景中实现了重构。在传统媒体时代，用户在场景中只能充当被动的观看者，接收直播信息。而在新的直播场景中，用户可以在自我主导的场景中选择感兴趣的部分，甚至可以直接参与其中。这种场景的重新建构也带来了用户角色的重新建构。

新华社在此次阅兵仪式现场选用了12个VR机位，采用全景VR直播，为客户端用户提供多个观看视角。此外，央视新闻新媒体推出《日出东方》70小时直播，打造"1(主窗口)+7(多视角窗口)"的播放形式，使用户不仅能看到立体高清的现场画面，更能自由选择感兴趣的视角，其在视觉选择的自由度上与现场观众相同。截至10月2日12时，央视新闻客户端直播的总观看量超过10亿人次，直点播报道多终端累计收视次数15.81亿，直播收视次数7.14亿。用户在这个场景中重新建构自己的角色：从

① 喻国明，王佳鑫，马子越.5G时代虚拟现实技术对传播与社会场景的全新构建：从场景效应、场景升维到场景的三维扩容[J].媒体融合新观察，2019(5)：6-7.

旁观者到主导者,从单一视角到多维视角,从被动接受到主动选择,甚至在一定程度上摆脱了媒体议程设置的局限。用户的认知边界被极大地拓宽,用户获得了全新的体验感。在仪式直播场景下的用户,通过自我对场景的选择不断强化代入感与参与感,通过自我对场景的把控更加深刻地感知仪式中的共同文化与情绪氛围。

(三)传播建构:传播边界的极大拓展与丰富

"媒介是人体的延伸。"在万物皆媒、万物互联的时代,大数据算法、沉浸式的传播媒介使得媒介的渠道与边界逐渐模糊,直播报道的过程、形态、时间、空间以及用户之间的关系、用户与传播之间的关系逐渐变化,并给予传播无限的空间。在此次新中国成立 70 周年国庆阅兵仪式中,主流媒体综合运用多种传播手法,布局电视、电影屏幕、电脑、手机、VR 设备等,还首次在直播报道中大规模应用 AI 剪辑技术,这些传播手法共同组成全方位的传播矩阵,也形成了新样态的传播场景。用户对于阅兵仪式的信息可谓触手可及。在巨大的传播场景中,用户之间的关系不再拘泥于地缘、行业或熟人关系。拥有共同情感体验、共同文化信仰的用户在这个场景中都可以相互交流。在新的传播模式中,人们的交流、社会文化的沟通与交流,也可以在场景化的直播中完成。人们在大型的直播场景中,将传播的边界无限扩展、使内容无限丰富。

三、直播报道中的情感升华

学者 Wahl-Jorgensen 曾通过分析普利策新闻奖获奖作品提出"情感性的策略仪式"(the strategic ritual of emotionality)的概念,并指出情感叙事在新闻实践中已系统化和制度化,报道的客观性和新闻故事的情感化并不冲突。① 另外,有研究者分析人民日报新媒体中心的产品,提出"情感传播"模式,认为在新的传播时代,主流媒体以"情感"为突破口,突出主流媒体的权威性与家国民生情怀,运用情感传播模式,能够在传播中获得主动权,并在舆论中"重获麦克风"。② 在仪式活动的直播报道中,情感的传播是重要的内容,并对观众形成文化认同、情感共鸣及信仰分享氛围,实现情感升华有重要意义。

其一,互动参与感的强化,形成同源文化认同。

---

① WAHL- JORGENSEN K. The strategic ritual of emotionality: a case study of Pulitzer Prize-winning articles [J]. Journalism,2013,14 (1):129 - 145.

② 张志安,黄剑超.融合环境下的党媒情感传播模式策略、动因和影响[J].新闻与写作,2019(3):78-83.

在新中国成立70周年国庆阅兵仪式直播中，通过平台评论、转发、点赞以及选择直播中的场景镜头都是用户参与直播的方式。各大媒体推出的互动H5产品，选取了具有高黏度、强共鸣、日常化、互动性的用户场景：《人民日报》与腾讯微视合作推出互动H5《56个民族服装任你选！快秀出你的爱国Style》、与网易新闻合作推出互动H5《一笔画出70年》，新华社、快手、北京服装学院联合推出《我的最美"打卡照"》，央视频和腾讯新闻合作推出"全新版本阅兵手册"，央视频和腾讯新闻联手制作了《和平的力量|VR带你看人民军队强盛阵容》等。在观看直播报道时，用户参与活动并在微信朋友圈等社交媒体分享内容，形成了关于国庆话题的全民互动现象。用户在全民互动氛围中不断强化国家进步、民族团结等共同感受，增强对民族身份和同源文化的认同。

其二，传播方式的人文化，促进情感交流。

在新闻实践中，人文化的内容与表达方式更能促进传播者与用户的情感交流，进而提升传播力。在阅兵仪式后的群众游行中，快递小哥、广场舞等接地气、人文化的元素被融入仪式中，这反映了新时代人们丰富多彩的生活，是展现百姓生活的重要部分，成为直播报道中的鲜活亮点。当骑着电动车的快递小哥、跳着广场舞的阿姨从天安门城楼前经过时，百姓的火热生活及其对美好生活的向往也通过这样的画面同步呈现在全球华人面前。此外，央视新闻新媒体推出图文特稿《刘sir来了！》《找老乡啦～打卡我家乡的彩车！》《盛典朋友圈》《光华路下午茶》《总台拉片会》等新媒体产品，将人文关怀、百姓情感注入产品中，促进了与用户的情感交流。

其三，集体记忆的唤醒，强化共同信仰。

法国社会学家埃米尔·涂尔干曾指出，集体记忆是在一个群体里或社会中人们所共享、传承以及建构的事或物，其本身是一个传播的过程，通过"分享、讨论、协商，甚至争论"来形成。[①] 在一个集体或社会中生活的人们会形成集体记忆，他们在与集体中的他人沟通交流、参与活动的过程中分享集体记忆并获得集体记忆的认同。国庆阅兵仪式是人们长期形成的共同记忆，同时也在不断强化集体记忆。集体记忆的形成是一个包含过去、现在和未来的过程。媒体通过不同的表现形式和现代化的技术手段，使用户可以参与到过去或将来的集体记忆中。例如，阅兵仪式后群众游行中的单车队伍，将观众拉回改革开放初的蓬勃向上的场景，唤醒了人们关于那个年代的共同记忆。《人民日报》与网易新闻合作推出互动H5《一笔画出70年》等产品，用新媒体的形式带领用户回顾共和国发展历程，将国人的集体记忆一一呈现。每个用户在观看国庆阅兵

① 李黎丹.共建脉络温暖的集体记忆:国庆70周年阅兵报道的新媒体传播[J].新闻战线,2019(10):36-37.

仪式时既能唤起集体记忆，同时又有属于自己的时代记忆。人们在相互交流和分享中不断强化集体记忆，也不断强化集体记忆所包裹的共同信仰，进而提升全民凝聚力。

四、直播报道的仪式权威重塑

对于国人而言，国庆阅兵是一次全民性的重要仪式活动。有学者在研究古希腊文化仪式时提出，仪式活动是“人们为举行各种运动（如宗教祭祀）所制定的种种法规、规范和仪制，它是人类文化的重要组成部分”[①]。古代的祭祀活动是一种仪式，并且有一定的仪制和规范。随着社会的发展，仪式的文化价值逐渐提升，对群体和社会的影响也逐渐加强。在现代社会中，“仪式是一种象征或表达其他事物的惯例行为，由此与个体意识和社会组织分别相连。也就是说，在所有的已知社会中都会展现并能够被观察到的特殊行为，通常都建立在已有的或者传统的行为准则之上”[②]。我国的国庆阅兵是一种重要的仪式、象征、惯例，有演进的历史。

随着社会发展、科技进步，大众媒体越来越广泛地参与仪式活动，并成为重要的传播载体。从早期的广播、电视直播，到移动互联网直播，媒体运用各类媒介手段不断扩大仪式的传播力和影响力。如今，VR 技术也首次被用于阅兵仪式，大众媒体还在不断创新拍摄手法，给用户全新的视听体验。事实上，由于国庆阅兵的现场空间有限，绝大部分群众是通过网络、电视等媒介的直播看到国庆阅兵仪式，通过获取媒体传播的信息参与这场仪式活动的。可以说，媒体的传播是现代社会仪式活动不可或缺的重要组成部分，而直播报道是最有效的传播手段之一。

其一，直播报道是强化仪式活动权威与影响的重要手段。在现代社会，仪式活动的现场画面通过先进的传播技术，几乎可同时抵达世界不同角落。而这一切在大众媒体出现前是无法想象的。在新中国成立 70 周年阅兵仪式中，观众可以通过同步观看电视直播感受阅兵仪式的盛况。据统计，截至 2019 年 10 月 4 日上午 8 时，中央广播电视总台国际视频通讯社对外发布的总台的直播信号和新闻素材共计被 84 个国家和地区的 1177 家境外电视台/频道采用 9224 次，播出总时长 120 小时 42 分 26 秒。此外，新媒体的直播产品总观看量超过 17 亿次。这使得身处不同空间的华人处于相同的仪式场域内，共享信息、分享信仰。詹姆斯·凯瑞曾指出：“传播的仪式观并非直播

---

① 吴晓群.古代希腊仪式文化研究[M].上海：上海社会科学院出版社，2000.

② TALAL A. Genealogies of religion：discipline and reasons of power in christianity and Islam[M].Baltimore：John Hopkins University Press，1993：56-57.

信息在空中的扩散，而是在时间上对一个社会的维系；不是指分享信息的行为，而是分享信仰的表征。”①在此次阅兵仪式的直播中，对观众而言，获取信息和分享信息并不是最重要的，更为重要的是在观看阅兵仪式的同时强化身份认同、感受民族自豪。仪式化的氛围和共同的民族信仰将人们紧紧联系在一起。在跨空间的媒体传播中，此次阅兵仪式的权威与影响被无限放大，其维系社会的效能也被无限延展。

其二，仪式化的直播报道具有形成互动仪式链、维系社会关系的重要作用。通过媒体的直播报道，人们身处不同的空间却能够处于相同的仪式场域内，感受共同的仪式文化，进而使互动仪式链形成。兰德尔·柯林斯在《互动仪式链》中提出了互动仪式链的四要素："两个或两个以上的身体共同在场；对局外人设定了界限；人们将注意力集中在共同的对象或活动上；分享共同的情绪或情感。”②要素之一：共同在场。这次参阅的官兵有1.5万人，参加游行的群众有十几万人，通过各大媒体平台观看此次阅兵仪式的观众达十几亿人次，全世界更有几十亿人次观看。要素之二：设定界限。在这场阅兵仪式中，最主要的界限就是国籍，即中国人或外国人。中国人能在这个共同的文化场域中感受到自豪与精神鼓励，得到中华历史文化的熏陶和美的享受。要素之三：人们将注意力集中在共同的对象或活动上。所有线下和线上的观众都将注意力集中在通过天安门城楼正前方的队伍和武器装备上。这些队伍和武器装备集中展现了中国军队的力量，展现了中国的国力。没有军威就没有国威，没有军力也没有国力。要素之四：共同的情绪。中国人对阅兵仪式感到自豪，分享相同的情绪和情感。在共同情绪的作用下，互动仪式链形成，中国人的身份认同感被强化。

五、技术变革带来直播报道的新的文化现象

技术的革新带来了传播手段、传播模式的革新。大型活动和仪式的现场直播报道的接收设备从广播电视发展到手机、影院大屏、VR设备等不同的传播终端。直播报道尤其是大型活动现场直播涉及观众范围广，其技术革新将会带来传媒行业和社会文化的变革。与历次同类报道相比，此次阅兵仪式直播报道首次使用VR全景直播、AI剪辑、自主性传播平台，引起了大众和业内人士的关注，带来了新的文化现象。

---

① 凯瑞.作为文化的传播[M].丁未，译.北京：华夏出版社，2005.

② 柯林斯.互动仪式链[M].林聚任，等译.北京：商务印书馆，2009.

(一)大众审美的立体化、体验化

媒介技术的发展将带给用户全新的体验,并逐步改变用户的感知能力与审美需求。近年来,国家对VR技术发展的大力支持使VR技术在各行业被逐步应用推广。2018年12月,工信部正式印发了《关于加快推进虚拟现实产业发展的指导意见》,提出要加快我国虚拟现实(VR)产业发展,推动虚拟现实应用创新,培育信息产业新增长点和新动能。VR技术的发展为媒体行业带来了新的突破。在此次阅兵直播报道中,VR技术的应用也成为媒体直播的亮点。

2019年国庆阅兵仪式中,中央广播电视总台、新华社等媒体使用"VR+5G+8K"的技术组合,打造VR直播矩阵。这是历次国庆阅兵仪式中首次使用VR全景直播。中央广播电视总台在长安街两侧设置VR机位,还分别在新华社新闻直播大厦、人民大会堂、西观礼台等处设置12个点位对阅兵仪式全程进行全景直播。北京联通在国庆期间与央视频、华为公司联合推出"5G+国庆VR直播",用户可以自行决定观看的机位,通过VR设备、手机等实时观看。新华社客户端采用Insta360 Titan、Pro2以及ONE X等设备,提供导播切换视角与可自由选择的12个机位,为观众营造身临其境的现场感。此外,由新华社客户端联合技术公司、网络公司共同推出的5G 360°球幕直播活动在深圳市宝安区海滨广场举行,这也是国内首次尝试采用5G 360°球幕的形式直播阅兵仪式。在VR直播矩阵中,用户能突破现场空间限制,通过极具现实感的画面获得更加真实的体验。真实的体验可以强化直播的现场感,进而提升用户的审美需求。

在广播时期,听到现场传来的声音就能使听众感受到浓厚的现场氛围;在电视时期,同期的现场画面和声音能让观众感觉具象和真实;在新的传播时代,仅仅依靠现场画面与声音将无法满足用户对现场信息和审美的需求,尤其是在大型活动中,5G+VR的直播模式可带给用户立体化的视听感和观看过程中的体验感。媒介技术的持续发展将会激发用户立体化和体验化的审美需求。

(二)直播流程的数据化、智能化

目前,媒介技术逐渐向智能化发展。在国家的政策支持与当前产业发展的实际需求的推动下,基于大数据、智能算法的人工智能技术也逐步完善。2017年7月,国务院印发的《新一代人工智能发展规划》就明确指出,人工智能(AI)将成为国际竞争的新焦点、经济发展的新引擎、社会建设的新机遇，并带来新的挑战。① 同时，国家部署了智能制造等国家重点研发计划重点专项，制定了“互联网+”人工智能三年行动实施方案，从科技研发、应用推广和产业发展等方面提出了一系列措施。② 在国家的大力支持下，人工智能技术也逐渐在新闻传播领域应用，并在直播报道中展现出明显的优势。

中央广播电视总台在这次国庆阅兵仪式直播报道中，运用 AI 剪辑推出《走过天安门》系列短视频。相比于人工剪辑，基于大数据的 AI 技术在剪辑速度上有极大的优势。一位资深剪辑师约 1 小时才能完成几分钟的精彩视频，而 AI 剪辑技术可实现一键出片，1—3 分钟就能完成一条短片，极大地提高了剪辑效率。此外，在直播过程中，AI 可以准确识别多路信号内容并进行组合，经过数据分析后，AI 剪辑技术能够充分利用每一路信号画面进行完整组接，从而展现每个方队、方阵经过天安门的整个过程，提高了剪辑的质量。然而，AI 也不能完全代替人工的策划、操控和审核功能。因此，只有人机合作才能更好地发挥 AI 的效能。

随着 AI 技术的逐步成熟与广泛应用，中央广播电视总台正在筹备的“人工智能编辑部”、人民日报社的“智慧媒体研究院”、新华社的“媒体大脑”等智能化的媒体运作系统也将逐步完善，直播的传统流程将走向数据化、智能化。

(三)角色的自主性与人际关系的虚拟化

中央广播电视总台正积极打造自主可控、具有强大影响力的新媒体平台。在这个自主性超强的传播平台上，用户可以自主选择现场直播的内容、视角、画面，用户在直播报道中的角色将会彻底改变，人们的社会交往形式与人际关系也将逐渐走向虚拟化。在 2019 年全国两会报道中，媒体首次使用 5G 通信技术，并采用 4K、VR 等技术，全景式呈现两会现场，给用户提供了更加新颖、更具选择性的观看角度。央视新闻的《日出东方》70 小时不间断直播采用“1(主窗口)+7(多视角窗口)”形式，使用户可自主选择画面与视角。这些新的媒体实践都表明，媒体的使用场景具有无限的拓展空间。5G 将会使直播报道中的自主性场景空间无处不在。在一个万物互联、万物皆媒的时代，人们的交流沟通将逐步突破地域空间的限制、突破地缘与行业的限制，在虚拟

① 国务院关于印发新一代人工智能发展规划的通知[EB/OL].(2017-07-20)[2020-02-11].http://www.gov.cn/zhengce/content/2017-07/20/content_5211996.htm? from=timeline&isappinstalled=0.

② 国务院关于印发新一代人工智能发展规划的通知[EB/OL].(2017-07-20)[2020-02-11].http://www.gov.cn/zhengce/content/2017-07/20/content_5211996.htm? from=timeline&isappinstalled=0.

现实的场景化空间中组建新的人际关系。

结 语

新中国成立70周年国庆阅兵仪式的直播报道实现了从理念、技术、内容到传播形态的多重突破。更为重要的是,此次直播报道将仪式化、场景化的直播报道推向了新的高度,并通过多样态、全方位、人文化的传播将阅兵仪式承载的文化传递给每一位华人,发挥了维系社会稳定的强大作用。全球华人同时观看阅兵仪式,通过不同的媒介感受现场气氛并参与其中。在这个借助媒介构筑而成的强大的文化场域中,身处各地的华人共筑信仰、凝聚力量、倍感自豪。同时,随着观念的转变和新技术的应用,在这场盛大的仪式直播中,我们已经实现传播样态和直播流程的迭代升级,推动大众审美、资讯传播和文化价值认同进入新的阶段。

〔王甫,中央广播电视总台高级编辑,中国传媒大学博士生导师;蔡旻俊,中国传媒大学电视学院博士研究生〕

〔特约编辑:顾洁〕

从对话到狂欢:融媒体时代纪录电影的对话关系*

From Dialogue to Carnivalization: The Dialogue Relationship of Documentary Film in the Age of Media Convergence

◎ 张雅欣　魏天达

Zhang Yaxin　Wei Tianda

摘要:对话的本意是指不同主体之间的语言交流,在文学领域最初是指对话体这种文学体裁。随着人文社会科学的发展,对话已经发展为一种跨越多学科的理论体系——对话理论。在媒介融合的当下,纪录电影这一最早的电影形态通过改变原有的创作者、被摄者与观众之间的对话关系,焕发了新的生机,呈现出了从对话到狂欢的演进趋势,这让源于真实生活的纪录电影在叙事、审美、传播及社会影响力上独具魅力。今天的纪录片创作者应在充分理解纪录电影在融媒体时代的传播特点的基础上,从作品的本体出发,把握好叙事角色的转变,以及与观众、被摄者的对话关系的转变,实现纪录片从内容到表达的全方位转型。

关键词:纪录电影;融媒体;对话关系

Abstract: The original meaning of dialogue refers to the language exchange between different subjects. In the field of literature, it originally referred to the literary genre of dialogue. With the development of humanities and social sciences, dialogue has developed into a theoretical system of literature and philosophy-dialoguetheory. In the age of media convergence, the documentary film as earliest film has changed the original dialogue relationship between the creator, the subject and the audience, renewed its vitality, changing the evolutionary trend from dialogue to carnivalization. Creators should fully

* 本文系国家社会科学基金重大项目“媒体深度融合发展与新时代社会治理模式创新研究”(项目编号:ZH043)阶段性成果。

understand the transmission characteristics of documentary films in the era of media convergence, proceed from the main body of the works, grasp the transformation of narrative roles and the transformation of the dialogue relationship with audiences and subjects, so as to achieve the sublimation of documentary spirits .

Keywords: documentary film, convergence media, dialogue relationship

所谓的媒介融合不仅包括媒介形态的融合,还包括媒介功能、传播手段、所有权等要素的融合。学者蔡雯将"媒介融合"概括为:在以数字技术、网络技术和电子通信技术为核心的科学技术的推动下,组成大媒体产业的各产业组织在经济利益和社会需求的驱动下通过合作、并购和整合等手段,实现不同媒介形态的内容融合、传播渠道融合和媒体终端融合的过程。[①]

纪录片媒介融合,是指在融媒体时代到来之际,纪录片既未抛却拥有百年以上历史的电影传播方式,又拥抱最新的媒介形态。以纪录电影《生活万岁》(2018 年 11 月 27 日在全国院线上映)为例,这部由程工和任长箴执导的影片展现了 15 个普通中国人的生活故事。从院线下线后,影片在优酷、大象点映等平台上播出,继而又在 FIGURE 等网络视频平台推出了微纪录片,并登陆央视和上海纪实频道。Discovery 大中华区总裁魏克然评价道:"《生活万岁》中的人物所具有的能量可以鼓舞全世界的观众。"[②]截至 2019 年 6 月,该片已经成为进入优酷点击量头部的视频作品,获得了观众的普遍认可,登上了《人民日报》、新华社、《中国日报》、中央电视台等主流媒体,被评为 2018 年"最具社会影响力"的纪录片。《生活万岁》在媒介形态、口碑、传播影响力上取得的成绩,使其成为研究融媒体时代纪录电影不可或缺的样本。除此之外,被热议的纪录电影《变化中的中国:生活因你而火热》《摇摇晃晃的人间》《生门》等也在本文的研究视野内,因为它们都在创作者、被摄者与观众之间的"对话"上提供了很多让我们思考与探讨的空间。

---

① 孟建.媒介融合:粘聚并造就新型的媒介化社会[J].国际新闻界,2006(7):24.

② 张雅欣与魏克然 2019 年在苏州的对话。

一、对话的概念和内涵

(一)对话和对话理论

对话的本意是指不同主体之间的语言交流,早在柏拉图的著作中就出现了对话这个词,在文学领域最初是指对话体这种文学体裁。而随着人文社会科学的发展,对话已经发展为一种文学和哲学理论体系——对话理论。

休谟的怀疑论和康德的批判哲学催生了打破西方哲学二元对立结构的趋势。而这种趋势的实质是"二元乃至多元间的平等'对话'"①。哲学家尼采提出的反传统精神倡导艺术主体间平等的对话交流,成为对话理论的基础。美国后现代学者罗蒂提出了"哲学的基本活动就是对话、沟通"②,他的后哲学文化推崇对话与交流,是"一种文化解释、文化批评意义上的'对话哲学'"③。德国社会批评理论家哈贝马斯认为"对话"是一种交往活动,他提出的交往概念是三个维度内涵的统一:它既是行动,也是社会关系的体现,同时还是社会关系结构的体现。他认为通过对话交流可以建立互相理解、沟通的交往理性,继而达到社会的和谐。④

正式、深刻地论述对话理论的是苏联著名学者巴赫金,对话理论是巴赫金思想理论的主线。巴赫金认为,对话是"平等的、意义相当的意识之间相互作用的一种特殊的形式"。⑤ 审美主体应该力求全面、整体地把握主体的各个方面……在与主角的价值交换——对话中创造、建构出完美的主体。⑥ 总体而言,巴赫金的对话理论是从西方近现代哲学思想发展而来的,倡导主体间的平等的对话。巴赫金通过对"复调小说"和"狂欢化"等的研究提出了系统的对话理论。

(二)文学理论和纪录电影理论中的对话

尽管文学和纪录电影的形态有所不同,但文学理论中的对话和纪录电影理论中的对话却具有相通之处。

---

① 杨矗.对话诗学[M].北京:人民出版社,2009:3.

② 刘放桐.新编现代西方哲学[M].北京:人民出版社,2000:633.

③ 杨矗.对话诗学[M].北京:人民出版社,2009:5.

④ 李兵,郭天.话语共识与社会多元性整合:哈贝马斯审议民主理论探析[J].思想战线,2019(1):80.

⑤ 巴赫金.巴赫金全集:第4卷[M].晓河,等译.石家庄:河北教育出版社,2009:5.

⑥ 刘康.对话的喧声:巴赫金的文化转型理论[M].北京:北京大学出版社,2011:6.

首先,巴赫金思想的核心是以人为中心的对话理论,这种“对话”已经上升为一种哲学思想,而文学作品是用于解释这种理论的载体。他认为,人类存在的本质就是通过“对话”达到相互沟通和理解,“唯有对话交际学才是语言生命的真正所在之处”。[①]这种倡导创作者、主人公和读者之间的平等的对话精神,同样也适用于纪录片。

其次,虽然媒介和表达方式不同,但文学作品和纪录片都有完成叙事的过程,都属于后经典叙事学的研究范畴,有共同的理论根源。后经典叙事学的研究范畴不仅仅局限于文学作品,纪录片等一切讲故事的内容都可以被看作叙事学研究的对象。当文学叙事对话着重研究创作者与叙述者、人物和读者之间的“对话”时,纪录片文本同样存在着与小说文本的创作者、主人公和读者相对应的创作者、被摄者和观众。

最后,电影理论和文学理论研究者都会借鉴其他艺术形式的理念进行跨学科研究。例如爱森斯坦的“蒙太奇学派”和巴赫金一样借用了音乐中的“复调”概念,提出了“复调蒙太奇”理论。

当然,文学理论与纪录电影理论也有许多不同之处。相较于文字表达,影像表达的形式更加丰富多样,需要综合考虑声音、文字、图像等不同的表现方式。随着媒体融合的发展,媒介对主体间的对话关系也产生了重要的影响,我们需要结合融媒体理论对其进行考察。综上,本文一方面借鉴巴赫金的对话理论,另一方面结合融媒体相关理论,探讨纪录片叙事的创作者、被摄者和观众之间的对话关系的演进。

二、纪录电影叙事中的对话关系

在纪录片创作与观赏过程中,创作者、观众和被摄者之间是一种身份上的关系,但从叙事学角度看,三者主要是通过纪录片文本对话的,创作者、观众和被摄者需要通过叙事层面的角色进行交流。

(一)创作者和观众的对话

巴赫金理论倡导主体间的平等交流和对话,纪录片作品也是如此。观众观看纪录片文本的过程就是他们和创作者交流对话的过程。而在纪录片叙事构建过程中,创作者想要完成叙事以及与观众的交流,需要化身为叙事角色——叙述者,并构建出受述者来与观众对话。

在纪录电影《生活万岁》中,我们可以看到影片对叙述者和受述者的构建。作为一

① 巴赫金.巴赫金全集:第4卷[M].晓河,等译.石家庄:河北教育出版社,2009:5.

部“小人物”题材的纪录电影，《生活万岁》将主要观众群体定位为比被摄者生活条件优越却可以从中汲取榜样的力量的群体，并依据这个想象的“受述者”的特点来展开叙事。导演任长箴说：“我觉得(《生活万岁》)不是拍给片子里的人看的，而是拍给比他们生存状态好但还能有一种心情去看别人生活的人看的。”①

可见创作者和观众在纪录片文本层面上的沟通，是通过叙述者和受述者的平等对话来完成的。这需要创作者一方面完成好叙述者的角色，另一方面对观众的心理需求进行准确的判断。

(二)创作者和被摄者的对话

一般而言，纪录片中的人物是现实中真实存在的，但片中的主人公却并不等同于被摄者。纪录电影叙事中所呈现的被摄者，是创作者取舍后构建出来的。被摄者是纪录片文本中叙述者所聚焦的故事人物。

巴赫金倡导创作者和被摄者的平等对话，他认为创作者与被摄者都是独立的思想者，“存在就意味着进行对话交往。对话结束之日也就是一切终结之时。因此对话不可能也不应该结束”②。在他看来，创作者和被摄者因对话产生了平等的交往，共同构建文本的意义。

在纪录电影《生活万岁》中，导演选取了15个人物的故事，截取人物处于现实困境却不屈服的若干场景，在与被摄者的平等对话中呈现出影片所追求的主题。片中拉萨的三轮车夫虽然家境贫寒，但面对信仰“金钱教”的同伴却义正词严地表示“我只信仰良心”；罹患癌症却扮成“小丑”的医生，为同样受癌症困扰的孩子们送去欢笑……正如《人民日报》的评论：“当他们工作生活中的一点一滴呈现在我们眼前时，却往往给我们以巨大的震撼，这种震撼，不是来自他们干了什么惊天动地的大事，而往往来源于他们对平凡的坚守。”③

(三)观众和被摄者的对话

观众观看纪录片时，便处于和被摄者进行对话的过程中。巴赫金认为：“审美活动的第一个因素就是移情，即我应该体验他人所体验的东西，站到他人的位置上。”④在

① 任长箴2019年1月接受张雅欣的采访。

② 巴赫金.巴赫金全集：第5卷[M].晓河，等译.石家庄：河北教育出版社，2009：4.

③ 周珊珊.坚守平凡亦是不凡[N].人民日报，2019-03-24(7).

④ 巴赫金.巴赫金全集：第1卷[M].晓河，等译.石家庄：河北教育出版社，2009：前言37.

影片叙事中，创作者一般会塑造具有感染力的被摄者形象，用被摄者的情绪和行动使观众产生移情和共鸣，达到感染、影响观众的目的，进而实现观众和被摄者的对话。

以纪录电影《变化中的中国：生活因你而火热》为例，有观众留言表示从影片人物联想到了自己："魏祺的故事让我想起我自己的老师""外卖拳手的故事让我更尊重外卖这个行业"。纪录片叙事中观众和被摄者的对话，就是观众以自身的生活经验对被摄者进行解读和重构的对话过程。

三、融媒体时代：从对话到狂欢的升华

通常情况下，纪录电影的创作者、观众和被摄者之间需要通过创作者在叙事文本中的不同角色的转换实现对话。而媒介融合一定程度上消解了创作者的中心地位，强化了观众的能动性，使得创作者、观众和被摄者之间的关系更加具有平等性。这种对话关系的强化和传统意义上的观众主体地位的提升，使诸如《变化中的中国：生活因你而火热》《原声中国》《生活万岁》等通过融媒体渠道上映的纪录电影的主体关系呈现出狂欢化的趋势。

狂欢化的本意是指"狂欢节转为文学的语言"①，是一种受到狂欢节影响的具有狂欢形态的文学样式。这一概念强调了狂欢的意义是在对话中产生的。近年来，许多学者将狂欢的概念发展运用到新媒体影像研究中。② 如果说对话是一种人际关系中应该存在的常态，那么狂欢则是人的精神世界超脱了世俗的束缚、获得灵魂升华的一种超然境界。③ 在媒体融合的推动下，纪录电影的对话关系的狂欢化趋势，主要体现在以下三个方面：

（一）脱冕和加冕的狂欢式

巴赫金认为，"狂欢式是指一切狂欢节形式的庆贺、礼仪、形式的总和"。④ "狂欢节上的主要仪式，是给狂欢国王加冕随后脱冕……加冕和脱冕表现出更新交替的不可避免。"⑤纪录片叙事的狂欢化主要体现为对创作者的脱冕和对观众的加冕。

观影的仪式感原本存在于电影院中，观众到特定的观影场所来完成观影仪式。媒

① 巴赫金.巴赫金全集：第5卷[M].晓河，等译.石家庄：河北教育出版社，2009：155.

② 夏昕.从《火星情报局》浅析新媒体中的虚拟狂欢现象[J].新闻研究导刊，2017(14)：118-119.

③ 邓秀军.纪录片叙述者的主体性研究[M].武汉：华中科技大学出版社，2012：201.

④ 巴赫金.巴赫金全集：第5卷[M].晓河，等译.石家庄：河北教育出版社，2009：157.

⑤ 巴赫金.巴赫金全集：第5卷[M].晓河，等译.石家庄：河北教育出版社，2009：160.

介融合解构了纪录片创作者的主体身份，创作者、被摄者和观众的身份被颠覆，在网络平台上观众通过诸如弹幕评论、众筹等形式获得了狂欢的仪式感。当一部电影通过点映平台进行众筹，其上映的时间、地点甚至能否放映都由观众决定时，观众就得到了“加冕”。而创作者则通过和观众、被摄者的平等交流，更切实地了解了观众的喜好，得到了仪式上的“脱冕”。同时，网络点映在新冠肺炎疫情期间成了纪录电影的一个相对可行的发展方式，2020年《变化中的中国：生活因你而火热》在互联网平台点映的成功就是一个很好的例证。

在加冕和脱冕的过程中，纪录片本身的影响力也在不断地扩大。牛津大学教授道金斯首次提出在文化传承过程中存在着一种“与基因在生物进化过程中所起的作用相类似的东西”[①]，即模因（meme）。在模因论视角下，人所起到的作用是创造、筛选模因，通过模仿来复制传播模因。《生活万岁》的创作者将影片内容片段上传到抖音、快手等短视频平台后，迅速形成了话题社群，许多用户在这个话题中上传了自己拍摄和模仿的“生活万岁”，截至2020年6月这些视频总计产生了340万次的播放量。在这样的模仿和互动中，创作者和观众的对话被进一步激活，也提升了纪录片的影响力。

（二）从网络到现实的狂欢广场

在纪录片的传播过程中，融媒体网络空间中出现了狂欢广场。狂欢广场的本意是指狂欢节期间向百姓开放的城镇广场，在此空间中每个人都能以其独特的魅力吸引别人的视线。狂欢广场是一种“文化意义得以延伸的符号场”。[②] 在诸如弹幕、微博等网络广场中，创作者和观众都可以进行自由表达。

融媒体的发展为观众的个人表达和再创作提供了便利条件的同时，催生了新的对话形式——观众之间的对话，比较典型的例子是视频弹幕。视频弹幕是指观众在收看网络视频时屏幕上弹出的评论性的字幕。原本由创作者制作的纪录片在网络平台上同观众原创的文本表达结合在一起，形成了一种新的叙事文本。观众成了这种新文本的叙述者之一，与创作者一起和后来的观众展开对话。在网络版的《生活万岁》中，当盲人丈夫说“我没有多少时间了，只要我在就不能让你自己到处摸去”时，观众通过弹幕发出“人生能得到这样一份感情非常值得”等对影片内容的评论，推升了影片的情绪；在影片展现明哥这个人物时，有观众对他的背景做了补充“明哥真实绰号是炒螺

---

① 付晓光，苏齐晟.模因论视角下网络空间正面宣传的实践创新思路：以社交短视频为例[J].中国出版，2019(14)：41.

② 宋春香.巴赫金思想与中国当代文论[M].北京：知识产权出版社，2009：53.

明，在广州很有名”，这能进一步帮助其他观众理解影片人物。

融媒体时代的观众有时不满足于在网络空间中的表达，也会将狂欢广场从网络延伸到现实世界。有人看完《生活万岁》后，特地前往广州明哥所在的小吃摊拍摄了明哥唱歌的视频；还有人将自己观看影片的过程和自己“笑着进去哭着出来”的前后变化拍摄下来制作成了 VLOG。

(三)解决问题的对话精神

狂欢使得创作者、观众和被摄者之间的对话具有了平等性。在狂欢理论中，与平等性相关的概念是对话精神。所谓的对话精神，就是指创作者要与观众积极平等地交流，无论是文本建构过程中的角色安排，还是在现实世界与观众的直接接触，都必须把观众当成一个平等对话的主体来对待。[①] 巴赫金认为，狂欢最重要的价值就在于“颠覆等级制，主张平等的对话精神，坚持开放性”[②]。融媒体时代狂欢化的颠覆性和变革性，使以真实为基础的纪录电影的内容由封闭变得开放动态。

一方面，融媒体的互动性使主体间既可以进行文本意义上的对话，也可以通过网络留言等方式跨越文本进行直接对话，有时还能影响影片的创作。例如《最后的棒棒》电影版上映之前，导演何苦就根据网友们对这部纪录片网络版的评论、留言修改了电影版的内容。另一方面，电影作品开始从过去的问题的提出者、事件的记录者，转变为解决问题的发起者、事件的参与者。狂欢化所倡导的对话精神极大地增强了纪录片的社会功能及其所具有的社会影响力，创作者和观众共同参与，通过直接介入、众筹和对话等方式改变了被摄者原本的生活。

《生活万岁》上映后，观众通过网络众筹实现了蹬三轮车的老人参观布达拉宫的愿望；《最后的棒棒》播出后，“小河南”受到了网友的追捧成了网红，还有了自己的专属节目；《二十二》上映后，许多观众深受感动，通过网络自发组织前往荔浦县慰问韦绍兰老人……[③]这些事情是在影片播出后创作者和观众借助网络媒介平台共同完成的，他们在纪录片文本之外改变了被摄者的生活，解决了被摄者原本不能解决的困境，形成了全民的狂欢。这正符合巴赫金关于创作者责任的观点：“艺术和生活不是一回事，但应在我身上统一起来，统一于我的责任中。”[④]

---

① 邓秀军.纪录片叙述者的主体性研究[M].武汉：华中科技大学出版社，2012.148.

② 巴赫金.拉伯雷研究[M].李兆林，夏忠宪，等译.石家庄：河北教育出版社，1998：614.

③ 任长箴 2018 年 11 月在《生活万岁》首映式上与张雅欣的对话。

④ 巴赫金.巴赫金全集：第 1 卷[M].晓河，等译.石家庄：河北教育出版社，2009：2.

当然，狂欢化本身也存在一些问题，例如过度的网络狂欢可能会引发负面消息的传播，过度影响被摄者的生活可能导致一些伦理问题。从创作者的角度看，应在充分理解纪录电影在融媒体时代的传播特点的基础上，从作品的本体出发，把握好叙事角色的转变，以及与观众、被摄者的对话关系的转变，实现纪录片精神上的升华。

〔张雅欣，中国传媒大学电视学院教授；魏天达，中国传媒大学电视学院博士研究生〕

〔特约编辑：顾洁〕

被"驯化"的网络直播:互动、身体及认同*

Domesticated Webcast: Interaction, Body and Identity

◎晏 青 戴 霞

Yan Qing Dai Xia

摘要:网络直播的原始基因是一种具有抵抗意识的亚文化形式,如今却被驯化为标准化的消费文化。本文通过参与式观察,探讨直播购物过程中直播流程、互动仪式和身体话语的融合。在网络直播的互动仪式链中,消费话语被置换为娱乐话语、审美话语,有效地融商品、身体、知识三者于一体,使消费者对理想身体、群体身份产生认同。本文由此发现网络直播在消费文化传播、主体涵化和审美启蒙方面表现出的独特逻辑。

关键词:网络直播;身体;互动仪式;认同

Abstract: The original gene of webcast was a form of subculture with a sense of resistance, but today it has been domesticated into a standardized consumer culture. Through participatory observation, the dissertation explores the live broadcast process, interactive rituals and body discourse fusion of live shopping. In the interactive ritual chain of webcast, consumer discourse was replaced with entertainment discourse and aesthetic discourse, effectively combining the three of goods, body and knowledge to achieve consumers' recognition of the ideal body and group identity. It shows unique logic in the spread of consumer culture, subject culture and aesthetic enlightenment.

Keywords: webcast, body, interactive ritual, identification

* 本文系中央高校基本科研业务专项资助项目"娱乐传播理论研究:译介、实践与建构"(项目编号:19JNQM02)的成果。

一、问题的提出

当代话语框架中的消费文化被描述为当前文化状况的深层症候。信息商品化进程的加快始于20世纪70年代前后①,消费文化因此为信息传播披上了新的意识形态外衣。我们审视网络直播购物的发展过程后发现,如今这个购物平台已然成为消费品的在线橱窗,成为当代符号售卖与传播的"大型商场"。此外,直播购物不仅被设计为消费空间,还被设计为娱乐与休闲的场景。新媒体构建的拟态环境极大地影响了当下人们的消费心态与方式。从商品"触网"到网络购买的日常化,技术与媒介等中介化因素越来越深刻地影响着消费文化边界的突破与重塑。

网络直播最初只是一种亚文化形式,用于草根阶层个体精神的视频化表达,后来被驯化为消费文化。网络直播发展迅速,2016年是中国网络直播元年,继而衍生出游戏直播、秀场直播、户外直播等多种直播样态。经过两三年的技术酝酿和用户积累,网络直播被资本"相中",并迅速被纳入商品机制。2019年被称为电商直播元年,网络直播开始在资本市场"攻城掠地"。以2019年"双十一"为例,当晚有近10万个淘宝直播间同时开播,直播引导销售额同比增长超15倍,1.7万个天猫品牌商家借助直播实现了数十倍的销售增长,由直播带动的成交额近200亿元。网络直播作为商家与消费者的"经销商",在主播与消费者之间的情感结构中建构了一种新型的消费文化样态。

纵观直播的媒介史我们可以发现,直播购物从电视购物发展而来。我国的电视购物始于20世纪90年代,随着互联网的兴起,网络直播取而代之。可以说,直播的方式早已有之,电商也不是新鲜事物,而"电商+直播"却是一种创新的消费方式。目前学术界对这种新型购物方式的研究主要集中在三个方面:一是探索新媒体时代电视购物的新型直播模式②、电视购物的跨界直播模式③;二是探索消费意愿的影响因素,包括网络直播购物中消费者购买意愿、冲动性购买意愿等影响因素④;三是作为商业策略的网络直播也为研究所重,比如互动营销对用户感知属性的影响、电商营销策略⑤,以及如何借助消费场景构建将购物节目融入电商直播⑥。由此可见,大多数研究从消费

① 席勒.信息拜物教:批判与解构[M].邢立军,等译.北京:社会科学文献出版社,2008:51.

② 曹静.新媒体时代电视购物新型直播模式探析:以东方购物为例[J].新闻传播,2017(23):111-112.

③ 李和平,龚莉芬.电视购物跨界直播模式探讨[J].青年记者,2017(15):95-96.

④ 刘子溪.移动电商网络直播对用户在线购物意愿影响机理研究[D].南京:南京理工大学,2018.

⑤ 李蓝蓝.基于网络直播平台的电商营销策略研究[D].开封:河南大学,2017.

⑥ 赖黎捷,陈晨.移动视频时代购物节目的消费场景建构[J].中国广播电视学刊,2019(5):31-33.

行为和营销效果的角度出发,研究消费者的购买意愿、营销策略等,而鲜有研究从当代文化和社会心态的视角对网络直播进行理论剖析。所以,本文以网络主播具体的直播活动与消费者的直播购物行为为阐释对象,深入阐释作为中介的主播表现出的商品与身体之间的互动及其文化隐喻,思考网络直播如何将"我的试用感受"嫁接到消费者身上,并创造出一种共同的"感同身受",最后对这种新型的直播购物方式的发展趋势以及文化症候进行思考。

本研究选择李佳琦为研究对象,原因有二:一是他在微博、抖音有数量巨大的粉丝,截至 2020 年 2 月 6 日,李佳琦的微博粉丝数为 1100 万,抖音粉丝数为 3860.4 万,他是美妆领域的意见领袖;二是他已成为"现象级"直播个案,2018 年"双十一"当天通过网络直播,李佳琦最终卖出 32 万件商品,销售额高达 6700 万元,而 2019 年"双十一",李佳琦一个人的销售额超 10 亿元。[①] 笔者使用参与式观察法,以李佳琦的直播活动为研究对象,将直播视频作为分析单位,参与他的直播活动、购买直播产品,重点关注"双十一""双十二"这样大型的购物节日直播活动,对主播的售卖策略、售卖商品、观众的评论等进行观察、记录,继而深入研究,以便近距离地研究主播和消费者,以及互动关系和消费文化的生成机理。

二、虚拟在场:互动仪式中的"媒介按摩"

网络直播是基于视频与传播(video-based ICT)的在线互动来实现虚拟在场的体验的,这区别于电视购物的单向度"推销"、商场购物一对一的"肉身在场"。媒介技术赋权下的受众似乎能使更多感官加入这场消费美学实践。在接受美学中,接受被理解为受众与传媒文本进行对话的过程。在这一审美过程中,消费文化的历史意义和审美价值都将显现出来,并作为一种新的消费趋势而呈现。

(一)直播预告:期待文本生产与消费者集聚

正如接受美学中的"期待视野"理论揭示的,预告文本在一定程度上引导了解释。这些文本中携带着意义要素,提供了大量指示符号,更提供了一套控制文本接收方式的规则,从而引导或促使受众生产出某种解释。

如正规的影视节目一般,网络直播在正式开播之前也设置了预告。预告的元素往

---

① 腾讯新闻.李佳琦双 11 单人销售额超 10 亿[EB/OL].(2019-11-04)[2020-01-20].https://new.qq.com/omn/20191104/20191104A0D18H00.html.

往包括知名的品牌、超低的价格两种，它试图通过品牌与价格之间的反差刺激受众。预告文本里最重要的元素是金钱，可以说是将一种赤裸裸的金钱诱惑纳入其中。比如设置抽奖环节："来，我们先抽500人送500元的回血红包。所有女生赶快搜索李佳琦的置顶微博，评论转发点赞带话题，抽500人送500元红包。"不过抽奖资格在评论、转发、点赞等完成之后才能获取，这个环节不但吸引了受众的注意力、提高了关注度，还提升了主播的知名度，并使其在多级扩散中被推向全网。预告文本制造的这种"众生癫狂"与集体狂欢，一直延续到直播中手忙脚乱的抢购，受众在直播结束后才如释重负。受众似乎完成了一场符号争抢赛事；主播在"几秒告罄"的交易中实现了价值的交换；品牌方则在使用价值与商品之间完成了资本的流转。在这场集体仪式中，直播预告更像是一个"大喇叭"，以高分贝的呼喊把消费者集聚起来。

(二)被话语置换的消费：互动仪式与消费认同

网络直播集合了视听元素、评论、点播、分享、购买等环节，有先后顺序，也融入了价值，所以它俨然成了一个互动仪式现场。兰德尔·柯林斯认为"互动仪式"是互动者通过资本和感情交换进行的日常程序化的活动，关键在于"参与者情感与关注点的相互连带，产生了共同的情感/认知体验"①。

这场仪式包括四个因素：象征物、仪式脚本、扮演角色以及观众。在直播中，知名产品本身成为一种符号，成为象征身份、社会地位、经济地位的"象征物"。整个直播过程则体现了"仪式脚本"，它由主播设计并完成。如何结合自身的特点更好地介绍、展示产品从而实现成功带货的目的是每一场直播前值得主播深思的问题。主播扮演了"导购员""朋友""同龄人"等角色，在直播过程中运用语言和肢体语言向观众表现自己。尽管李佳琦一再强调"我不是网红，我只是一个主播"，但其实网红是其内核，只不过此内核外化为各种角色罢了。

互动仪式实践包括两个或两个以上的人身体共同在场、对局外人设定界限、参与者将注意力集中在共同对象或活动上、分享共同的情绪或情感体验等环节。直播作为一个互动仪式，首先为众多消费者提供了一个"虚拟身份共同在场"的空间，主播借助屏幕镜像打造视听盛宴，进行话语表达，使消费者"身临其境"，实现"虚拟在场"，获得沉浸式体验。其次，直播间的场景设定实现了局内人与局外人的分隔。再次，直播结合特定的需求，通过主播的展示、展演，充分表现产品的特性，使消费者的注意力都集

① 柯林斯.互动仪式链[M].林聚任，等译.北京：商务印书馆，2009：42.

中于产品,呈现最有价值的信息,解惑释疑,满足消费者的猎奇心理。最后,直播期间消费者可以发送评论来表达疑问与提出建议,直播结束后还可以通过发布动态、评论、点赞、转发等一系列的行动,传递特定的情感与价值感,与"消费者共同体"分享消费购物体验和情感,从而形成"情感共同体"。

从参与主体视角来看,购物直播中的互动主要有两种。一种是观众和主播之间的互动。直播过程中主播滔滔不绝,一个接着一个地展示、介绍产品,包括产品的品牌、产地、主打理念、内容成分、色号等。与此同时,观众可以通过评论表达关于价格、数量、成分的疑惑,也可以分享产品的使用感受和使用效果,或安利,或吐槽,更可以通过转发、点赞等表达对主播的支持与认可。另一种是观众与观众之间的互动。这种互动有对别人反馈的信息的评论,或认可,或反对,对因客观因素而与心爱的产品失之交臂的吐槽、埋怨、遗憾,更有因手速够快、秒杀成功而收获心仪产品的喜悦、激动。在信息内容的交流互动中,愈来愈多的直播间观众受"买到就是赚到""每次去直播间,感觉就像去批发市场一样,不买我觉得我亏了一个亿"的心理刺激,加入直播间所构建的消费情境之中,通过评论表达自己的诉求与疑惑、发表自己的观点与建议,通过转发、点赞表达赞同与认可,进一步接收、认同别人的看法与观点,情感态度趋于一致并上升为对产品的认同,而"抢""冲""杀"等暴力词成为其表达快乐的一种话语方式。

在这种互动仪式中,产生了这样一个神奇的现象:直播购物由"消费行为"转变为"情感事件"。这种由"行为层"到"情感层"的转变,将直播购物引入一场更为复杂的意指实践之中。这场意指实践是在受众集聚与交互的场域中实现的。首先,因在场联结感产生的群体认同。这种在场参与描述了用户对媒体的关注与介入,由心理和行为双重体验共同构成。① 参与意味着在场(co-presence),直播营造用户共同在场的氛围,用户的行为容易被他人感知,用户也能感知这种自己被感知的感觉,从而形成戈夫曼所说的共同在场。随着媒介技术的发展,在场由最初的"虚拟在场"变成一种"无媒介感的错觉"②,即"人们在以媒体为中介的传播环境下,被看作'真实的人'的程度"③。在虚拟环境中用户获得的"身临其境"的沉浸式体验增强了这种在感场,而在场感通过

---

① NAPOLI P M.Audience evolution: new technologies and the transformation of media audiences[M]. New York: Columbia University Press, 2011:69.

② LOMBARD M, DITTON T B, CRANE D, et al.Measuring presence: aliterature-based approach to the development of a standardized paper-and-pencil instrument[C]. Delft, The Netherlands,Paper presented at the Third International Presence Workshop, 2000.

③ GUNAWARDENA C N.Social presence theory and implications for interaction and collaborative learning in computer conferences[J]. International journal of educational telecomunications,1995,1(2/3):147-166.

一致性和认知机制影响行为和主观状态。① 其次，个体的情感能量集聚。评论区是一个情感“旋涡”，包含着各种情感，包括对网速、手速的吐槽，秒杀成功的激动，对主播的喜爱，囊中羞涩的无奈，与产品失之交臂的遗憾，等等。这些情感在评论区聚集，孕育的情感能量成为受众价值体验的铺垫。最后，商品符号价值的认同。直播内容之一为知名的品牌，而品牌产品在直播秒杀活动中使得商品符号升值，符号成为社会关系与地位的象征，比如“雪花秀”“兰蔻”等品牌。互动仪式模型清晰地呈现了消费者在直播中的表达：基于评论、弹幕体现的消费者群体的聚集以及情感的汇合、强化等要素催生了高强度的集体兴奋，引发群体认同、个体情感能量增强、商品符号价值升值等仪式结果，并使消费者最终在网络直播中享受麦克卢汉所说的媒介的按摩。而新的媒介形态改变（按摩）着我们关于自身和社会的经验，这种影响最终比它所传达的特定信息的内容更重要②。

三、身体话语融合与消费知识生产

身体表征是消费文化的重要面向，感官化、商品化等是身体消费的表现。不过，从直播购物中我们发现，消费文化的“身体转向”有两个面向。一是在消费行为层面，表现为身体经历了“在场—缺席—象征性在场”的从“在场身体”到“数字身体”的转变。从逛街到逛淘宝、从实体店到“线上 VR 体验店铺”、从线下到线上等变化背后的逻辑可以说明这个问题。二是在消费话语层面，表现为消费营销越来越多地从原有的“商品”转为“身体”，以身体引入商品，甚至身体的所指归属并不指向商品。

（一）从身体话语到审美想象

主播如何介绍一件商品很关键，不但要注意对节奏的精准把控，还要与受众进行情感互动。李佳琦推荐的商品中，大多数是化妆品和护肤品，涉及对身体的修饰与“调整”，所以，主播的言语表达中很大一部分与身体有关。在鲍德里亚看来“为了构成消费的对象，物必须成为符号”③。当身体不可避免地成为消费品时，身体同样成为一种符号供人消费。不仅身体作为一个整体成为消费的对象与符号，身体的各个部位也从

---

① MARSHALL D A.Behavior, belonging, and belief: a theory of ritual practice[J].Sociological theory,2002, 20(3):360-380.

② 巴兰，戴维斯.大众传播理论[M].曹书乐，译.北京：清华大学出版社，2004:296.

③ 波斯特.让·鲍德里亚文选[M]//罗钢，王中忱.消费文化读本.北京：中国社会科学出版社，2003:27.

整个身体分离出来单独成为消费的对象。据统计，在李佳琦的2019年“双十一”的直播预告中推荐的60件产品中有52件产品与身体相关，大多是护肤和美容美妆产品，每一身体部位对应着多件商品。此外，主播对身体的表达使商品与审美理想建立了联系（见表1）。

表1 主播语言表达中的身体话语

身体	语言表达	产品种类	审美标准
皮肤	肌肤好好哦、开了美颜的质感、养肤效果	美白精华、美白面膜	白、嫩、透
眼睛	让你的眼睛炯炯有神、显得大	眼影、眼线笔、睫毛膏	电眼、大、有神
嘴唇	气色很好、果冻状、透、润、亮	润唇膏、口红、唇膜	红润、气色好、有光泽

受众在煽动性和鼓励性的身体描绘中，将主播作为自我理想的投射。主播的身体形象给予受众心理期待，比如其以白皙的皮肤试用美白面膜，红润的嘴唇试用保湿、显色的口红。主播在展示产品的过程中也展现了自己的身体。商品与身体的“化学反应”映射出受众对美的想象与期待。

所以，在主播的身体话语表达和媒介技术的双重驱动下，一种被制造出来的“统一的身体需要”成了合法化的、近乎真实的需要，不断被扩散，真实的身体需求被主播话语取代或改写。基于特定的美容需求，女性消费者群体在选择时会考虑到商品的功效。与其说女性消费者群体消费的是产品，不如说消费的是一直希冀却求而不得的理想效果，如皮肤白、透、有光泽，她们将自己的目标转移到“想和佳琦一样白”“佳琦好好看哦！怎么这么好看”“剑眉星目，如山如河”的他者想象。滤镜化、数字化的审美变成了群体的需要，人们对自己的身体进行自我规训。流行的审美观念演变为一种“暴政”，迫使女性群体把主播所说的身体等同于理想的身体。在主播语言的挤压、各种想象的渲染下，消费者产生了一种迷狂的社会审美观念。

（二）从身体话语到商品话语

购物直播成为沟通商家和消费者的桥梁，主播起到了关键作用。主播对“心机”“仙女”等网络词语的运用消除了屏幕带来的隔阂，拉近与受众的心理距离。而受众使用网络表情符号，再造了沟通的趣味，进而构建了“趣我”的鲜明形象。① 主播会将试

① 饶广祥，魏清露．“趣我”与浅平化：网络表情符号的传播与反思[J]．福建师范大学学报（哲学社会科学版），2018(3)：161-168，172．

用过产品的身体部位凑近镜头，使其充满整个屏幕，并用极具鼓励和煽动性的话语刻意突出此时此刻的“千载难逢”的低价，刺激现实的购买行为。

如何让合适的人买到合适的产品也成为主播思考的问题。直播的关键在于试用，试用呈现出来的效果在很大程度上决定了消费者会不会购买。成功的试用是将产品与身体完美地结合，让身体话语与商品话语融合，呈现出最好的效果。这两者之所以能够在话语层面融合，首先是因为主播能洞悉产品的功能与特性。成为美妆博主的前提是了解美妆知识和熟悉美妆产品。李佳琦家里有价值 300 万元的口红，他的助理能够在 3 秒之内找到想要的口红。其次是因为与群体共情。主播熟知流行的审美观念，以及消费者对每个身体部位的要求。消费者想象抵达之处便是身体话语进入商品话语的缝隙。主播介绍产品时会重点描述试用效果。“耳听为虚，眼见为实”，线上购物方便快捷、省时省力，但缺乏与产品相关的体验，主播的试用行为则弥补了体验的缺失，避免了理想与现实的差别。这便是在线试用存在的合理之处与价值。

所以说，网络直播通过身体话语与商品话语的结合，为女性群体严格管控身材找到理由。这种用近乎完美的标准去衡量身体的做法，与特纳所说的社会视身体为资本的“肉体社会”的观点相似。女性群体集聚于直播间，在主播这一意见领袖的引领下，浏览、了解并购买各种产品，仿佛美的“事业”有“立竿见影”的效果。她们也在群体的狂欢中暂时忘却现实，醉心于主播所构建的美的王国，随意不拘地在线交往、互动、自我表演。

（三）以知识的名义：身体知识的获取

胡泳认为，我们还在经历一场知识革命。“这场革命深刻地改变了知识生产和传播的政治学、社会学和文化学。知识革命引发的范式转移改变着我们的工作、娱乐和从事许多其他活动的方式。”[①]有学者还指出哪怕在数字传播时代，以新闻为介导的知识（journalism-mediated knowledge）仍然是当代社会最成熟、最普遍的一种知识形式，它在各行各业生成并汇聚其他知识[②]。而在数字时代，知识生产从传统新闻媒体生产和控制的平台转移到其他平台，数字时代出现了一种“数字新闻的认识论”（Epistemologies of Digital Journalism）。

从这个角度看，网络直播也参与了知识生产。只不过，这种知识的生产是在数字

---

① 胡泳.互联网是一场什么样的革命[J].读书，2000(9)：12-17.

② GODLER Y，REICH Z，MILLER B.Social epistemology as a new paradigm for journalism and media studies [J].New media & society，2020，22(2)：213-229.

娱乐、互动逻辑中进行的。随着对“黑黄皮”“肿眼泡”“塌鼻梁”的抱怨与不满被一件件“功效强大”的产品所打消,消费者在这场互动娱乐中拥有了美的身体以及为主流社会所接纳的符号世界。尽管互动可以带来消费者情感和意见的释放,并使得商品具有一些协调意味,但归根结底这是一场“法西斯式”的知识生产,一场涉及身体的有关对欲望、美的想象的“暴政”。

四、身体美学与认同的表演

直播购物通过虚拟空间再造类似传统线下实体店的现实空间,以演播室的“方寸之地”连接现实的“大千世界”。主播上场试用、试穿、试色,主播的感官体验通过消费者的观看转变为消费者的体验,从而促成一场涉身性的他者化的“体验式消费”。在这个过程中,身体的冲动化为身体审美,进而成为对商品、主播和消费文化的认同。

(一)从身体冲动到身体审美

从存在主义角度来看,受众的“我思故我在”转向“我消费故我在”。鲍德里亚在《消费社会》中说:“今天,在我们的周围,存在着一种由不断增加的物、服务和物质财富构成的惊人的消费和丰富的现象,它构成了人类自然环境中的一种根本变化。恰当地说,富裕的人们不再像过去那样受到人的包围,而是受到物的包围。”①物的丰富是消费主义产生的前提,直播间背后的策划团队搜罗品牌、产地、类型等不同的某类商品,对某一类物进行“仓储”。

在这种物的围堵下,消费主体转化的一个逻辑便是“冲动的合理化”。齐格蒙特·鲍曼曾用“非理性的理性化”“差异的标准化”形容这类状况。② 冲动的合理化的内在逻辑是什么呢?一是娱乐化逻辑。在尼尔·波兹曼看来,“大众传播的娱乐功能在休闲、享乐的消费主义理念引导下,得以淋漓尽致地发挥出来,媒介的其余社会角色逐渐淹没在了娱乐的大潮中”③。也就是说,媒介的协调社会、环境监督、价值规范等功能被海量娱乐项目淹没。“Oh,My god! 买它”成为李佳琦最响亮的口号。在直播平台,受众在丰富的产品面前,最关心的问题是“怎么买”“怎样才能买到”,此刻的幸福和快乐都建立在消费产品之上,自由权利沦为随心所欲地宣告对产品的所有权,气氛消

---

① 鲍德里亚.消费社会[M].刘成富,全志钢,译.南京:南京大学出版社,2014:1-2.

② 鲍曼.被围困的社会[M].郇建立,译.南京:凤凰传媒出版社,2006:190.

③ 隋岩,张丽萍,范明.消费主义思潮下的大众传媒文化审视[J].新闻记者,2015(8):35-39.

解了消费者的质疑和批判精神，使得消费者失去了批判的向度，醉心于物的世界。二是差异化逻辑。差异化的符号区隔的策略表现为奢侈性消费。奢侈性消费基于攀比炫耀的心理，这与维布伦的“夸示性消费”有异曲同工之处：“要提高消费者的美誉，就必须进行非必需品的消费。要追求名望，就必须浪费。除非与衣食无着的赤贫者相比，否则，徒有生活必需品的消费，是带不来声誉的。”①

网络直播在形塑一种新的身体审美体验。按照媒介丰富性理论，可以因信息处理的复杂度不同而划分出不同的传播媒介。网络直播突破了20世纪90年代初期形成的以计算机为中介的沟通(Computer-mediated Communication)。与这种被过滤掉大多数非语言线索的基于文本的信息沟通类型相比，网络直播似乎构建了面对面传播中的语言与非语言的丰富组合。李佳琦直播的各种色系的“口红”为受众提供一种独特的符号，主播在场的试用呈现出具有层次感的美妆效果。这给受众一种错觉，即物品的审美价值超过其货币价值或用途。在“眼见为实”的群体围观中，听觉、视觉甚至触觉都告诉受众，这是一场关于美的真实体验。所以，种种身体冲动通过细致入微的情感，甚至具有双关意义的直播使消费者获得了美学意义上的体验。

(二)从身体凝视到认同生产

克里斯·希林认为，现代化生活的意义逐步趋向私人化、个性化，个体的主体意识从总体所规定的范域中走出并开始独自探索自我价值：宗教、信仰、传统伦理和精神共同体的集体衰微，使得身体凸显为一类可被调动的资源，社会成员也因此更倾向于将身体作为自我身份建构与认同的构成要素，身体成为一种现代世界中极具反思性的自我建构。② 身体作为欲望的来源，曾是被监视、控制和刻意回避的对象。而随着消费主义的盛行、膨胀，工业文化和传播技术的发展，身体的审美性得到了解放，身体被投注审美兴趣，并成为给人带来视觉美感和快感的主要消费品。网络直播恰恰满足了这点，通过“拉伸”“放大”“延时”等视觉化机制淋漓尽致地展示身体。

身体成为自我身份与文化认同的构成性要素。对健身器材、保健品、化妆品、整容技术以及增强现实技术的运用，都源自福柯所说的“自我关怀”的精神。人们希望改变自己的身体，从而满足大众媒体所倡导的标准，或者是让自己“内心所期望的身体”与媒体对外部身体形象的表达一致。从精神分析理论的视角来看，这是一种“美的凝

① 罗钢，王中忱.消费文化读本[M].北京：中国社会科学出版社，2003：32.

② 希林.身体与社会理论[M].李康，译.北京：北京大学出版社，2011：2-3.

视”,我们通过主播的“手”“嘴唇”“皮肤”来重新打量自己和他人的身体。所以正如鲍德里亚所揭示的,商品是个体欲望的投射,它能在交换价值中实现欲望生产。鲍德里亚指出,消费获得象征意义,然后发展出商品拜物教,这代表了现代、统一和批判的神话:“消费是神话。也就是说,这是当代社会关于自我的陈述,即我们的社会自我表达的方式。”①大多数情况下,休闲为个人(尤其是青少年)创造了一种手段,使其可以违反和抵制某些规则和规范,尝试使用身份,并通过冒险行为来检验独立性的界限。

所以,从“身体解放—身体审美”“身体赋能—身份认同”的链条中,我们可以窥见网络直播中的视觉凝视到身份认同的过程。实际上,当代认同生产的载体发生了变化,传统的生产型社会及其相关机构(例如家庭、社区、宗教团体、工会等)的相关功能被消费社会弱化了。消费社会改变了自我认同的体验,生活中选择的图像、符号和生活方式通过抽象系统和商品化过程被过滤。② 从生态主义视角来看,认同生产机制的演变本无可厚非,不过消费文化的认同生产充满话语暴力色彩。批判理论传统将自我迷恋视为人类政治和文化的一项规划,并在大规模消费中动员、利用身份的价值。③

结　语

网络直播实质上建构了一种虚拟在场的购物现场,这种广场式的互动仪式实现了身体的话语融合、身体知识的生产,并在身体话语中,实现身体审美与认同的生产。不过,我们仍然从网络直播中发现了性别实践、过度认同、主体规训等问题。

第一,话语平等的网络机制中的性别话题仍然是失衡的。从社会思潮来看,女性的身体经历了从欲望的折射体、权利和地位的象征到自由、独立、具有自我意识与消费能力的符号的变化过程。但是这仍然是一个乌托邦想象。“秀发”“电眼”“纤臂”“翘臀”“美腿”“嫩肤”仍是女性的追求。如今,从头发到脚趾,整个身体彻底沦为消费品,每一身体部位都对应着丰富的保养品和消费品。被重点投资和保养的女性身体物化为一种符号被大众消费的同时,女性消费者也在消费别人的身体,其产生的消费快感在“想和佳琦一样白”的诉求和愿望之中释放,并趋于大众化和固化。

第二,相似性的过度归因导致过度认同。认同生产是一个复杂的过程,但似乎由于网络直播变得直接、简单了。归因是观察他人行为并辨识其真实偏好的认知过程。

---

① BAUDRILLARD J.The consumer society: myths and structures[M]. London: Sage,2010:117.

② BAUMAN Z.Work,consumerism and the new poor[M].2nd ed.Buckingham:Open University Press,2005:29.

③ SMART B.Consumer society: critical issues and environmental consequences[M]. London:Sage,2010:210-211.

网络中的人际关系从双方在拥有共同兴趣、问题和情感的在线社区中相遇开始。在网络直播中，人们总是假定观看直播的人是和他们相似的人。由于缺少能够体现个体差异的线索，所以观看直播的人之间的共性就是在彼此产生印象时做出判断的全部依据，过度归因的结果就是过分夸大相似性、群体团结和认同。这种认同的生产显然过于依赖丰富的信息和商品的需求，但事实上，从大量的字幕内容中可以发现，在直播期间建立的认同心理，只不过是基于娱乐诉求、消费诉求，甚至虚无主义的认同，是一种短暂的、未被情感充分孕育的认同形态。

第三，网络空间被奉为“乌托邦”，但规训仍然在数字世界中的个体里发挥作用。丹·席勒指出，由于资本越来越依赖于信息和信息体系，因此，它开始捍卫新兴的财富形式。[①] 资本具有了更严密的控制形式。福柯所说的“全景式监狱”是对现今社会控制系统的一个隐喻，而且这个隐喻同样适用于网络直播，尽管在这场仪式中有技术赋权的受众群体，但是在技术建构的这场互动仪式中，身体是粉丝狂欢的一个投射场所。主播背后的专业团队，使主播无所不知，主播视角俨然变成“上帝视角”。作为导购的主播连接着商品与消费者，同时也充当广告的代言人、大众的共情者，甚至是真实、审美与欲望的引路人。网络直播没能摆脱传统媒体的话语陷阱，也没能在技术赋权中突围。在未来研究中，新兴媒体在话语规制与审美固化上呈现的独特媒介机制仍是值得深入探讨的领域。

〔晏青，博士，暨南大学新闻与传播学院教授，博士生导师；戴霞，暨南大学新闻与传播学院硕士研究生〕

〔特约编辑：顾洁〕

① 席勒.信息拜物教：批判与解构[M].邢立军，等译.北京：社会科学文献出版社，2008：70.

理论与历史

学科发展视野下的新中国广播电视教育70年回望*

Research on Radio and Television Education Development since the Founding of P.R. China: Base on the Perspective of Disciplinary Progress

◎ 胡智锋　刘　俊

Hu Zhifeng　Liu Jun

摘要:新中国广播电视教育和学科发展,大致经历了三个阶段,并在不同阶段呈现了不同的发展特点。第一阶段是初创期,时间节点大致从新中国成立至"文革"结束,广播电视教育和学科发展呈现出行业性、应用性、开创性的特点。第二阶段是拓展期,时间节点从改革开放到20世纪90年代末,广播电视教育和学科发展呈现出开放性、创新性、专业性的特点。第三阶段是繁荣期,时间节点从21世纪至今,广播电视教育和学科发展呈现出引领性、系统性、前沿性的特点。面对未来广播电视教育和学科发展的机遇和挑战,传媒艺术学的构建为广播电视教育和学科打开了发展思路。

关键词:广播电视教育;教育史;学科史;广播电视艺术学;传媒艺术学

Abstract: From the perspective of disciplinary progress, the radio and television education development since the founding of P. R. China has roughly gone through three stages and presented different characteristics at different stages. The first stage is the start-up period, from the founding of P.R. China to the end of the "Great Cultural Revolution". Radio and television education and the development of discipline have shown vocational, practical and pioneering characteristics. The second stage is the expansion period, from the China's reform and opening up to the end of the 1990s. Radio and television education

* 本文系教育部人文社科重点研究基地重大项目"中国主流媒体内容生产研究"(项目编号:19JJD860002)、国家广电总局部级社科研究项目"短视频叙事与国家形象传播研究"(项目编号:GD2053)、国家广电总局部级社科研究项目"突发性危机事件中视频传播舆论引导力与公信力研究"(项目编号:GD2001)的阶段性成果。

and the development of discipline have been characterized by openness, innovation and professionalism. The third stage is the boom period, from the new century to the present. Radio and television education and the development of discipline have shown leading, systematic and cutting-edge characteristics. Confronting on the opportunities and challenges in future, the construction of the discipline of media arts will be a appropriate idea and choice for radio and television education and its disciplinary progress.

Keywords: radio and television education, education history, discipline history, radio and television arts, media arts

纵观新中国成立 70 年的发展历程，传媒领域的发展一直是释放政治功能、促进经济改革、保障社会凝聚、实现文化认同的重要手段。而作为电子媒体的主要形态，广播和电视从发展阶段上说，不仅上承报纸、下启新媒体，更曾经先后作为中国最重要的传媒形态，在新中国的发展进程中贡献了自己独特的力量。

与广播电视的实践发展相呼应，作为新中国广播电视事业发展的人才来源和智力支持，新中国广播电视教育以及相应的学科发展，也经历了从初创到拓展，再到繁荣的发展进程。本文试将新中国广播电视教育的发展划分为初创期、拓展期、繁荣期三个时期，并在学科发展的视野下对其进行梳理、思考和判断。在考察过程中，本文注意将广播电视教育和学科的发展，放置在四个参照系中进行考察，即在学科发展的视野下关注中国广播电视教育与中国广播电视行业、中国高等教育、中国特色人文社科研究、中国经济社会发展之间的关系。

一、初创期（新中国成立至“文革”结束）：行业性、应用性、开创性

（一）该时期广播电视教育的发展背景

从广播电视的功能体现来看，自新中国成立至“文革”结束，中国广播电视事业处于“宣传品”阶段，其主要任务是以党性和人民性为核心原则，维护新生政权，配合党和国家的中心工作，承担带有明显政治意识形态色彩的“宣传”功能，服务于政治意识形态的“宣传”工作。这一时期，广播电视事业的发展在相当高的程度上“以苏联为师”，讲求传媒传播的内容应该是“形象化的政论”。“形象化的政论”较早可见于列宁的“新闻电影不单是报道新闻，不单是记录式地客观主义地反映事件，而是政治性强烈的‘形

象化政论’”①。

这一时期，从广播和电视的发展来看，广播的影响力远超电视：从传媒影响力和发展成熟度来看，广播已然是普通民众日常接触包括新闻信息在内的各类信息的重要途径，而此时电视的发展却刚刚起步。1958 年中国首台国产电视方才诞生，而且在相当长的时间里，电视传媒更多地带有“实验”色彩而基本不具有大众传播的功能。直到 20 世纪 80 年代中期，随着电视机开始在中国内地普及，这一状况才得到较为彻底的改变。由于广播的快速发展和电视的初步发展，在广播电视实践的层面，出现了对广播电视人才的较大需求，因应着上述传媒功能和传媒发展的状况，这一时期的广播电视教育呈现出明显的政治性、行业性、应用性。

（二）该时期广播电视教育的发展进程

这一阶段的广播电视教育层次主要是本科及以下教育，其中包括大量的培训班、进修班等非学历教育。而这一阶段的广播电视教育机构主要以中国传媒大学的前身北京广播学院为核心，其院校类型属于行业性院校。

根据国家广播电视总局档案《技术干部训练班组织计划（草案）》记载，1954 年，中央广播事业局表示：“根据我局业务发展，所需技术人员与日俱增……为此在 1954 年组织训练班，专事培养技术维护人员，以便为新建电台准备一定数量的技术干部。”1954 年 3 月 3 日，在京郊良乡 12 号发射台（今 542 台），广播技术人员训练班成立，这个训练班作为中国传媒大学的前身，宣告了中国广播电视教育的肇始。训练班是一所中专性质的技术学校。在此基础上，1959 年 9 月，由北京广播专科学校升级而来的北京广播学院成立，中国第一个专门从事传媒高等教育的高校由此起步。最初的北京广播学院设置了新闻系、无线电系和外语系。中央广播事业局副局长周新武任院长，左荧、刘永嵘、周云庭分别任副院长兼新闻系、无线电系、外语系主任。新闻系设编采、摄影、文艺编辑三个专业；无线电系不分专业；外语系从 1958 年到 1966 年，根据对外广播的需求一共开设过 23 个外语专业。从 1975 年开始，北京广播学院增设艺术系。②最初的建院方针和任务是：培养中央台和各省、市、自治区电台所需要的广播、电视方面的高级人才，其中包括编辑、记者、播音员、科学研究人员、工程师、高级技术人员、翻

---

① 列宁论苏维埃电影生产的三种形式[G]. 徐谷明，译//兰州电影制片厂. 新闻纪录电影的理论与实践.1961:11.

② 陈继东.中国传媒高等教育的发展与变革：回望中国传媒大学 65 年教育历程[J].中国新闻传播研究，2019(4):32-34,36.

译、驻外国记者等。[①] 根据当时北京广播学院的专业设置,这一时期的广播电视教育主要集中于如下领域:新闻专业的编采、文编、摄影、播音、电视等领域,外语专业的非通用语和第三世界国家语言等领域,无线电专业的发送、发射等领域。

(三)该时期广播电视教育的发展特点

从上述该时期广播电视教育的发展背景和发展历程来看,该时期的广播电视教育呈现出显著的三大特点:行业性、应用性、开创性。

第一,行业性。

这一时期的广播电视教育,有明确的服务对象,这便是服务广播电视“行业”,也就是说广播电视行业发展需要什么工种和人才,广播电视教育就培养什么工种和人才,以满足广播电视业发展需求为教育的任务。

此外,我们还可以从管理体系、师资来源和教学内容等方面看到广播电视教育明显的行业性特征。(1)从院校管理体系来说,北京广播学院被放置在广播电视行业内,对它的管理与对广播电台、电视台的管理混杂在一起。(2)从师资队伍和教学内容来说,教师本人的教学任务和业界从业任务是混杂的,多数教师既在学校教学也在业界从事一线工作,其教学内容自然在相当高的程度上来自一线的行业性实践经验,对学生的期待也往往是能够迅速胜任行业内的不同工种的工作。同时,此时的广播电视教育内容以苏联为师,以配合意识形态的宣传工作为导向,这也体现了教育导向与行业任务一致的特点。

第二,应用性。

与上述行业性特点相关联,这一时期广播电视教育具有明显的应用实操导向,高校或培训班完全按照实际的工种进行教学设计。例如当时北京广播学院的专业设置主要表现为三个应用性很强的内容和技术领域,即新闻系、外语系、无线电系,它们分别应对新闻和艺术编采、外语翻译、无线电技术等实际工作。

这种应用性教育的成效显著,从北京广播学院及其前身毕业的学生,陆续充实到我国各级广播电台、电视台,他们主导创作的一大批广播电视新闻作品、广播电视文艺作品(如广播剧、广播文艺节目、电视剧、电视文艺节目、广播电视专题节目),成为20世纪50—70年代中国广播电视内容的支撑性组成部分。“总体上看,这一时期广播电

① 张振华.中国广播电视概要[M].北京:北京广播学院出版社,2003:410.

视教育的主要目标，是培养适应中国广播电视实践需要的从业人员。”[①]虽然专业教育典型的应用性特点致使高校在育人过程中缺乏学科建设的意识，表现出“重操作、轻学理”的倾向，学生的相关知识结构也远未完善，但毕竟在此基础上初创了中国广播电视教育。

第三，开创性。

尽管1938年在金陵大学孙明经先生的筹建下，该校就已经开始开展“影音教育”(1938年设电化教育专修科，1947年改为电影播音专修科)，[②]但彼时的影音教育一则偏重于电影，二则只是以专业和课程的组成部分的方式存在。当然我们不能否定这一时期影音教育对中国传媒艺术教育的开创性贡献。

不过，从中国高等教育体系的整体视野来看，这一时期以北京广播学院开展的广播电视教育为代表，中国广播电视教育虽远未完善，但毕竟有建制、有规模、有体系地出现了。这不仅标志着中国广播电视教育的创立，更具有填补中国高等教育领域空白的贡献。

这一时期的广播电视教育不仅较好地完成了政治性、行业性、应用性的任务，更重要的是，中国广播电视教育在这一时期起步：从管理体系上说，成立了专业学府——北京广播学院；从专业体系上说，形成了初步成形的专业设置(涵盖内容生产、对外传播、技术手段等方面)；从师资体系上说，聚拢和培养了一批不同背景的专业教师；从培养成效上说，培养了一大批推动中国社会发展的传媒领域中坚力量。这些都为中国广播电视教育未来的成熟和蓬勃发展打下了良好的基础。虽然在初创阶段，广播电视教育无法逾越不完善、不系统、不独立、不专业等初始性问题和困境，也尚未形成学科意识和学科体系，但其开创性功绩还是不可磨灭的。

二、拓展期(改革开放到20世纪90年代末)：开放性、创新性、专业性

(一)该时期广播电视教育的发展背景

从广播电视的功能体现来看，虽然这一时期广播电视依然承担着配合党和国家中心工作的“宣传”任务，但在“宣传品”的基础之上增加了“产品”的特质和功能，即在追求宣传功能的基础上，中国广播电视人在职业的专业性、创作的品质性、评价的行业

---

① 胡智锋.广播电视艺术教育回顾、现状与展望[J].艺术教育，2003(Z1)：14.

② 刘丹丹.历史纪录片《回望与坚守：金陵大学影音教育》[D].南京：南京大学，2016：2-3.

性、影响的广泛性等方面开始萌生出明确的行业和领域独立意识，并作出了具有成效的探索和贡献。同时，改革开放以后，中国广播电视实践也开始打开国门，从单一的以苏联为师，拓展为向西方学习。

从广播电视的自身发展来看，改革开放之后，包括广播电视在内的中国传媒事业进入快速发展的轨道，最为典型的代表是中国电视的快速发展。在“发出端”的电视内容不断丰富、品质不断提升，以及“接受端”的电视机大量普及、人民群众对电视依赖性增强的共同作用下，电视在 20 世纪 80 年代末 90 年代初迅速成长为中国“第一传媒”，并在此后的 20 多年时间里长期而稳定地作为中国影响最大的传媒样态而存在和发展。不过与此同时，广播的影响力则从 20 世纪 90 年代开始逐渐下降。

(二)该时期广播电视教育的发展进程

这一阶段的广播电视教育层次不断提升，在本科教育的基础上，大规模地增加了硕士研究生教育。而从广播电视教育机构来看，这一阶段北京广播学院依然是主力，同时一些其他的综合和专业类院校的广播电视教育也开始兴起。

1980 年北京广播学院的新闻系为适应形势发展一分为四，其中播音专业升格为播音系，电视摄影专业升格为电视系，文艺编辑专业升格为文艺系。这三个系科的建立为广播电视艺术人才的培养和广播电视艺术学科的建设打下了很好的基础。同时，北京师范大学、中央戏剧学院、北京电影学院等院校也在这一时期开始了广播电视艺术教育的人才培养和理论研究工作。[①] 同时，由于 20 世纪 80 年代初的“四级办电视”等政策的出台，电视技术、制作和运作方式的不断发展，以及观众对电视内容的需求量激增等原因，中国的电视台数量经历了一个同步激增的过程，这一过程中出现了很大的电视人才缺口，院校的电视人才培养与实践需求之间呈现“供远远小于求”的状态。这对中国广播电视教育的发展而言是一种“刚需”式的强大推动力量。因此，北京广播学院除了不断发展和拓展专业的学历教育，也开始与广电媒体合作，以专业证书班、大专班、短期培训班等各种形式，开展对广电一线人员的培训。经过专业培训的学员，不仅在回到各广播电视媒体后迅速成为一线主力，而且从长远来看，他们更成为支撑中国电视事业在 20 世纪八九十年代快速腾飞并居于中国“第一传媒”地位的基本力量。

进入 20 世纪 90 年代之后，中国广播电视教育继续加速发展。从 20 世纪 90 年代到 21 世纪初，广播电视行业成为发展最为迅速的行业之一，到 2000 年，我国广播电视

---

① 胡智锋.广播电视艺术教育回顾、现状与展望[J].艺术教育，2003(Z1)：15.

覆盖人口达到10亿，占全国总人口90%以上，电视成为最为普及、最为便捷的信息工具和文化载体，这也为北京广播学院的发展提供了窗口期。[①] 1993年，学校颁布了《北京广播学院改革发展思路和1993年工作要点》，提出在“20世纪到21世纪初，把北京广播学院建设成为一所适应我国国民经济发展和广播电视事业发展需要的，为广播电视系统和其相关领域培养各类高级专门人才，集新闻、技术、艺术、外语、管理为一体的社会主义综合大学，使学院成为我国名副其实的广播电视最高学府，多数学科、专业在全国行业性院校和其他院校中居第一流水平，在国际上享有一定声誉，并力争学院或某些学科、专业以特有的优势、明显的特色和较强的实力向国家高等教育‘211工程’迈进”。可以说到2000年前后，北京广播学院完全实现了在1993年设定的上述目标，并在进入下一个发展阶段时，继续在上述目标的指导下推进发展。这一时期北京广播学院的广电教育和学科发展主要体现在如下方面。

第一，专业设置的完善。1995年至2002年，北京广播学院相继成立了14个二级学院：工学院、新闻传播学院、播音主持艺术学院、电视学院、录音艺术学院、成人教育学院、国际传播学院、素质教育学院、动画学院、媒体管理学院、广告学院、理学院、文学院、影视艺术学院。“从此前的两三个艺术类专业猛增到目前的十几个专业，除了播音、电视摄影、文艺编导（原文艺编辑，90年代后拓展，与电视编辑合并形成广播电视文艺编导专业）三个传统专业，拓展为包括媒体策划、电视照明、电视节目制作、导演、表演、戏剧影视美术设计、动画、戏剧影视文学、英语节目主持、艺术设计、电视制片管理、录音艺术、音乐学、广告艺术、数字媒体制作等多个艺术类专业的结构布局。广播电视艺术专业的内涵与外延被大大拓展。”[②]

第二，培养体系的完善。1998年6月，经国务院学位委员会第16次会议批准，北京广播学院进入全国348个博士授予单位之列，并获批新闻学、广播电视艺术学2个博士点，实现了广播影视系统博士点零的突破，[③]也在高校广播电视教育序列中率先形成了完整的“本—硕—博”培养体系。同时学校还持续开展第二学士学位、专升本、专科、函授、夜大学业、高职、远程教育等多种类型与层次的教育，满足各类广播电视人才和学习者对获取专业教育的渴望和需求。在这一时期，学校的师资来源也大为拓

---

① 陈继东.中国传媒高等教育的发展与变革：回望中国传媒大学65年教育历程[J].中国新闻传播研究，2019(4)：38.

② 胡智锋.广播电视艺术教育回顾、现状与展望[J].艺术教育，2003(Z1)：15.

③ 陈继东.中国传媒高等教育的发展与变革：回望中国传媒大学65年教育历程[J].中国新闻传播研究，2019(4)：38-39.

展,学校吸引了大量海外和国内名校的高学历毕业生、海外和国内名校教师、知名传媒机构从业者来校工作。教学科研人员结构的不断优化,成为学校发展的核心保障。

第三,学科发展的完善。新闻学、广播电视艺术学被列入国家重点学科,传播学、语言学及应用语言学被列入北京市重点学科。学科分布由文、工两个门类扩展到文、工、管、理、经、法六大学科门类。① 同时,学校的科研实力不断提升,学术和学科意识不断增强,在新闻、技术、艺术、外语、管理等领域不断产出学理性成果,开始明确、开拓和丰富广播电视学科的研究对象、研究方法、研究架构、知识体系、理论体系等。"这一时期围绕着广播电视艺术的基本理论问题,从美学、文化学、语言学、心理学、社会学等各个学科的角度推出了一系列相关著作。在本体研究方面,关于广播电视艺术产品的类型、品种、结构及风格样式、创作、制作和各环节构成元素的研究,也得到了相当充分的展开。以《中国播音学》《中国应用电视学》《中国广播文艺学》《中国电视文艺学》等为代表的规模较为宏大的著作的出版,标志着中国广播电视艺术研究已进入繁荣的阶段。"②

这一时期除北京广播学院之外,北京大学、清华大学、中国人民大学、北京师范大学、复旦大学、中央戏剧学院、北京电影学院、上海大学、浙江大学、辽宁大学、暨南大学、华中科技大学、南京大学等若干所高校都相继开设了广播电视艺术专业。这些学校大多拥有该专业的硕士点,有的正在申请博士点。此外,浙江传媒学院(原浙江广播电视高等专科学校)及大量地方性广播电视学校也在开办广播电视艺术教育。③ 同时,以《现代传播(北京广播学院学报)》为代表的广播电视学术期刊平台,以中国高校影视学会为代表的广播电视学术活动平台,以及各类师生创作评奖活动、教师科研成果评选活动等,都是这一时期广播电视教育和学科发展的重要支撑。

(三)该时期广播电视教育的发展特点

与上一时期不同,在本时期,广播电视教育不仅继续承担着培养行业和实践急需的应用性人才的任务,更具有了一定的学科发展意识,呈现出了明显的开放性、创新性、专业性特点。

---

① 陈继东.中国传媒高等教育的发展与变革:回望中国传媒大学65年教育历程[J].中国新闻传播研究,2019(4):39.

② 胡智锋.广播电视艺术教育回顾、现状与展望[J].艺术教育,2003(Z1):15.

③ 胡智锋.广播电视艺术教育回顾、现状与展望[J].艺术教育,2003(Z1):15.

第一,开放性。

开放性特点主要体现在如下两个方面。(1)在对外的维度上,重视向国外特别是西方学习。这一时期,在广播电视教育教学、专业设置、学术研究和学科建设上,从新闻到文艺再到技术,我们开放式地从西方引进了一些重要的理念、观念、概念、方式、手段和研究,如主持人、直播、脱口秀、新闻的专业性、受众、传播,等等。大量介绍或阐释西方广播电视实操和观念的学术性、研究性、技术性、专业性书籍和文章涌现。其中,在教育内容上,外国广播电视的相关内容占比越来越高,专业性教材也从以苏联式教材为主,转向引进西方的教材;在专业设置上,也借鉴了西方的广播影视专业设置,并由此产生了一些新专业或新方向。当然,这种教育教学的开放性,必然有赖于改革开放之后中国广播电视行业的国际交流日盛的开放性状态。(2)在对内的维度上,重视向其他学科学习。除了面向海外,广播电视教育、研究和学科发展还开始吸纳国内其他领域的知识、观念、理论、方法,以及教师和学者的参与,以开放性的姿态拓展了广播电视教育和研究的主题、思路、方法和疆域,逐步展示了学科发展的开阔度。例如广播电视教育、研究和学科发展开始有了要与经济学、社会学、心理学、教育学、文化学、艺术学、美学、文学等领域交融的意向,为日后形成有跨学科交叉色彩的专业和内容打下了基础。

第二,创新性。

这一时期的创新性,既体现在专业发展上,也体现在学术研究中。(1)专业发展的"自主"性创新。这不仅体现在规模的拓展上,例如因应实践发展和学科需求将文编、播音、电视摄像等专业创新壮大为系,更重要的是开设了不少新的专业,同时在教育和学科发展过程中还出现了跨领域设置的专业。例如,在 20 世纪 80 年代创新性地设置了电视编辑、电视导演等专业;在 20 世纪 90 年代创新性地推动了广播电视编导、广播电视新闻、广播电视艺术学、传媒经济学等专业和学科的发展。(2)学术研究的"融合"性创新。在广播电视理论的建构过程中,研究者开始重视学术研究的突破,特别是注重借助已有的、成熟的传统学科,提升广播电视研究的理论性、体系性和创新性,例如因电视与美学的融合而出现的"电视美学"研究,因电视与文化学的融合而出现的"电视文化学"研究,因电视与艺术学的融合而出现的"电视艺术学"研究等。针对广播电视实操性强的特点,研究者开始注重将实操的规律进行抽离总结,从而进行"中国应用广播电视学"的研究。这些带有一定体系化的研究的陆续出现,不仅标志着广播电视学科开始显露独立性,也为具有中国特色的人文社科研究贡献了新的内容和新的活力。

第三,专业性。

这一时期广播电视教育专业性强的特点,可以从横向和纵向两个方面来探析。(1)从横向来说,广播电视教育与其他学科的教育相比,有较为明显的特点,例如与传统的文史哲教育相比,其专门化的技术性更强,"门外汉"可能"一窍不通";而与新闻传播学、艺术学等相近学科的教育相比,它也有极高的专业辨识度——其有明确的"广播电视"这一对象性领域,其教育从聚焦于"广播电视"而不是一般性的新闻、艺术、技术的,因此专业特色鲜明。(2)从纵向来说,广播电视内部的一些领域正在"专业化"。例如原来广播电视的一些工种式领域,或者模糊、混杂的领域,逐渐地变成稳定的、具体的专业,具有了专业的独特内涵和初级体系,例如编导等专业。

这一时期的广播电视教育,不像前一时期那样只是对广播电视行业的呼应,而是有了更广泛的对中国高等教育发展、中国特色人文社科研究的呼应。

三、繁荣期(21世纪至今):引领性、系统性、前沿性

(一)该时期广播电视教育的发展背景

从广播电视的功能体现来看,这一时期的广播电视除了继续具有"宣传品"和"作品"的特质和功能,又增加了"产品"这一关键词。广播电视持续承担服务意识形态的功能,重视自身的专业性、职业性、品质度,同时一些原本我们并不熟悉的词语成为评判广播电视媒体发展的重要用语,如市场化、产业化、收视率、收听率、点击量、资本金主、广告商、消费导流,等等。在兼顾社会效益的同时,经济效益迅速上升为广播电视业的核心和关键性诉求。虽然过度注重经济效益为广播电视事业的发展带来了不少负面影响,但适度重视经济效益,也为广播电视事业带来了诸如重视观众、重视传播、重视技术革新、重视内容丰富、重视手段多变、重视制作的可视性等有益效用,这使得广播电视成为大众娱乐的重要手段,也为中国社会、文化、艺术等领域的发展作出了一定的贡献,推动了中国广播电视事业向纵深发展。

从广播电视的自身发展来看,相对而言,广播的影响力持续处于低位状态,虽然私家车的普及曾一度拉升了广播的经济收益和社会效益,各台的交通频道曾一度成为"现象级"广播平台。电视则在本时期经历了"过山车式"的发展,在2000年前后电视的影响力达到顶峰,呈现出"傲视"其他媒体形态的姿态;而此后,大约从2010年开始,随着互联网、新媒体的崛起,电视开始受到冲击,最近几年,电视传媒的社会影响力和

经济收益等关键方面开始陡然下滑，甚至被称作“断崖式”衰落。我们如今判断电视是否将“死”还为时过早，因为如果电视传媒能够在机制、内容、技术等方面有显著、有效和突破性创新，它依然能够在一定程度上恢复往日活力。不过，我们在梳理新中国成立70年来的广播电视教育和学科发展史的同时，必然会梳理中国广播电视行业发展史，个中兴衰，不免令人感慨。

(二)该时期广播电视教育的发展进程

这一阶段的广播电视教育层次提升：在本科、硕士教育的基础上，为数不少的院校获得了博士学位授予权，在较大规模上建立了完整的“本—硕—博”广播电视教育体系。而从广播电视教育机构来看，虽然更名后的北京广播学院，即中国传媒大学依然是本领域的领头羊，但也受到了其他综合类、师范类、理工类和专业类院校广播电视教育快速发展的鞭策。对这一时期广播电视教育的发展进程，可以从学科发展、学校发展和专业发展三个角度来探析。

第一，学科发展情况。1998年广播电视艺术学作为独立学科成功获批硕士点、博士点。在2001年第二次国家重点学科评审中，广播电视艺术学成功通过答辩，被列入国家重点学科目录，这对整个学科的发展及专业地位的提升来说，都是极为重要的突破。2011年艺术学“升门”之后，戏剧戏曲学、电影学、广播电视艺术学三个二级学科被整合成独立的一级学科——戏剧与影视学。① 当然，广播电视教育不仅包含广播电视艺术，同样包含广播电视新闻，后者常被归于新闻传播学。“广播电视研究长期‘两栖’于新闻传播学和艺术学之间，又常与电影研究结合，如何构建一门体系完善的‘广播电视学’引发了该领域学者的长期思索。2012版本科专业目录将原来的‘广播电视新闻学’调整为‘广播电视学’，与新闻学、传播学等并立，这可视为一个积极信号。”②

第二，学校发展情况。(1)就专业院校的广播电视教育发展来看，在这一时期，一些专业类学校和小型专科学校，在强烈的广播电视教育需求的带动下，纷纷升格或频频诞生。北京广播学院于2004年更名为中国传媒大学，在“本—硕—博”教育体系和博士后流动站的完善等方面，继续进行具有引领性的拓展。这种引领性，既体现在学科设置、专业设置、培养模式、学术理论、学术思想等方面，也体现在标志性学者、著作、教材、平台、学刊等方面。而如浙江传媒学院、山西传媒学院等广播电视教育的重要力

① 胡智锋，何昶成.新中国戏剧与影视学学科70年发展纵览[J].广州大学学报(社会科学版)，2019，18(5)：137.
② 廖圣清，申琦，柳成荫，等.中国大陆新闻传播学研究十五年：1998—2012[J].新闻大学，2013(6)：72-73.

量,早已从早期的小型专科学校发展到可开展本科乃至硕士阶段人才培养的高等教育院校。同时,开展广播电视教育的民办专业院校开始不断出现,如四川电影电视学院、河北传媒学院、武汉传媒学院、四川传媒学院、中国传媒大学南广学院等,它们满足了不同的教育需要,完善了不同层级的教育结构,并拓展了广播电视教育的规模和影响力。(2)就综合类、理工类、师范类院校的广播电视教育发展来看,以广播电视为名,或者依托于广播影视/传媒艺术、新闻传播两大领域的学院、系所、专业的教育也开始蓬勃发展起来。此类院校的广播电视教育,很好地依托了学校整体的风格特色、发展品级,有力地推动了广播电视教育的整体水平和影响力。其中,北京师范大学的广播影视教育的发展十分显著,在 2017 年教育部公布的戏剧与影视学第四轮学科评估结果中,北京师范大学与中国传媒大学并列第一;同年,教育部公布了世界一流学科建设高校名单,在戏剧与影视学一流学科建设的入选高校中,除中国传媒大学、中央戏剧学院之外,北京师范大学是唯一的非专业类入选院校。

第三,专业发展情况。随着互联网时代中国传媒实践的不断动态更迭和发展,这一时期广播电视类专业设置也呈现出“细”和“新”的特点。“细”是指改变了原来文艺、新闻、电视、播音等笼统化的专业设置,在这些大的领域不断细化细分专业和方向,专业、方向的“专业性”前所未有地增强。“新”是指因应新媒体、新技术、新需求的发展不断出现新领域,如网络媒体、智能媒体、融合媒体、大数据算法、虚拟现实等,与这些新领域结合的新专业、新方向不断拓展广播电视教育专业和创新人才培养方式。

(三)该时期广播电视教育的发展特点

作为中国广播电视教育发展的高级阶段,这一时期广播电视教育的发展体现出显著的引领性、系统性和前沿性等特点。

第一,引领性。

引领性的特点主要体现在如下三个方面。(1)对广播电视实践的引领。这一时期广播电视教育和学科发展,较为彻底地改变了只是跟随广播电视实践,以广播电视实践为“指挥棒”来设置专业、布局学科的状态;广播电视教育在相当高的程度上,具有了独立性和前瞻性,开始以思想、理念、观念和学术的领先引领实践的发展。此时的广播电视教育和学术研究与时俱进,形成了不少超前的、具有前瞻性的内容,如与互联网的结合、与其他学科和专业的结合,技术与艺术的结合、传媒与社会发展的结合,因此在教育内容、培养模式、学术研究的一些方面是超前于行业发展的。例如,从学术研究角度说,中国广播电视学界在媒介融合时代广播电视转型创新、将西方影视作品的创新理念引入中国影视策划和制作、中国广播影视如何应对新型的受众结构和需求、中国广播影视在“产品”时代暴露出的不足与困境等诸多问题上，给予了广播电视业界重要的引领。(2)对高等教育的引领。因为这一时期的广播电视教育和学科发展具有领先的技术、迭新的观念、与现实结合的敏锐、对社会生活的广泛影响等优势，不少广播电视教育理念和内容走在了国民教育和高等教育的前沿，甚至开始反哺传统老牌人文社科领域的教育。当然，广播电视教育和学科能够具有一定的引领性，是建立在满足一些基础性条件的基础之上的，例如广播电视教育和学术研究的引领性专业、平台、机构、成果、人物等出现了，相关的教育和学科发展的标准、规范也不断确立和稳定等。(3)对经济社会发展的引领。近年来，广播电视教育和学科的重要性日益增强，在国家经济社会发展中的一些重要方面开始起到一定的引领性作用。例如广播电视教育和研究中关于大数据、移动互联、人工智能、超高清视觉技术、新型传输技术等领域的内容，成为推动经济社会发展的极具活力的力量。

第二，系统性。

系统性的特点，主要体现在如下两个方面。(1)教育体系的系统性。这一时期，中国广播电视教育形成了较为完整、规范、有逻辑的教育体系。其中，在教育内容上，实现了从高职高专教育，到“本—硕—博—博士后”教育的完备、齐整的体系；在教育内容上，基本实现了对广播电视行业和实践各个工种、各个环节、各种需求的全覆盖，例如对广播电视内容生产、传播推送、市场产业、文化精神等各个维度的覆盖；在教育辐射上，广播电视教育和学科发展不仅承担了人才培养、科学研究的任务，更开始重视对社会服务、文化创新、国家发展的贡献度。(2)学科研究的系统性。从学科体系的系统性完善来看，广播电视学科发展进一步明确或建构了独立的学科研究对象、研究方法、研究手段、研究理念、研究目标、研究规律、研究逻辑等诸多问题，进一步挖掘了独特的认识世界、改造世界的方式，进一步建构了难以被替代的、具有鲜明学科特点的理论框架、理论阐释、理论观点和理论目标等，①逐步改变“广电无学”等关于本学科的负向刻板认知。

从教育和学科的发展成效来看，这一时期的广播电视教育，淡化了前几个阶段中具有的服务于行业和实践的显著特质，迅速迈向了主流高等教育的殿堂，成为高等教育和国民教育中具有较高关注度的领域。例如，中国传媒大学等以广播电视教育为特色的高校，在高考录取分数、研究生招录比例、毕业生社会评价、学校整体的社会关注

① 胡智锋，刘俊.新中国70年新闻传播学发展的回顾与展望[J].新闻大学，2020(2)：44-54.

度和影响力、学校整体在中国高等教育和学科发展体系中的地位等方面，都迅速发展，甚至超过了一些传统老牌综合性名校。

第三，前沿性。

这一时期，因应着互联网、新媒体的快速崛起，全球传媒格局经历了前所未有的巨变。特别是最近十年，与融媒体有关的设备、行为方式和习惯不仅事关人的信息获取、社会交往方式，更在全面改变着人的存在方式和生存方式。同时，随着传媒业在中国的影响力不断攀升，经济社会发展也不断对传媒业和传媒教育产生新的期待。

在这一背景之下，广播电视教育、研究和学科发展深度感知着传媒格局的变化，以及经济社会发展的诉求，不断调整着人才培养方式、学术研究命题和学科发展目标。特别是在学术研究方面，我们看到：在电视研究中，实务研究以内容生产为主线，研究覆盖直播节目、新闻节目、民生新闻节目、谈话节目、娱乐节目、科教节目等热门节目类型；理论研究以电视文化为主线，从借鉴国外理论向建构中国话语发展；产业研究紧贴实践，关注广电集团化、三网融合和视听新媒体产业等。此外，公共广播电视研究和视觉文化传播成为相对新鲜的研究领域。① 而近年来，5G＋AI＋8K、大数据＋算法、虚拟现实＋隔空技术等与广播电视的结合，成了新的人才培养和学术研究的热点与趋势。同时，广播电视教育和研究的前沿交叉性越来越强，不同主题和领域的前沿性研究机构和研究成果不断出现。

在当前这一发展的繁荣期，我们乐见的是，中国广播电视教育和学科与中国广播电视行业、中国高等教育、中国特色人文社科研究、中国政治经济社会文化发展不仅深度交融，而且催生了不少裂变反应，未来可期。

结语：机遇与挑战

新中国的广播电视教育发展至今，已经有了六七十年的积累，经历了多个发展阶段，取得了令人瞩目的成绩，但这并非说广播电视教育的发展已经完全进入高层次的成熟阶段，已经可以在稳定的状态下坐拥发展成果。

从行业的角度说，当前广播电视行业本身正处于快速发展的转型期，传媒因应着互联网和全球化的发展出现了更新迭代的过程，广播电视行业面临着许多艰巨的挑战和巨大的困难，在机制、技术、内容、市场等方面承受着前所未有的压力。如何提振行业发展，如何根据传媒发展大势调整广播电视行业发展，这些问题无论是对行业本身，

① 廖圣清，申琦，柳成荫，等.中国大陆新闻传播学研究十五年：1998—2012[J].新闻大学，2013(6)：70-82.

还是对教育和学科发展都是挑战。广播电视教育和学科发展，需要做出全新的整合和研判，有针对性地探索创新策略和战略。

从教育和学科的角度说，相较于老牌传统领域的教育和学科，广播电视教育和学科毕竟是新兴的，其教育和学科发展的完整性、体系性、深刻性、稳定性、独立性、专业性、成熟性，乃至教育和学科的文化、价值、精神层面的积累和完善尚有待进一步提升。

而在广播电视教育和学科尚未发展成熟的当下，这一学科又面临着学科合法性的危机。如果未来广播电视业持续衰落，在社会生活中的影响力持续走低，甚至出现“电视将死”的局面，那么以广播电视为教育教学和学术研究对象的广播电视学、广播电视艺术学、广播电视新闻学存在的合法性必然会受到挑战，因为学科的基本研究对象可能面临消失。

退一步说，未来媒介形式的融合、艺术形式的融合，是大势所趋，深度新媒体化了的广播电视已经消解了原有的广播和电视的边界，转变为融媒体产品中的视听元素，这同样呼唤着教育和学科的拓展，因为学科的基本研究对象可能正在转变。

因此，传统工业化式的、边界过于清晰的划分媒介形态、艺术形态的方式，以及划分专业设置、学科边界的方式，亟待更新。

近年来我们倡导建设传媒艺术学，便是基于上述的实践和学科发展困境。传媒艺术包括摄影术诞生以后陆续诞生的摄影艺术、电影艺术、广播电视艺术、数字新媒体艺术，以及一些经现代传媒和传媒科技改造了的传统艺术形式。[①] 如果把人类艺术删繁就简地进行分类，或许就可以分为“传统艺术”和“传媒艺术”两大艺术族群。

面对融合之局，从学科角度，传媒艺术学倡导在这样一个艺术融合和媒介融合的时代，适度打破电影、广播、电视、新媒体艺术的边界，以图、影、视、听、网等“视听＋融媒体”的整体性视野，有联系地考察传媒艺术这个艺术族群的基本概念、属性、逻辑、规律、功能、价值等本体问题。

面对融合之局，从教育角度，传媒艺术学倡导在人才培养中，在学生的知识、能力和思维锻造上，既精于某一形式的影视新媒体艺术样态，同时又能将图、影、视、听、网等艺术元素融合打通。某种程度上说，前者更偏向技能和知识，后者更偏向思维和视

① 胡智锋，刘俊.何谓传媒艺术[J].现代传播(中国传媒大学学报)，2014，36(1)：73.

野。这对广播影视艺术教育者和学生来说,要求自然较以往更高。①

总之,回顾新中国成立70年来的广播电视教育发展历程,面对机遇和挑战,中国广播电视教育亟须在总结和梳理发展脉络和经验的同时,凭借前瞻性的视野尽快形成更为成熟、更为完善、更为独特、更为合理的教育与学科体系,成长为中国高等教育和学科体系中的一支代表性力量。

〔胡智锋,北京电影学院党委副书记、副校长,教授、博士生导师,中国高校影视学会会长;刘俊(通讯作者),中国传媒大学首批"青年拔尖人才"、副研究员、硕士生导师,《现代传播》责任编辑〕

〔特约编辑:崔林〕

① 相关学科和教育理念详见胡智锋,刘俊.何谓传媒艺术[J].现代传播(中国传媒大学学报),2014,36(1):72-76;胡智锋.《传媒艺术学书系》总序[J].现代传播(中国传媒大学学报),2017,39(7):158-159;刘俊.论"艺术融合"时代影视艺术教育的拓展之维[J].教育传媒研究,2017(6):79-82;刘俊.中国传媒艺术学教育的理念提出与前沿观察[M]//中国传媒教育观察2018.北京:中国传媒大学出版社,2019.

“绿色新闻”及其客观性软肋:以当代三大环境报道为镜鉴

Green Journalism and Objectivity: a Study of Three Outstanding Environmental News Reports in the Modern Age

◎张 威

Zhang Wei

摘要:随着环境问题上升为世界各国面对的严峻课题,20 世纪 70 年代崛起的环境新闻学走过了不寻常的历程,它从呐喊、呼吁、警示逐渐走向理性与成熟。19 世纪末,美国环境新闻的开拓者伏洛姆举起激进的“绿色新闻学”大旗,在全球吸引了一大批崇尚环境保护的记者,与此同时,这位环保老将漠视新闻客观性的言论也极大地冲击了传统的新闻学,为环境报道蒙上一层迷雾和阴影。本文聚焦当代三大著名环境报道——美国媒体报道“苹果致癌”和“温室效应”事件,以及中国媒体报道广东“蕉癌”事件,旨在探讨环境报道与新闻客观性之间的矛盾冲突以及应对方法。这些案例都充分显示了激进的“绿色新闻”对传统的新闻伦理的冲击。事实上,在“环保鼓吹”和“客观性”准则的碰撞中,“绿色新闻”的信誉持续下降,不断为人所诟病。尽管争议不断,但一个问题正在廓清——在环境报道中,公平、客观显然是无法缺席的;“绿色新闻学”不能以其所谓的特殊性而将新闻的客观准则排除在外。

关键词:绿色新闻;环境报道;苹果致癌;温室效应;广东“蕉癌”事件

Abstract: As environmental issue has became a serious question in the world, environmental journalism which emerged during the 1970s has also experienced an unusual time, from stages of call to arms, appeal and alarm to stage of reason and maturity. In the end of 19th century, Michael Frome, a pioneer of American environmental journalism lifted up the flag of the advanced Green Journalism and aroused awareness of journalists worldwide to the environment protection. In the same time, the statements of ignorance of objectivity in news reporting by this veteran environmental journalist influenced the traditional journalism in a great deal, thus casting a shadow over the environmental journalism. Focused on three modern outstanding environmental news reports: The great apple scare, greenhouse effects in America and banana cancer in China, this paper discusses the conflict between green journalism and the objectivity of traditional journalism through detailed analysis. The case studies have proved that the impact of green journalism towards the traditional journalistic ethics. As the matter of fact, while the environmental advocacy collides with the principle of objectivity, the credibility of the green journalism has been shaken with many criticism. While the arguments are going ahead, it is clear that despite the particularity of the environmental journalism, the balanced reporting and principle of objectivity must be upheld without exemption.

Keywords: green journalism, environmental reporting, the great apple scare, green house effects, banana cancer

导 言

"绿色新闻"(Green Journalism)是20世纪90年代前后西方媒体对环境报道的描述,也是激进环境新闻学派的自我称谓。美国爱达荷大学环境新闻学教授伏洛姆(Michael Frome,1920—2016)被认为是该学派的领军人物,他在"绿色新闻学"的奠基之作《绿笔:环境新闻学引论》中,公然挑战新闻客观性原则。他指出,只有对拯救地球有感情的人才能成为环境记者,所以环境记者绝不要怕被别人称为"环境保护的鼓吹者"。伏洛姆说:

> "Advocacy"是我们被告知要避免的词,它有着倾向性的标记——这是大多数记者无法认同的,尽管倾向性是不可避免的。我的观点是:我们就是要为一个健康、安全的地球而鼓吹。①

1989年美国环境记者协会(Society of Environmental Journalist,SEJ)成立伊始,

① FROME M.Green ink: an introduction to environmental journalism[M]. Salt Lake City: University of Utah Press,1998: 9.

客观性原则的“排斥派”和“坚守派”就形成了明显分野。SEJ的创办董事、特纳尔广播公司记者兼《地球》制片人特雅·瑞安(Teya Ryan)是“排斥派”的代表,她认为,“既然人人都承认保护环境重要,那么新闻记者有必要抛弃‘平衡报道’的原则,且应直截了当地说,这就是我的观点,这就是我的建议!”。[①]“坚守派”代表、SEJ主席、《费城调查者报》(the *Philadelphia Inquirer*)记者吉姆·戴金(Jim Detjen)认为,一个崇尚“鼓吹”的环境新闻学会造成混乱并导致负面效果,他反对只反映“一种观点”和进行“非平衡”报道,认为环境报道也要恪守传统新闻学的原则。[②]

环境报道的“排斥派”和“坚守派”一直在较量,伏洛姆20年前发表的有关“advocacy”的见解至今响应者甚众,这说明激进环境新闻学派具有广阔的市场。1996年,美国职业记者协会(SPJ)将“客观性”从该会的职业准则中删除,从而增加了问题的复杂性,同时也反映了一种现实:当代的许多记者认为“客观性”这个概念不够精当,难以把握,而宁愿用“公平”“平衡”“准确”来替代。[③]

然而,“客观、公正”目前仍是主流新闻记者追求的目标,正因如此,伏洛姆在突出“鼓吹”作用的同时也强调,环境报道“要向公众提供可靠、准确的数据……要诚实,可信,目标明确”[④]。

环境报道面临的两难是显而易见的:一方面,为保护环境疾呼天经地义、无可指摘,另一方面,环境问题中蕴含的错综复杂的科学问题往往难以把握,仅凭“感情”和“鼓吹”,报道不免出现偏颇。20世纪90年代以来,环境报道频现信任危机已经说明了这一点。在美国,环境记者往往被讥讽为“绿色分子”,这是一个与环境运动分子纠缠在一起的概念,他们没有获得多少职业尊重。[⑤]《大众传媒伦理》(JMME)学刊曾刊载一篇题为《有关事实与真相》的文章,批评了一系列关于环境问题的报道,尤其抨击了前《纽约时报》的新闻记者凯斯·施耐德(Keith Schneider)关于“dioxin”——一种致癌或致畸杂环族碳氢化合物——的误导性报道。文章说,绿色新闻经常因其“鼓吹性”

① RYAN T. Network earth: advocacy, journalism and the environment [M]//LAMAY C L, DENNIS E E. Media and environment. Washington, D.C.: Island Press,1992: 81-92.

② DETJEN J. The traditionalist's tools and a fistful of new ones [M]//LAMAY C L, DENNIS E E.Media and environment. Washington, D.C.: Island Press. 1991: 93,94,102.

③ CUNNINGHAM B. Rethinking objectivity in a world of spin [J].Columbia journalism review,2003(7/8):24-29.

④ FROME M.Green ink: an introduction to environmental journalism[M]. Salt Lake City: University of Utah Press,1998:9.

⑤ WARD B. Environment journalists don't get much respect[R]. Nieman Reports(Winter),2002: 4.

而受到批评,其报道常常被指责是由环境保护主义者写就的而非出自职业记者。①

环境报道的危机来源于下面的几个因素:首先,它植根于环境记者的主观热情——由于人类对环境持久与惨烈的破坏,记者在披露任何环境问题时往往理直气壮地为人类可能面临的灾难预警、呐喊、呼唤,与此同时却疏于对各方面事实的检视。其次,作为社会的监控者,近年来,非政府环境组织高频率地向社会提出各种环境恶化警告,这既给新闻界带来了机遇又带来了压力,而媒体匆忙的反应提高了出错的概率。最后,公众对环境问题的高度关注决定了环境新闻的高度风险性,像疯牛病、SARS、地球升温等都是牵动千家万户的事件,媒体的任何反应都会引起社会迅速、广泛的反响。

本文通过三个典型案例来考察环境报道易于出现的软肋,即因客观性原则的缺失而出现的负面效应。这三个案例分别代表着三种复杂情况:

(1)当环境报道出于某种需要,只强调一个信息源时,它会出现极大的偏差;

(2)即使报道者试图平衡展示卷入冲突的双方,也不一定能保持客观中立;

(3)当新闻记者试图如实报道某个环境问题时,如果缺少必要的深度、精准的诠释,往往会导致意想不到的负面后果。

一、CBS 与"苹果致癌"

《60 分钟》(*Sixty Minutes*)是美国著名的哥伦比亚广播公司(CBS)的强档电视节目,在观众中有着较高的威信,但在 1989 年的一次对"苹果致癌"的倾向性报道中,《60 分钟》威信扫地,CBS 甚至被业界讥讽为"不负责任的新闻机构",留下了"环境新闻学中最糟糕的经典案例"。②

丁酰肼(Daminozide)是在苹果成形前喷洒在苹果树上的化学物质,它可以有效地防止苹果早期坠落、腐烂,并能够使其保持养分、颜色鲜艳。1966 年,美国政府进行过严格检验,科学家以高于人类安全剂量几百倍的丁酰肼剂量喂食实验室的老鼠,但没有发现任何异常。

1989 年,一个自发的环境保护组织——保卫自然资源委员会(NRDC)开始挑战

① VALENTI J M. Ethical decision making in environmental communication[J]. Journal of mass media ethics, 1998(13):219.

② SMITH C. Responsible journalism, environmental advocacy, and the great apple scare of 1989[J]. The journal of environmental education, 1998, 29(4): 34.

丁酰肼的安全性，该组织发表了一篇报告，题为《无法容忍的危险：儿童食品中的杀虫剂》，声称有科学证据表明丁酰肼致癌，而儿童更容易受到威胁。保卫自然资源委员会要求美国环保署（EPA）宣布丁酰肼是“危险品”并禁用，但该组织从来没有公布它的“科学证据”。美国环保署为此成立了丁酰肼安全检查小组，调查结果否认了保卫自然资源委员会的论断。但后者没有善罢甘休，三个星期后，该组织通过媒体发出了自己的声音。①

1989年2月26日，保卫自然资源委员会发言人布拉德利（Ed Bradley）在接受《60分钟》节目采访时声称：苹果生产业中使用的这种化合物是最强的致癌物。接着，《今日播报》、《妇女日》、CNN、《华盛顿邮报》、《纽约时报》等媒体一窝蜂地加以报道。著名影星梅丽尔·斯特里普（Meryl Streep）②在电视上呼吁成立一个“禁止杀虫剂母亲联合会”。媒体的宣传和影星的造势迅速影响了谈癌症色变的普通公众。

美国各地，包括纽约、芝加哥、洛杉矶和亚特兰大等地的学校立即停止向学生供应苹果、苹果汁及其他苹果类食品。一些家长致电美国环保署，抱怨苹果对孩子的危害，有一名妇女甚至给州警察局打电话，请警察帮忙去追一辆校车，没收她孩子携带的一个苹果。苹果制品销量急遽下降，根据美国苹果生产联合会前主席约翰·赖斯的估计，全美有2万多名苹果生产业主蒙受了巨大的损失，经济损失超过2.5亿美元。为了平息公众的激动情绪，当年6月，美国停止生产和使用丁酰肼。苹果加工商一家家地倒闭了，美国政府花了950万美元来赔偿其损失。③

“苹果事件”发生后，美国《科学》和《自然》杂志相继发表文章，认为对丁酰肼的指控没有科学根据，建议“重新评估丁酰肼恐惧”。食品工业机构组织的科学实验表明，苹果中丁酰肼致癌的危险建立在这样一个基础上：一个孩子每天吃一节火车车厢的苹果才有可能受到影响。美国环保署的研究数据表明，苹果中丁酰肼导致人类患癌的危险为百万分之五十（这个人要每天吃，并且吃60年），消费者联合会组织的科学检验结果更低，为百万分之五，而对孩子来说，吃水果糖致癌的风险比吃带有丁酰肼的苹果高得多。美国环保署发表的资料称“苹果致癌”的危险性在零以下。但是，正如一些批评者指出的：“记者不屑讨论这些细节，他们更喜欢戏剧性和趣味性，他们会把这个事情

① DENCHAK M.All about alar[EB/OL].(2016-03-14)[2019-11-20]. https://www.nrdc.org/stories/all-about -alar.

② 梅丽尔·斯特里普是美国著名国际影星，曾14次获奥斯卡金像奖提名。

③ FRIEDMAN S M . Alar and apples: newspaper coverage of a major risk issue[C]. The annual meeting of the Association for Education in Journalism and Mass Communication, Boston:1991:2-4

渲染成一场环境风险。”①

苹果生产者曾经联合起来,以科学家、农业部、环保署等公布的调查数据反击有关丁酰肼的不实言论,并向哥伦比亚广播公司、保卫自然资源委员会等机构索赔数百万美元,但没有成功。法官的判决是,苹果生产者虽然能证明丁酰肼并非导致癌症的决定因素,但却无法证明其诉讼对象具有主观恶意的过错。

在《60分钟》报道丁酰肼恐惧的8个月后,公众开始获悉环保组织保卫自然资源委员会与哥伦比亚广播公司一起制造新闻的内幕。1988年,保卫自然资源委员会雇用了一家名为奋腾传播(Fenton Communications)的公关公司来策划抵制使用丁酰肼的活动,他们在哥伦比亚广播公司采访前精心准备了几个月。一些调查者认为,“苹果事件”出自环境运动分子的精心打造,是环境运动和积极分子为实现公众募捐目标的蓄意误导。②

1990年至1995年,美国科学与健康理事会在美国国家记者俱乐部先后三次召开有关丁酰肼的记者招待会,宣布丁酰肼是一种有益的、安全的化学物质,至此,“苹果致癌”的风波总算平息,丁酰肼被恢复了名誉,苹果又回到了学校的餐桌。1991年,科罗拉多州通过了一项法律:对于那些散布关于农产品的不良谣言者要加以惩处。③

在《60分钟》的关于“苹果致癌”的报道中几乎没有出现反对派的声音。这个新闻节目显然对社会造成了重大影响,这个新闻被一些大众传媒研究者讥为“不负责任的新闻”。《60分钟》的报道建立在该事件的反常、具有负面张力和强烈的戏剧效应上,滑稽的是:当苹果危机过去之后,《60分钟》又以“濒临破产的苹果生产者”为题做了另一档节目,再次引发了轰动。

一项媒体调查表明,在《60分钟》的节目播出后一个月内,美国各著名媒体发布了120多条有关“苹果致癌”的新闻,它们均受到《60分钟》观点的影响,其中23条新闻直接引用了《60分钟》的报道。在“苹果上的丁酰肼致癌”尚无结论的情况下,这些报道的倾向却与《60分钟》一致。④

---

① BIDINOTTO R J. The great apple scare[J].Minnesota flowers bulletin,1991,40(5):11-12.

② LEHR J, ALDRICH S. Alar: the great apple scare, environment & climate news[M] //ALDRICH S R. Smoke or steam? A guide to environmental regulatory & food safety concerns.Springfield: Illinois: Flo-Min Publications,1994:110-121.

③ REPORTER S. Lettuce, perish the thought! Fruit, veggies can sue for libel[N]. The morning call,1991(3): A.2

④ SMITH C. Responsible journalism, environmental advocacy, and the great apple scare of 1989[J]. The journal of environmental education, 1998,29(4):34.

哥伦比亚广播公司《60分钟》节目从始至终谨慎地表示，它所报道的言论并不代表媒体自身的观点，但是这种所谓的“客观、中立”却给社会带来了一连串烦恼。这是谁的责任呢？

1989年的“苹果致癌”事件被认为是一场由保守派的环境保护组织编织的关于环境恐惧的谎话，而许多媒体在其中扮演了不光彩的角色。

二、“温室效应”：科学还是神话？

2004年的一项研究发现，尽管美国媒体在报道“全球变暖”的新闻话题时努力恪守平衡中立的客观性原则，但在反映卷入冲突的双方时仍然不可避免地产生了信息倾向性。

进入20世纪90年代以后，温室效应引发的全球变暖问题被一些科学家和环境组织提上人类社会安全的议事日程。主流科学研究发现，地球的温度到2100年有可能上升4—7摄氏度，海面上升35英寸(约0.889米)，所引发的洪水将危及海滨的生物，迫使陆地和海洋生物向北迁徙，温度上升还将导致大量疾病暴发，从而破坏整个生物圈，极大地影响人类的生活。这些令人沮丧的发现随着电影《现代启示录》的发行引发了各国的不安，而联合国支持的“政府间气候变化研究组织”(IPCC)不断表示“人类活动在全球变暖中很可能具有重大影响”。1990年成立的政府间气候变化研究组织是全球规模最大的、云集了著名气象学家的国际组织。在该组织2000多名科学家的推动下，“人类活动在全球变暖中很可能具有重大影响”成为权威观点，经过媒体的报道，这种观点不断被放大，成了21世纪一个人尽皆知的宏大话题。而反对派的声音——“全球变暖是一种自然界运动的结果，人类的影响在其中不占主导地位”——却十分微弱。

全球变暖主题得到了美国媒体的积极报道。美国传媒学者朱尔斯·博考夫(Jules Boykoff)的研究发现，从1988年到2002年，美国最有影响的几个报纸媒体——《纽约时报》《华盛顿邮报》《洛杉矶时报》《华尔街报》在报道该主题时，表现出了一种“信息”的倾向性。博考夫采集了上述4家报纸在此时期发表的大约3543条硬新闻，以“全球变暖”为关键词，计算出上述各家报纸报道该主题的比例，其中《纽约时报》占41%，《华盛顿邮报》占29%，《洛杉矶时报》占25%，《华尔街报》占5%。博考夫还研究了636个报道样本，发现大多数报道持中立态度，其中53%的报道基本反映出两种不同的意见——人类对全球变暖负主要责任和全球变暖是一种自然界运动的结果。

但是,35%的报道强调了科学家的建议,即人类对全球变暖负主要责任;6%的报道强调了对科学家论断的怀疑;6%的报道则完全偏向科学家的结论。①

通过更进一步的观察发现,即使在比较均衡的表述形式下,报道者还是具有倾向性,比如《洛杉矶时报》1992 年 2 月 12 日的一则报道说:

> 研究气象变化的能力对一种被称为“全球变暖”的现象的论战至关关键。一些科学家认为,某些冰核研究似乎表明人类产生的二氧化碳对地球的升温具有潜在的影响,但反对派认为并没有什么证据排除地球变暖是自然规律。②

尽管从表面上看,两种观点得到了平衡的反映,但是,“全球变暖”使用的引号可令人感受到报道者潜在的疑惑。此外,《洛杉矶时报》1993 年 2 月 8 日的一则报道——《变暖的早期警告:假如温室效应存在,北极圈将首先受到影响》也似乎更倾向于承认“温室效应”。报道说:

> 许多气象专家相信世界正在变暖——这很可能是由于人类燃烧废气加剧的。
>
> ……有关北极圈的气候记录将对那些试图发现目前气候变暖究竟是自然界气候变化的一部分还是由于失控的废气燃烧所致的争论大有帮助。对那些卷入“全球变暖”论争的人来说,这是一个基本出发点,但目前这个问题尚无定论。
>
> 科学家同意,在过去的一个世纪中,大气中的二氧化碳增加了 25%,数据表明地球不仅在过去的 10 年中变暖了,而且处于 20 世纪后半叶最暖的一段时期。
>
> 然而地球温度上升是否与二氧化碳凝聚有显著联系呢?这是许多当代研究者所困惑的问题。他们说地球曾经历过许多温暖的时期,其并没有受到

---

① BOYKOFF J.Journalistic balance as global warming bias creating controversy where science finds consensus [J]. Extra!, 2004(11/12):1-2.

② ABRAMSON R. Ice cores may hold clues to weather 200,000 years ago[N]. Los Angeles Times,1992-12-02 (A1).

人类的影响。今天的气候变暖可能不过是又一次自然的波动。①

尽管报道中也提到了人类活动可能未对气候变暖造成影响,但以上描述显然具有压倒性的倾向。

1995年3月28日,《华盛顿邮报》的一篇报道描述了环境变暖的可怕前景,甚至担心海拔较低的马尔代夫群岛会被涌起的海浪淹没,但是,报道在结束时说:"……从另一方面来看,一些反对派气象学家和分析家宣称全球变暖反映了自然变化中气温循环的规律,不能将其断然与人类的活动绑在一起。"记者引用了伦敦气象预测组织的天体物理学家皮尔斯·考本(Piers Corrbyn)的一段表述:

> 据我所知,所谓全球变暖之说不能成立,到2000年,这个所谓的"温室效应"理论可能会成为20世纪最大的科学丑闻。②

尽管考本当时的预言还需时日考证,但他那具有冲击力的论断激起了读者的思考。

1990年以后,一些反对"人类对全球变暖负主要责任"的科学家联合起来,走上前台,公开申明自己的观点,与联合国政府间气候变化研究组织分庭抗礼。一个叫"碳俱乐部"(Carbon Club)的组织出现了,他们认为,燃烧废气产生的硫黄氧气有可能抵消二氧化碳引起的升温,该意见被《华盛顿邮报》报道③,而《纽约时报》(1998年4月22日)更援引了一位著名反对者的论断:"二氧化碳的释放非但不会影响气候,反而是工业革命给人类带来的奇妙的礼物。"④

2007年7月,英国电视四台播出了一部题为《全球变暖大丑闻》(*The Great Global Warming Scandal*)的纪录片,称"人类行为造成全球变暖的故事是'现代社会的最大骗局',实际上,太阳才是'真凶'"。纪录片的结论试图说明:全球变暖的说法来自"一个价值数十亿美元的全球产业,它由狂热的反工业化环境主义者制造,这些人利

① WALSH M W. An early warning of warming: if the "greenhouse effect" exists, the arctic will be the first to experience it[N]. Los Angeles Times, 1993-02-08(A1).

② ATKINSON R. Reaching a consensus topic at global climate conference[N]. Washington post, 1995-03-28(A1).

③ BOOTH W. Primary ingredient of acid rain may counteract greenhouse effect[N]. Washington post, 1990-09-17(A1).

④ STEVENS W K. Science academy disputes attack on global warming[N]. New York times, 1998-04-22(A1).

用科学家兜售的可怕故事来筹资，还获得了政治家和媒体的舆论支持”。此片对联合国公布的研究报告大唱反调，节目尚未播出就引起了西方媒体的关注。

纪录片导演马丁·德金（Martin Durkin）说：“没有几部电影可以改变历史，但我想这是一个转折点。再过 5 年，温室效应是全球变暖主要原因的说法将彻底成为一句废话。”①

温室效应究竟是科学还是臆想的争论仍在继续，然而正是因为这场争论，美国政府未在《京都议定书》上签字，其中一个理由是：“二氧化碳扩散和温室效应是全球变暖问题中最混乱不清的，需要更进一步的研究才能做出决定。”②

环境记者再次陷入困境：显然，记者的专业知识不可能超越科学家，然而，如果科学家的论断都不一定可靠，或彼此意见相左，那么谁是媒体可依靠的界定环境真实情况的权威呢？③ 有关全球变暖的报道给新闻的客观性提出了更严峻复杂的课题，也促使记者去寻求一种更为平衡、准确的报道方式。

三、广东“蕉癌”事件

2007 年 3 月 13 日，广州《信息时报》的一篇有关广东香蕉患病的报道引起了中国香蕉市场的轩然大波。这条新闻的标题是：《广州香蕉染“蕉癌”　濒临灭绝》。报道说：

> 香蕉专家、华南农业大学园艺学院副院长陈厚彬教授昨日告诉记者：“全广东 5%的香蕉已经感染巴拿马病，该病在一片香蕉林里的传播速度是指数级别的，一旦形成发病中心，每年的传播半径是 50 公里。”
>
> 陈教授介绍，广东香蕉种植区的面积约为 180 万亩，其中大约 10 万亩已经感染病毒，特别是珠三角地区，珠海、东莞、中山 60%的地块都已经发现巴拿马病；全国的主要香蕉产地广东、广西、福建、海南也都发现该病，“按照这

---

① 寇维维，等. 地球变暖谁是真凶[N].环球时报，2007-03-10(3).

② 孙江涛.美国政府拒绝《京都议定书》的三大理由分析[J].红河学院学报，2010，8(6)：43，45，46，49.

③ 2014 年 7 月，本文作者在山东大学对 72 名学生进行了问卷调查。调查的第一项内容是“你认为全球变暖的原因是”：1.人类污染是肇事元凶；2.大自然变迁、气候循环；3.其他。第二项内容是“获得答案的途径”：1.大众传媒；2.系统的学习与研究；3.其他。结果，在第一项调查中，85%的被调查者选择了第一个答案，6%的人选择了第二个答案，9%的人选择了第三个答案。简单的结论是：绝大部分人相信人类污染是肇事元凶。在第二项调查中，99%的被调查者选择了第一个答案；1%的人选择了“其他”，没有人选择第二个答案。这表明，是大众传媒决定了他们的看法。

种可怕的传播速度，广东乃至全中国的香蕉都面临灭顶之灾”。[①]

该报道发出后，《新闻晚报》《新京报》等分别以《“蕉癌”席卷香蕉主要产区》《广州三成香蕉林染“癌” 濒临灭绝》为标题编发了新闻稿，有关“蕉癌”的消息在网络上迅速传播，但“蕉癌”变成了“香蕉致癌”，在接下来的10多天里，广东各地的香蕉收购价格一路下跌。临近广东的海南省突遭飞来横祸，3月21日至3月31日，海南蕉农每天至少损失1700万元，香蕉价格从正常的2.7元/公斤掉到0.3元/公斤，大大跌破成本价格，据估计总损失达5亿元，许多蕉农面临破产的命运。3月30日，北京市场香蕉销量直降1/3。“香蕉致癌”的传言笼罩中国，消费者一片恐慌。每年的2月底至5月底是香蕉的销售旺季，面对大批香蕉滞销的情况，政府开始出面干预。

2007年4月5日，海南省委宣传部、省农业厅联合召开新闻发布会，澄清“香蕉致癌”是讹传，明确指出“成熟的香蕉不会带有病毒”。4月7日，农业部新闻办公室进一步发布辟谣的消息，称香蕉枯萎病与食用香蕉的安全性没有任何关联。在接下来的一周内，香蕉的价格开始回升，不久就恢复到了正常水平。

《信息时报》有关香蕉染癌的报道，信源是香蕉专家——华南农业大学园艺学院副院长陈厚彬教授，报道并未有失实之处，报道称，所谓“蕉癌”实际上就是香蕉枯萎病，也称巴拿马病。巴拿马病堪称香蕉世界的癌症、SARS。广州香蕉大面积感染巴拿马病毒，“这种致命的‘香蕉癌症’正在快速扩大感染面积，广州人几年后或许就吃不到本地香蕉了”。

但是，报道却没有说明巴拿马病是否会影响人类，也未表明成熟的香蕉是否带“毒”，这就给读者留下了悬念，甚至使其产生误读，以为香蕉染癌即食用香蕉后会罹患癌症，这导致香蕉市场委顿。这是《信息时报》始料不及的。

其实，在2007年3月13日，《信息时报》首发‘蕉癌’消息后的第二天，该报就补发了一条题为《市民不会吃到染“癌”香蕉》的追踪报道，记者刊登了专家的进一步解释：“染了巴拿马病的香蕉在挂果前就会枯死，市民无须担心吃到染病香蕉。”但不幸的是，这条解释性消息被淹没在大量“香蕉致癌”的传言中，未能引起读者注意。

从专业的角度衡量，《信息时报》的报道本身并未失实；从整个新闻的版面安排可以看出，编者是精心追求一种“轰动效应”的——在该报头版导读页，“广州香蕉染‘蕉癌’ 濒临灭绝”以大字号标出，占版面三分之一，为头条新闻，标题旁还附有一张极显

① 本报记者.广州香蕉染“蕉癌” 濒临灭绝[N].信息时报，2007-03-17(1).

眼的染病香蕉林的彩色照片。在具体的报道中,标题为《"巴拿马病"蔓延　广州三成香蕉遭毁》,"这种致命的'香蕉癌症'正在快速扩大感染面积,广州人几年后或许就吃不到本地香蕉"的消息确实耸人听闻。

一些媒体研究者认为,《信息时报》对"蕉癌"事件要负一定的责任,因为该报道存在"煽情、夸张、失衡、不严谨等问题,从而在某种程度上误导了消费者"。比如,"报道的标题制作突出了'蕉癌''灭绝''致命'等让人敏感和不安的'黑色词汇',容易造成读者的误解。在快速读报,只浏览新闻标题或简单翻阅报纸内容的情况下,读者捕捉到的信息很可能就是'香蕉致癌'"![①]

按照新闻价值理论衡量,一条消息越具影响力,其新闻价值就越高,无论追求轰动效应还是"煽情主义",媒体都有自己的理由。但是,"蕉癌"事件的报道者对具体的环境污染问题未能给出全面诠释,结果造成了社会恐慌和市场混乱。

结语:客观报道不能缺席

按照新闻写作原则衡量,本文引用的三篇环境问题报道都明确交代了消息来源,具有事实依据,很难说它们"失实"。其中,有关全球变暖的报道还特别展示了矛盾双方的不同意见,然而,它们只反映了部分真实情况,即片面的真实。尽管反映"全部的真实"只是新闻界追求的一个目标,就像"客观、公正"一样可望而不可即,但这个目标仍是新闻界需要设立的。这也是当今主流新闻界的共识。1949 年,哈钦斯委员会提出应建立一个"负责的新闻业",倡导一种职业报道标准——"一种就当日事件在赋予其意义的情境中的真实、全面和智慧的报道",其精神到现在仍未过时。

随着环境问题上升为世界各国面对的严峻课题,20 世纪 70 年代崛起的环境新闻学走过了不寻常的发展历程,它从呐喊、呼吁、警示逐渐走向理性与成熟。[②] 10 年前,伏洛姆举起激进"绿色新闻学"大旗,在全球吸引了一大批崇尚环境保护的记者,与此同时,这位环保老将漠视新闻客观性的言论也极大地冲击了传统的新闻学,为环境事件报道蒙上一层迷雾和阴影。2003 年至 2006 年,在中国媒体关于云南怒江建坝事件的报道中,一些加入了环保组织的环境记者在媒体上持续发表"一边倒"的反建坝报

---

① 董天策,张任青子,何裕华.都是传媒惹的祸?:理性审视"蕉癌"风波[J].新闻记者,2007(5):37-39.

② 环境新闻记者队伍的发展非常迅速,1990 年,美国"环境新闻记者协会"已有 1500 名成员,而环境事件报道"在美国新闻界已经确立了不可动摇的地位"。环境事件报道在 20 世纪 60 年代至 80 年代的 30 年中共获 9 项普利策新闻奖,但在 20 世纪 90 年代的 10 年中就获得了 10 项普利策新闻奖。见:ROGERS P. Complexity in environment reporting is critical to public decision making[R].Nieman reports, 2002 (Winter):32.

道，有意识地屏蔽了“建坝有益”的声音，造成新闻客观性的缺席。[①]这个案例充分显示了激进的“绿色新闻”对中国环境新闻报道的冲击。事实上，在“环保鼓吹”和“客观性”准则的碰撞中，“绿色新闻”的信誉持续下降，不断为人所诟病。美国环境记者巴德・沃德(Bud Ward)认为许多人将环境记者看成“持有记者证的绿色分子”(Greens with press passes)；那些报道环境新闻的记者不是环境记者，而是环境主义者记者(Environmentalist reporters)。这个看法对许多环境记者来说都是非常恼人的失败。他们为什么会得到这样可笑的绰号？沃德说：

> 尽管原因还不明确，但这种看法已经导致了一种职业危机。同时这也是一个令大部分认真努力的美国记者都感到气愤的看法，他们发誓会忠诚于独立的新闻报道而非环境的价值。更令许多人沮丧的是，这种看法不仅存在于新闻编辑室外，还存在于它的内部。对许多人来说，被编辑部的同事冠以“绿色记者(Green Reporter)”的称谓是一种侮辱。[②]

迄今为止，各国的环境记者已召开了数次规模盛大的世界大会，并拟定了环境新闻记者的职业准则，其中强调“记者不应受任何政治、经济、政府或非政府组织的影响，要保持独立性，要全面地报道有环境争议的各个方面，尽可能引用各种信源，避免杞人忧天式的、投机的、有倾向性的报道，应当核对各种消息来源的可信性和准确性”。[③]尽管相关准则发表后争议不断，但一个问题正在廓清——在环境报道中，公平、客观显然是无法缺席的；“绿色新闻学”不能以其所谓的特殊性而将新闻的客观准则排除在外。

〔张威，汕头大学长江新闻与传播学院教授〕

〔特约编辑：崔林〕

---

① 有关怒江报道的基本情况，见张威.环境报道的宣传色彩与新闻的客观性[J].国际新闻界，2007(10)：19-23.

② WARD B. Environment journalists don't get much respect[R]. Nieman Reports，2002(Winter)：40.

③ DETJIN J. Report on a recent conference that agreed upon a code of ethics for environmental journalists[C]. The Sixth World Conference of the International Federation of Environmental Journalists. Colombo，Srilanka，1998：1-2.

延续与变革:改革开放初期的新闻观念及其话语形式*

Continuation and Transition: News Idea and Discourse Forms in the Early Years of the Reform and Opening-up

◎武 楠 李 彬

Wu Nan Li Bin

摘要:改革开放对包括新闻观念在内的中国当代观念产生了转折性的影响,然而大多数论述将新闻观念的这种变革视为理所当然的,多少带有历史目的论的色彩,新闻观念变革的具体历史语境及其复杂的话语形式也因此被忽视了。本文将改革开放初期的第一个全国性的新闻评奖——“全国好新闻”评选的获奖作品的评述视为直接表达新闻观念的话语实践。研究认为,这一时期对于新闻观念的表述具体呈现为“历史辩证”“微观与宏观相统一”“群众主体性”三种较为稳固的话语形式,它们既体现了改革开放初期新闻观念变革及其发展的趋势,也体现出某些被遮蔽的中国新闻传统的恢复和延续。

关键词:改革开放初期;新闻观念;话语形式

Abstract: The reform and opening up fundamentally influenced contemporary Chinese news idea. However, most of the discussion takes this transition of news idea for granted, neglecting the historical background as well as the complexity of the discourse of news idea. This study treats the judges' descriptions of award-winning works of the National Good News Selection as a discourse practice which directly expresses the news idea. According to this research, the expression of news idea in this period is specifically presented in three forms of discourse: “historical dialectical”, “micro and macro integration” and “ the people's entity ”. They not only exemplify the reform and development of

* 本文系国家社科基金重点项目“当代中国新闻观念研究”(项目编号:17AXW001)、中国传媒大学中央高校基本科研业务费专项资金资助项目的阶段性研究成果。

news idea in the early years of the reform and opening-up, but also reflect the recovery and continuation of some obscured Chinese news traditions.

Keywords: early years of the reform and opening-up, journalism idea, discourse forms

新闻观念主要指“新闻是什么”和“新闻应该是什么”的观念。① 改革开放40年来，中国传媒业的传播格局、信息技术、受众对象都发生了深刻变化，媒介形态体系、制度体系、价值体系也出现了前所未有的巨大变迁。在整个新闻行业不断改革开放的大背景下，我国新闻领域逐步形成了多元的、多样的、多层系的新闻观念，它们共同构成和支撑了我国当代新闻领域开放多元的图景。然而，目前关于改革开放以来新闻观念流变的研究，还局限在对史料的综述和观念的实践层面，集中于特定报道类型中的新闻观念、中西新闻报道观念的差异等，少数直接讨论转型时期新闻报道观念转变的研究仍然是散点和个案式的，并且多少带有过来人对于当时历史发展动力的刻板化和概念化的判断，多囿于历史目的论的思维方式。虽然这些研究对于深入探究当代中国新闻观念积累了一定的素材，但还未形成一定的体系，也缺少研究的延续性和社会文化语境的延展性，因而对于新闻观念的阐释多浮于表面，尚未深入社会肌理和宏大的时代背景进行深刻探讨。建构当代中国的新闻观念不能靠“空中楼阁”的理论设计，也不能靠“拿来主义”的外部输入，而应基于当代中国新闻实践的规律性提炼与学理性研究。② 为了更好地理解新闻传播与社会、历史的多层次的有机关联，我们应当将新闻传播的研究放回中国独特现代化道路的漫长历史中加以审视，在传播与社会的互动关系中分析问题。③

为了深入研究改革开放初期新闻观念变迁的具体体现及其内外动因，本文聚焦于改革开放以来第一次全国范围的新闻评奖——“全国好新闻”评选，将获奖作品的专业点评作为核心语料，展开针对新闻观念及其话语表述的具体分析。新闻评奖不仅能够以特定的方式促进新闻生产④，而且还可以被新闻机构用于建立和确认特定的新闻标

① 杨保军.多维视野中的新闻观念[J].现代视听，2012(4)：6-11.

② 胡钰.如何建构当代中国的新闻观念[J].新闻与写作，2018(3)：26-29.

③ 王维佳，赵月枝.重现乌托邦：中国传播研究的想像力[J].现代传播（中国传媒大学学报），2010(5)：25-32.

④ HUANG S S. From control to autonomy? Journalism awards and the changing journalistic profession in Taiwan[J]. Chinese journal of communication, 2013, 6(4)：437.

准和规范,帮助新闻业与更广泛的社会及大众建立关联。[①] 通过定义这些标准和规范,新闻业实际上参与到意识形态争论中,进而生产和强化自身崇尚的知识与价值[②],即特定的新闻观念。“全国好新闻”评选自 1979 年创设,至 1988 年共举办了十届。评选不仅作为改革开放初期一种特定领域的专业化实践,服务于新闻报道领域的规范建立和品质提升,同时也作为新闻改革的一个具体措施,体现了整体改革开放的时代力量在新闻领域的影响,或者说,新闻领域通过评奖这样的创新实践,主动地响应和参与到时代改革的浪潮中。“全国好新闻”组委会还专门组织力量编撰出版了历届获奖新闻作品的评述文章,为新闻实践和新闻从业者提供“参考书”和“教科书”。这套评述话语为我们探究改革开放初期新闻观念的延续与变革提供了珍贵的研究素材。相较于通过获奖新闻作品的文本来探讨新闻观念,这套获奖新闻作品评述语料是当时新闻从业者、研究者和管理者结合具体实践对“什么是好新闻”以及“如何才能写好新闻”进行的直接阐发,因此可以被视作研究特定时期新闻观念的一手史料。本文通过研究这批语料发现,这一时期关于新闻观念的表述具体呈现为三种较为稳固的话语形式,分别是“历史辩证”“微观与宏观相统一”“群众主体性”。这三种表述特定时期新闻观念的话语形式,既体现了改革开放初期新闻观念变革及其发展的趋势,也是某些被遮蔽的中国新闻传统的恢复和延续。

一、“历史辩证”的新闻观念及其话语形式

以十一届三中全会为起点的改革开放,对党和国家的各项工作提出了新的要求,其中包括对党的新闻宣传工作及观念进行系统革新的要求。这种新闻改革和观念革新,首先意味着对历史传统和既有做法进行批判性的反思。这里所探讨的历史,并非指作为表现对象的历史,而是指改革开放之前即已存在的中国共产党的新闻舆论工作和观念的历史。另外,这一时期恢复和继承党的优良传统的政治导向,也必然包括对党的新闻宣传工作优良传统的再发现与新发展。事实上,改革开放初期,新闻观念在表述和建构自身的同时,不可避免地与这种历史传统发生了关联;对历史传统的延续与变革,主导着改革开放最初十年新闻获奖作品评述的话语体系。只有将变革和延续

---

① ZENG F X,LI Y H.A mission beyond journalism: advocacy and media practices of award giving in China[J]. Chinese journal of communication, 2013, 6(4):420.

② ZENG F X,LI Y H.A mission beyond journalism: advocacy and media practices of award giving in China[J]. Chinese journal of communication, 2013, 6(4). 421-422.

看作有机统一的整体，才能够理解新闻与社会之间的“内在关联”与“多重动因”①。

这一时期的新闻观念在形塑和表述自身的过程中不仅需要处理既有的历史传统，还需要在话语的层面上继承传统，进而推动新闻改革、创造属于这个时代的新的传统。在“全国好新闻”获奖作品评述的具体话语表述中，一种较为常见的体现新闻标准和评价新闻作品的话语形式是将新闻作品置于中国共产党领导的新闻工作的历史脉络中进行比照：凡是优秀的新闻作品，均被归结为符合党的优秀新闻工作传统的，而它的对立面，即存在不足和缺陷的新闻报道，则被认为是不符合这种历史传统的。也就是说，这种新闻评述话语方式把对新闻的历史传统的辩证认识与对当时新闻报道的优劣评价有机地结合起来，成为这一时期新闻观念的一种表述策略。区分和辨别历史的主流和逆流，警惕和防范违反传统的历史逆流，从优秀的传统中重新获取养分，并使传统焕发生机，成了改善改革开放初期党的新闻工作的重要方式。

那么，具体到这套语料中，新闻的哪些特征被定义为党的优秀新闻传统，哪些违反了这一优秀传统呢？评判标准在军事斗争题材的获奖作品评述中比较明确，其中常有直接对新闻传统的定义和追溯，特别是“通过短新闻报道战斗和英雄人物”的优良传统。例如，对首届“全国好新闻”获奖作品《“活着的黄继光”杨朝芬》的评述——《无产阶级新闻的优良传统》的主体逻辑，正是基于追溯“无产阶级的”或者“党的”新闻工作的优良传统而展开的，这实际上提供了一种看待党的新闻工作历史的态度和结构。综合现有的语料来看，这种优良传统包括：采用“短新闻”的新闻文体，运用细节描写的手法，朴实记述英雄事迹等。与之相对，评述话语中关于违反这一传统的表述为：堆砌空话，描写英雄“想什么”的“神化”镜头，以及舍身刹那“说什么”的“闪光”的豪言壮语等。

此外，新闻评述常常直接点名批评新闻作品中使用空话和套话的报道方式，并将之视为“反面教材”，例如标语口号式的“配合政治任务式”的内容以及“绝对化”的表达方式。首届获奖作品《把有限的钱用到最急需的地方》的评述认为，这篇新闻报道不把中央决定 1979 年新中国成立 30 周年庆祝活动不大搞，“不在这方面多花钱和物”的上级指示精神“作为一般的号召、命令来宣传”，而是把针对具体问题的意见如实公之于众，这正是其可取之处。1983 年获奖作品《冲破“关系网”，过好“亲友关”》的评述认为，这本是一篇很好的作品，但是却用了“刘来荣廉洁奉公，不贪不占，从不利用职权为家庭和亲友谋私利”等话语，其中“从不”二字的“绝对化”用法不可取，应当用充分的事实加以说明。另一种被定义为“历史逆流”的方式是“打棍子、戴帽子、凭空训人的极左

① 李彬.新中国新闻论[M].北京：北京大学出版社，2015：10.

做法”。1981 年获奖作品《明知故犯吃特殊饭》的评述认为，应当推广这则新闻所采取的“只提供事实，让读者自己去思考、去分析、去判断”的方式，以代替此前很长一段时间内盛行的“极左”做法，达到令人信服的目的。违背优良传统的表现还有经济题材报道中“离开经济的政治空谈”。例如，首届获奖作品《农民希望：“水长流，货常来”》的评述指出，多年来经济新闻常见的报道方式是“政治口号加上经济数字”，而这篇新闻的可贵之处就在于通过朴实、具体而细微的描写，使经济新闻生动活泼、真实亲切。1980 年获奖作品《经济学家赶集》也被认为是避免了政治说教的方式，选择经济学家薛暮桥“赶集”这一典型案例进行报道，具有新鲜感。

历史，首先是一个有关时间的轴线，传统在轴线的一端，当下在轴线的另一端。这一时期，在对党的新闻工作历史传统和既有做法进行批判性反思和继承的同时，新闻报道实践以及新闻观念表现出各种各样“求新”的意识和诉求，在“新”与“旧”之间达成了平衡。新闻评述话语存在于多种关于新闻“求新”内涵与外延的话语表述形态，如新现象、新视角、新方法、新形式、新话语、新立意、新思想等。1984 年由何光先撰写的获奖作品整体评述文章《创新与竞争——谈第六届全国好新闻评选》，罕见地将“创新”作为新闻观念的关键要素进行了长篇和较为完整的论述。文章认为，当时已经举办的六届评选中产生的全国好新闻作品，明确地回答了怎样才能写出好新闻这个问题：只有创新，才有竞争力，才能从众多的新闻作品中脱颖而出。他指出，时代和事物的变化必然要求新闻报道去主动适应，只有在形式、内容等方面努力创新，才能够真实地反映报道对象的特点和面貌。到了 1988 年，全国好新闻评选办公室在已有九届评选的基础上更是把“好新闻”评选的标准由过去的“真、短、快、活、强”改成了“真、短、新、活、深”，以“新”换“快”，进一步强调了改革开放初期“求新”的新闻观念的重要性。

二、“微观与宏观相统一”的新闻观念及其话语形式

在马克思主义新闻观中，新闻作为一种意识形态从属于政治、服务于政治。新闻的政治属性是第一属性，事实属性是基本属性，但是二者之间一直存在着竞合关系：正是新闻的政治属性，让事实不仅仅是事实，还包含了意义、精神等层面的价值；而新闻是对事实的报道，这又使得新闻必须重视对事实的选择和处理等。“微观与宏观相统一”的新闻观念，实际上处理的正是新闻在事实与政治这一轴向上的关系问题，这是新闻观念在政治轴向上要解决的核心逻辑和话语表述。围绕着如何看待新闻的事实属性和政治属性之间的关系问题，不仅在 1979 年就形成了“微观与宏观相统一”的认识，

而且此认识借用了“社会主义现实主义”的观念和话语系统，这主要体现在“典型化”的观念与方式上。

以1978年“真理标准问题大讨论”为契机，“实事求是”被《党的十一届三中全会公报》等党的核心文件重新确立为毛泽东思想的核心内涵和改革开放的指导思想。“实事求是”在改革开放初期首先关乎马克思主义的认识论，即解决的是人的正确思想从哪里来的问题。具体而言，它要求深入具体的实践，形成对于客观规律和发展方向的正确认识。而新闻报道提供了认识当时社会实践的一种渠道，也应当遵循从微观实践到宏观规律的认识过程。上述认识过程体现在关于新闻的观念及其话语表述中，形成了“微观与宏观相统一”这一特定的内容和表述方式，从而解决了新闻的事实属性与政治属性之间的关系问题。具体到“全国好新闻”获奖作品评述中，这种表述方式将新闻的具体选材和表现细节等新闻的事实属性视为微观实践，与新闻的价值和新闻活动所应承担的社会功能等具备政治属性的宏观主题并置在一起，形成“微观与宏观相统一”的关系。这一关系常常被通俗地表述为“小与大”的关系，具体表现为如下几层含义：

一是小事情大问题，主要是指通过报道普通事件反映影响国计民生的大问题。例如，首届获奖作品《北京酱油为啥脱销》的评述《大和小》指出，“买酱油难”这件与人民生活密切相关的事，可以视作“小”事情，但是这件事不仅与人民生活密切相关，还是改革开放的政策落点，并且体现了对官僚主义的批判，因此又反映出“大”政治。1982年的获奖作品《两千多双女鞋的遭遇说明了什么?》的评述认为，女鞋积压这样一桩“小事”，通过这篇优秀的新闻报道，成为商业体制僵化、官商勾结等宏观问题的一个“缩影”。1984年《经济参考》刊发的调查报告《访厕所》，虽然关注的是厕所这件“小事”，但是将其与国计民生和两个文明建设问题紧密联系起来，就成了一件“大事”，并引发了中央和北京市领导的高度重视，这件事促使首都公厕面貌在短时间内发生了明显改观。从这类评述中还可以发现，“与人民生活密切相关”其实是“微观与宏观相统一”新闻观念的一种固定的话语形式，这在本研究后续讨论“群众主体性”的新闻观念及其话语形式时还将深入分析。

二是小事情大主题，主要是指从小事入手，客观、简练地把相关主题报道出来的新闻表现形式。例如，首届获奖作品《直升飞机代替了马拉爬犁》的评述《“今天”新闻》指出，“事情不大，却反映出领导机关深入实际、领导干部关心边防战士的优良传统和优良作风”。1980年获奖作品《从邮局看变化》的评述则赞扬了记者从邮局这个小的“窗口”，来反映十一届三中全会以后我国经济形势向好和农业生产蒸蒸日上的重要主题。1985年获奖作品《一个老党员的情操》精心选择老共产党员燕秀峰一些平凡而闪光的

“小事”,使读者心生敬意,在不经意中受到了深刻的共产主义思想教育。这一作品“在中国共产党成立六十四周年之际尤其体现出重要的主题教育意义”。1988年获奖作品《玛纳斯河谷的“超生盲流村”》的评述认为,该篇通讯通过对超生盲流村生活的描绘以及对超生者愚昧复杂心态的剖析,关涉并诠释了人口这一困扰着我国亿万人民的重大主题。

三是小事情大政策,主要是指用具体事实宣传、推动党和国家的政策,寓理于事、以事明理的新闻报道方法。例如,首届获奖作品《天津市一居民在中国银行协助下找到了失落在国外公司的二十九万美元的财产》的评述指出,这是一条“值钱”的新闻,把党的政策变成了群众的实际行动;另一篇获奖作品《王魁包山超产奖励全部兑现》的评述——《寓理于事 以事明理》指出,通篇新闻全是事实,写了三件经过精选的事例,但做到了寓理于事,将奖励政策落实到位的情况说得清楚明了。

四是小事情大思想,通常指于平凡中见伟大、于琐细中见崇高的新闻表达方式。例如,首届获奖作品《北京医院出国人员努力节约外汇》的评述指出,出国考察在当时是个不小的报道题目,但是这篇新闻却用平凡的小事,使读者“从简洁的账单和琐细的账目”中,窥见新闻人物的精神面貌;另一篇获奖作品《邓副委员长一行在京都等地游览》的评述——《看得清 记得下 选得准 写得好》指出,此新闻作品之所以好,就在于将访问活动的主要政治内容——加强中日友谊,“通过当时的活动、气氛、对话以至景色的描写”等微小的细节来表达,寄政治意涵于山光水色、人情叙述之中。

通过以上的话语表述方式可以看出,“微观与宏观相统一”的新闻观念,可以被视作一种以“实事求是”为指导的具有中国哲学特点的新闻观念及表达方式。微观或者说“小”,指的是新闻的具体内容和表现形式,也是新闻作为一种文体的基本属性要求。宏观即“大”,是新闻报道的终极追求,代表了新闻的政治功能和属性,尤其是其在政治参与以及现代化建设方面的重要作用。因此,微观与宏观可以被视为新闻本体和新闻价值的一种辩证存在方式。

三、“群众主体性”的新闻观念及其话语形式

改革开放之后,“人民”和“群众”的概念虽然继承了阶级分析的话语和内涵,但是在新闻观念的话语表述中,它们又不仅仅用于政治表态和立场陈述,更体现了这一时期新闻观念中的丰富内涵。早在红军时期,毛泽东就提出“宣传工作是红军第一个重大的工作”,强调“枪杆子”和“笔杆子”的同等重要性,其原因正在于宣传工作可以“争

取广大群众”和“组织群众、武装群众”①。新时期党的新闻宣传工作也秉承了这一优良传统，使其成为践行“群众路线”的有效路径。在改革开放初期的新闻观念及其话语表述中，这具体体现为使用“群众主体性”表述方式对新闻作品展开优劣评价，即评价标准为新闻报道是否与群众生活密切相关，是否为群众代言。这种表述体现出这样一种观念：作为一种文体，新闻的主要内容和报道任务应该与群众利益相关、反映群众呼声。这强化了新闻活动的主体应当是人民群众的观念，虽然这一时期已经不再强调“业余路线”和“群众办报”②，但是新闻活动的对象仍然是以人民群众为主体的。这一时期的“群众主体性”主要体现在两个方面：一是新闻报道应当响应人民群众的需求，这也是改革开放总体话语的一部分；二是人民群众是新闻报道的主体。反过来，新闻观念也反映了“人民群众”的两个内涵，即作为读者的群众和作为政治群体的人民。

“群众主体性”的新闻观念首先将群众视作新闻报道的读者，要求新闻应当主动报道读者关心的两类事务，即国家大事和与读者密切相关的事务。改革开放初期，伴随着经济改革涌现出众多新事和大事，这些都亟须被报道，并且需通过深度报道给予解释说明。这一方面可以帮助群众理解和消化相关新事物和大事件，把握事物发展规律，以用其指导具体的工作和实践；另一方面，通过公开透明的新闻报道，可以将新事物的深刻意义和发展前景揭示出来，在更高的层次上启迪群众的思想和智慧。此外，这种关于国家大事的新闻报道，还发挥了教育和团结群众的作用，从另一个侧面体现了人民群众的政治身份，是作为政治群体的人民群众参与国家政治实践的现实需要。例如，1986 年 11 月 5 日，《人民日报》刊载了由记者罗同松与部队新闻干事马文科合作采写的通讯《今日“两地书”》。这篇荣获当年“全国好新闻”特等奖的通讯，典型地反映出作为读者的群众对于了解国家大事的渴求。通讯指出浴血奋战在老山前线的人民子弟兵也迫切希望获知与国家建设和改革相关的信息；而报道中的军委机关干部正是通过“两地书”这种特殊的形式，满足了前线战士这一特殊群众主体知晓国家大事的需求。这篇通讯在当时产生了强烈反响，通讯这一形式也发挥了重要的思想政治教育功能和团结人民的作用。正如时任云南前线某军政委在给人民日报社的来信中称赞的，《人民日报》是“边防战士的知音，是人民理解的桥梁”。由此可见，改革开放初期的这套新闻话语表述的特殊性在于，将报道国家大事纳入新闻工作应当主动发扬“全心

① 毛泽东.红军宣传工作问题(毛泽东为红军第四军第九次党的代表大会写的决议的第四部分)(1929 年 12 月)[M]//中共中央文献研究室，新华通讯社.毛泽东新闻工作文选.北京：新华出版社，1983：15.

② 李海波.党报、列宁主义政党与群众政治参与：延安新闻业群众路线的运作机理分析[J].国际新闻界，2018，40(3)：19-39.

全意为人民服务”的党的根本宗旨以及“群众路线”的指导方针中。

除了国家大事,改革开放初期的新闻实践还强调要多报道与群众生活息息相关的事务,因为这类事务关乎群众的切身利益,新闻需要确保群众的知情权。例如,1988 年 5 月 22 日至 6 月 3 日,《江苏工人报》刊发了一组“关于南京特价商店的报道”,此组报道荣获当年“全国好新闻”深度报道作品类一等奖。物价在当时是一个非常敏感和复杂的社会现实问题,《江苏工人报》敢于发声,抨击南京刚刚开业的特价商店哄抬物价、损害群众切身利益的行为,对于当时乱涨价的歪风起到了很好的遏制作用。新闻作品不仅反映了群众的心声,而且维护了消费者的合法权益,发挥了舆论监督作用。

在改革开放初期的新闻评述话语中,除了将群众作为读者或受众,更主要的是将群众视为作为政治群体的“人民”,而这里所反映的新闻的指导思想,更加强调新闻应当成为党和人民的政治工具,进而将其作用和职能归结为党和人民的耳目喉舌。作为耳目喉舌的新闻媒体的实践是马克思主义新闻观的重要组成部分,这一思想最早可以追溯到马克思在《〈新莱茵报〉审判案》一文中写的“报刊按其使命来说,是社会的捍卫者……是无处不在的耳目,是热情维护自己自由的人民精神的千呼万应的喉舌”①。改革开放初期的新闻实践常常片面强调党报的宣传和教育功能,而忽视了新闻同样也为干部接受群众教育、群众之间加强相互学习提供了载体和平台。“群众路线”的指导方针特别强调,要先做群众的学生,汲取群众丰富的经验,总结规律、凝聚智慧、进行提升,才能做群众的先生。这就意味着党的新闻工作所要发挥的重要功能之一,就是成为党的耳目、人民的喉舌,这正是“群众主体性”新闻观念话语背后的重要逻辑和政治诉求。

这种新闻观念的话语表述,首先强调新闻要作为党的耳目去倾听人民的声音,特别建议记者多直接引用群众的话,用群众说得出、听得懂的话报道。正如 1982 年获奖作品《奋不顾身可贵 不懂科学吃亏》的评述所说,真正具有理论色彩的新闻绝不应当只是简单地贴标签和洋洋洒洒地讲道理,而是应当使用“群众精炼而生动的语言,说群众亲身感受到的实在道理”。同时,这种评述话语还强调新闻报道要做人民的喉舌,说出人民群众想说的话,反映人民群众遇到的问题和提出的意见、建议。1981 年获奖作品《王崇伦抓豆腐》的评述专门强调了新闻要做“党和人民的知音”,响应人民在生活中遇到困难或问题时对党和政府所提出的迫切要求,同时体现“党中央对广大党员干部

① 马克思,恩格斯.《新莱茵报》审判案[M]//中共中央马克思恩格斯列宁斯大林著作编译局.马克思恩格斯全集·第 6 卷.北京:人民出版社,1965:275.

在密切联系和服务群众方面的殷切期望”。

马克思主义的历史观将人民群众视作历史的创造者和历史舞台上的主角。改革开放初期的新闻观念同样要求新闻报道应当更多地展现人民在社会改革发展过程中的生产、生活情况，将他们作为新闻报道的主体。1979 年中共中央宣传部召开的全国新闻工作座谈会认为，新时期党的新闻工作，既要坚定地宣传党的路线、方针、政策，又要充分反映人民的意见和为“四化”献身的英勇精神，体现党性和人民性的一致。当时，国家主流媒体如中央人民广播电台在对新闻报道进行改革的过程中，在业务方面特别提出要多从“群众角度”进行新闻报道的要求，以改变当时“从上往下灌的多，反映下面丰富多彩的实际生活少，反映各级领导机关活动多，反映群众活动少”①的现象。针对 1987 年获奖消息的综述《新闻观念更新 消息折射异彩》也明确指出，新闻报道的主体应当是人民，新闻工作者要从人民群众的日常生活和工作中去发掘能够深切感动群众的人和事，通过扎根现实生活而获得独特视角和切身感受，秉承对人民利益和改革事业高度负责的态度和情感，创作出读者喜闻乐见、引起读者共鸣和赞赏的有品格的新闻作品。

总之，“群众主体性”新闻观念，是对“文革”期间新闻的单一化和极端政治化的一种纠正，突破了以口号和政治活动为主要内容和选材标准②的禁锢。自 1979 年起，好新闻的焦点逐渐从政治活动变为群众的日常生活，在各个方面贯彻“群众路线”，体现群众在新闻中的主体位置，为“党性和人民性的统一”提供了实践支撑。当然，这种变革也有重要的外部原因。改革开放初期的大政方针即十一届三中全会所提出的“以经济建设为中心”，以及“改善人民群众的物质文化生活水平”的核心任务，为新闻报道从题材到观念上的改革提供了不可替代的历史机遇和时代土壤。正是在实际的政治经济生活中所折射出的时代精神与历史潮流，让新闻报道实践和“群众路线”之间产生了密切的互动与交融，促进了“群众主体性”新闻观念的形成。

四、总结与讨论

新闻观念是新闻传播理论研究的一个基本问题，也是新闻传播史研究的一个重要对象。新闻观念的现实重要性在于，它既指导新闻实践，同时又被新闻实践及其所在的更大历史语境决定和形塑。因此，新闻观念和新闻实践之间呈现出互为因果的复杂

① 方汉奇，王润泽，赵咏华.中国新闻事业编年史[M].2 版.福州：海峡出版发行集团，2018：1006-1007.

② 方汉奇，宁树藩，陈业劭.中国新闻事业通史：第三卷[M].北京：中国人民大学出版社，1999：357.

互动，这不仅决定了我们能够看到什么，而且还对社会价值观的塑造以及社会共识的形成产生了重要影响。新闻评奖作为一种特殊的专业实践，体现甚至形塑了特定时期的新闻观念，并且评奖让特定时期具有争议性和散落在不同文本中的新闻观念得到了集中的展示，加深了我们对新闻观念本身及其形成和变化的认识。

通过研究，本文发现了在改革开放初期的"全国好新闻"获奖作品评述中广泛存在的关于新闻观念的三种话语形式，它们分别是"历史辩证""微观与宏观相统一""群众主体性"。值得注意的是，这三种话语形式并不是相互独立的，它们在逻辑上相互支撑，并且在具体的评述过程中也往往交织在一起，构成当时新闻观念表述的一个有机整体。一方面，作为当时新闻观念重要话语形态的"群众主体性"表述，不仅与"历史辩证"话语表述中回归党的新闻工作的传统重合，因为这一传统的重要方面就是"群众路线"及"党性和人民性的统一"，而且也与"微观与宏观相统一"的话语表述密切相关，因为在具体的新闻题材选择方面，两种话语都强调要选择与人民生活息息相关的"小"事来进行报道。另一方面，"历史辩证"与"微观与宏观相统一"两种话语也存在交集，后者可以被视为对前者的具体阐释方式和表达手法，因为"假、大、空"这种违背党的新闻工作优良传统的做法正是因为没有很好地践行"微观与宏观相统一"的新闻观念，没能做到"以小见大、通过具体事实表达政治观念"。

将这三种新闻观念的话语形式置于更为广阔的历史背景和时代脉络中分析，我们不难发现，它们既体现了改革开放初期解放思想、锐意变革的时代精神，同时也在新闻的社会价值和历史阐释中展示出对中国共产党既有的新闻传统的延续。邓小平同志曾强调"要使我们党的报刊成为全国安定团结的思想上的中心"，并支持和推动中央主要媒体开展关于真理标准问题大讨论，这些不仅为实施改革开放进行了思想动员，也为新闻观念的变革提供了丰富的思想资源；"微观与宏观相统一"和"群众主体性"话语形式都在新闻观念领域体现了"真理标准问题大讨论"的成果和"实事求是"的思想。"党性与人民性的统一"以及新闻的"喉舌论"等中国共产党的新闻工作传统也影响了改革开放初期的话语形式，具体体现在对新闻的宏观价值与功能的强调及"历史辩证"话语中对这套传统的认可和再次唤起。

〔武楠，博士，中国传媒大学副研究员；李彬，清华大学新闻与传播学院教授、博士生导师〕

〔特约编辑：崔林〕

传播与文化

重建视听传播案例研究的方法观*

——基于中国网络视频研究案例库建设的思考

Reconstructing the Methodological Perspective of Audiovisual Communication Case Study

—Thinking Based on the Construction of China Online Video Case Study

◎ 王晓红　魏　韬　倪天昌

Wang Xiaohong　Wei Tao　Ni Tianchang

摘要：本文基于中国传媒大学中国网络视频研究中心的案例库建设经验，因应新媒介技术带来的多重挑战，反思案例研究方法之于视听传播学科建设的价值、意义及问题，提出要在视听传播研究领域加强科学的案例研究和案例库建设，形成兼具问题导向、过程导向、综合导向的，有利于理论建构、人才培养和学科交叉等多重面向的案例研究及教学体系。

关键词：案例研究；视听传播；理论建构；案例教学；学科交叉

Abstract: This paper is based on the experience of the case database construction experience of the China Online Video Research Center (COVRC) at Communication University of China, and in response to the multiple challenges brought by new media technology. This paper reflects on the value, significance and problems of case study in the construction of audiovisual communication discipline, and proposes to strengthen the construction of the standardized and scientific case study and case base in the field of audio-visual communication research, so as to form a problem-oriented, process-oriented and comprehensive-oriented case study and case teaching system which is conducive to theoretical construction, talent cultivation and interdisciplinary.

Keywords: case study, audiovisual communication, theoretical construction, case teaching, interdisciplinary

* 本文系中国传媒大学中央高校基本科研业务费专项资助项目“中国网络视听生态治理与建构研究”（项目编号：CUC2019A006）阶段性成果。

案例研究是一种社会研究方法,也是一种专业教学方法,肇始于19世纪70年代,迄今已延续近150年。其应用范围从早期的法学、医学扩展到商学等学科,并且在管理学领域得到快速发展,被认为是“现代管理科学发展的重要源泉,是管理新理论和方法创新的基础”[①]。

相较于其他研究方法,案例研究的突出优势在于它深深地根植于实践,在实践中发掘、提炼、建构新理论,又在实践中验证已有理论。在传媒领域,信息技术革命正在深刻改变人类的传播活动,传媒乃至传播学科成为充满复杂性、创新性的研究对象,由此也更凸显了案例研究方法的重要性。然而,关于案例研究方法的科学性一直存在争议,在案例教学上也有不少误区。本文从“案例研究”学术传统出发,试图通过厘清案例研究的核心要素,解释其作为方法的实践理性,同时结合中国传媒大学中国网络视频研究中心六年来的网络视频案例库建设经验,探讨视听传播案例研究的应用特色。

一、纠误:厘清案例研究的方法迷思

案例研究是一种从具体经验事实走向一般理论的研究方法,旨在回答“为什么”和“怎么样”,而非“应该是什么”的问题,因而在应用学科领域受到青睐。19世纪70年代,哈佛大学法学院院长兰德尔(Christopher C. Langdell)将案例研究引入教学之中,催生了“判例研究”的学术传统,让学生在“陈述案情”的过程中理解法律;[②]20世纪初,案例研究被哈佛商学院首任院长盖伊(Edwin F. Gay)引入管理学领域;1921年,世界上第一本管理教学案例集出版,奠定了管理教学中案例研究的基础[③]。经过几代学者的努力,案例研究逐渐形成了较为成熟的方法论系统,构建起了现代社会科学案例研究的基本范式。

然而,无论案例研究在社会科学领域中的应用多么广泛,其学术合法性时常遭到质疑。焦点主要集中在经验式的案例研究受限于研究者的个人能力,研究方法不严谨、不规范,普适性差。特别是20世纪60年代后,基于统计分析的量化研究方法的兴

---

① 成思危.认真开展案例研究,促进管理科学及管理教育发展[J].管理科学学报,2001(5):1-6.

② BRIDGMAN T, CUMMINGS S, MCLAUGHLIN C, et al. Restating the case: how revisiting the development of the case method can help us think differently about the future of the business school[J]. Academy of management learning and education, 2016, 15(4): 724-741.

③ 刘庆贤,肖洪钧.工商管理领域中的案例研究方法理论建构[J].科学学与科学技术管理,2009,30(10):15-20.

起,使案例研究被边缘化。[①] 时至今日,人们对"案例研究"仍然存在误解。在传媒研究领域,总体而观,有两种认识误区:一是"简化",将案例研究等同于作品或者例证分析,以结果为研究对象。作品分析固然有其专业价值,但是失之局部,这与案例研究把握复杂现实问题的学术传统相偏离;二是"轻视",即对案例研究理论的轻视,将案例研究等同于经验总结,认为其不具备研究的科学性,且只凭借"孤例"所得到的结论不具有普遍的解释力,难以推而广之。为此有必要追本溯源,从理论和实践的双重视角,廓清案例研究的范式特征。

(一)从要素切入:案例研究的"三性"与"三向"

何为"案例研究"?它有哪些特征抑或要素?众说纷纭,莫衷一是。加拿大 UBC 大学教育学教授温斯伯格(Robert Van Wynsberghe)曾对"案例研究"的定义进行过详细的统计分析。他发现 20 世纪七八十年代以来,有关案例研究的学术研究已经提出了超过数十种不同的定义,且每个定义都有自己的研究重点和方向,[②]其中一些典型定义见表 1。

表 1　案例研究的多种典型定义

定　义	来源
从技术上讲,案例可以被定义为一种现象,我们只报告和解释任何相关变量的单一度量。	(Eckstein,2002)
案例研究是一种实证研究,它在现实生活的语境中调查当代现象,特别是当现象和语境之间的界限不明显时。	(Yin,2003)
案例研究是一个需要研究的问题,它将揭示对"案例"或有界系统的深入理解,这涉及对事件、活动、过程中的一个或多个个体的理解。	(Creswell,2002)
案例研究提供了一种调查由多个变量组成的复杂社会单元的方法,这些变量对理解这一现象具有潜在的重要性。	(Merriam,1988)
案例研究是一种研究设计,最好定义为对单个单元(一个相对有界的现象)的深入研究,学者的目的是阐明更大类别相似现象的特征。	(Gerring,2004)
案例研究不是方法论上的选择,而是对研究对象的选择。	(Stake,2005)

① 毛基业.运用结构化的数据分析方法做严谨的质性研究:中国企业管理案例与质性研究论坛(2019)综述[J].管理世界,2020,36(3):221-227;殷.案例研究:设计与方法:第二版[M].周海涛,译.重庆:重庆大学出版社,2010:12-13.

② VANWYNSBERGHE R, KHAN S. Redefining case study[J]. The international journal of qualitative methods, 2007, 6(2): 80-94.

温斯伯格基于上述分析发现，尽管人们对于案例研究的界定侧重不同，但是基本上都包含了以下七个要素：小样本（对典型样本的深入分析）、过程化（有“在场感”的实例描述）、复杂性（非单一因果关系的综合研究）、有界性（在一定环境和一段时间内开展）、工作假设与经验教训（在实践中构建或验证）、数据源多样（多来源证据可以互证）、可扩展性（揭示内在关系，从“个别”到“一般”）。由此，温斯伯格认为，案例研究是一种跨领域和跨学科的启发式研究。

综上，我们可以把案例研究的核心特征概括为“三性”“三向”。

第一，案例研究的经验性与问题导向。案例研究的对象是现实中发生的现象，其对现实问题背后的复杂因果关系展开多元解释。① 案例研究的最大优势在于其与实践关联密切，基础在于研究者需要亲身与行业接触，以业界前沿为指引，②发现问题，提出问题，最终解决问题，从实践中获取新知，进而从实践中提炼理论。

第二，案例研究的有界性与过程导向。案例研究通常只对一个或几个研究案例进行深入研究，正如传播学之父施拉姆所认为的“案例研究的本质在于试图阐明一个或一系列决策的过程：为什么做出这些决策，如何实施，结果如何”③，这就要求案例研究对研究对象的发展过程等方方面面做出翔实的描述，从事物自身发掘内在规律。通常情况下，案例研究通过对一个正在进行中的实例，从特定阶段的背景、过程以及有意义的细节，进行全方位描述，使读者产生“在场”感，换言之，案例撰写需要把知识、理论融入特定的情境，还原现实的模样。

第三，案例研究的复杂性与综合导向。案例研究中的案例（或称现象）应不脱离现实生活且正在进行，与所处环境密不可分。④ 换句话说，案例研究着眼于复杂现实环境下的问题，对现实问题背后的复杂因果关系展开多元解释。事实上，我们在对某一事物进行深度研究和分析时，也很难忽视其与社会多维度的复杂关联。为了揭示各种变量之间的相互影响与作用，案例研究必须还原复杂环境，不能将其简化为单一因果关系的概念。⑤ 案例研究要解决复杂问题，必须做到微观分析与宏观综合相结合、科

---

① 邓理峰，张志安.公共传播案例教学的理念、方法与知识更新[J].全球传媒学刊，2020，7(1)：186-198.

② 王晓红，曹晚红.中国网络视频年度案例研究 4(2018)[M].北京：中国传媒大学出版社，2018：序 3.

③ SCHRAMM W. Notes on Case Studies of Instructional Media Projects[Z]. Academy for Educational Development, Washington, DC,1971.

④ 殷.案例研究：设计与方法：第二版[M].周海涛，译.重庆：重庆大学出版社，2010：16.

⑤ VANWYNSBERGHE R, KHAN S. Redefining case study[J]. The international journal of qualitative methods, 2007, 6(2): 80-94.

学推理与哲学思辨相结合。[①]

（二）从研究实践切入：案例研究的科学性

通过考察既往各学科对案例研究的实践，我们也能从多重视角看到案例研究是一种科学研究方法。案例研究采用的是可复制性逻辑和理论抽样、分析、归纳等方法，在认识论假定上，案例研究既重视研究者对研究客体的阐释，也追求实证主义研究范式的客观性原则。[②] 从操作层面来说，严谨的案例研究应在各个环节都注重研究的科学性。

第一，案例研究操作步骤明确，遵循一般科学研究方法的程序。案例研究开始之前需要做研究设计，研究工作开始以后则须经过规定的步骤，对此诸多学者都有论述，如方法论学者本巴萨特（Benbasat I.）提出了案例研究的操作程序[③]：研究主题与目的的确立——分析单位的设计——单一个案或多个案的研究设计——选择对象的研究设计——资料研究方法的研究设计。

第二，案例研究要求研究者要尽可能全面地搜集相关数据，这需要使用多种形式的数据源，涉及文献、档案记录、访谈、直接观察、参与式观察和实物证据，等等。多数据源能够形成“证据三角形”，即通过多种数据的汇聚和相互印证来确认新发现，这能提升案例研究的建构效度，进而得到更准确、更全面的结论。[④] 这与传统的统计研究中的单一数据源研究形成了对照。

第三，案例研究能够灵活应用量化和质化方法来处理研究资料。研究者需要通过掌握大量经验性的事例证据来展开研究，许多实证研究方法也是在案例研究基础上得到的。因此，案例研究与实证研究并非零和关系，实证研究也不等同于量化研究，定性研究和定量研究的方法都可以被纳入实证研究和案例研究的范畴，[⑤]我们不能按照狭隘的定性、定量的方法二元论去框限案例研究的学术研究范式。

第四，案例研究还能够弥补单纯的统计研究的不足。虽然统计研究在解释研究问题时说服力极强，但有些问题很难通过统计平均值的方法反映出来，个体间差异、模糊

① 成思危.认真开展案例研究，促进管理科学及管理教育发展[J].管理科学学报，2001(5)：1-6.

② 闫梅.案例研究方法的科学性及实现问题[J].武汉科技大学学报(社会科学版)，2012，14(2)：204-207.

③ 宁骚.公共管理类学科的案例研究、案例教学与案例写作[J].新视野，2006(1)：34-36，61.

④ 殷.案例研究：设计与方法：第二版[M].周海涛，译.重庆：重庆大学出版社，2010：94，106-109；VANWYNSBERGHE R，KHAN S. Redefining case study[J]. The international journal of qualitative methods，2007，6(2)：80-94.

⑤ 卜卫.方法论的选择：定性还是定量[J].国际新闻界，1997(5)：49-54.

概念很容易被统计分析掩盖,因此,结合实际的案例研究显得十分重要。①

第五,案例研究能够呈现研究对象的典型性。有学者认为特殊性或稀缺性应该成为案例研究,特别是单案例研究所选择的案例的重要属性,因为"只有从不具代表性的组织中才能看到寻常所看不到的见解"②。

第六,案例研究需要具备一定的研究规范以保障其科学性,COSMOS公司的罗伯特·殷(Robert K. Yin)提出了适用于社会科学的四种实证研究检验方法,分别为建构效度检验、内在效度检验、外在效度检验以及信度检验在案例研究中所应该采取的详细策略(见表2)。

表2 适用于四种检验的案例研究策略③

检验	案例研究策略	所使用的阶段
建构效度	采用多元的证据来源 形成证据链	资料收集
	要求证据的主要提供者对案例研究报告草案进行核实	撰写报告
内在效度	进行模式匹配 尝试进行某种解释 分析与之相对立的竞争性解释 使用逻辑模型	证据分析
外在效度	用理论指导单案例研究 通过重复、复制的方法进行多案例研究	研究设计
信度	采用案例研究草案 建立案例研究数据库	资料收集

二、应变:延拓案例研究的多重面向

视听传播研究领域存在类似于案例研究的研究和教学实践。俗称"拉片"的作品观摩与分析,以"片"为案例,从拍摄技法、视听语言等方面对视听作品进行分析,有一定的专业性和学术性。一直以来,"拉片"在各大高校的广播电视学或者整个新闻传播

① 成思危.认真开展案例研究,促进管理科学及管理教育发展[J].管理科学学报,2001(5):1-6.

② 毛基业.运用结构化的数据分析方法做严谨的质性研究:中国企业管理案例与质性研究论坛(2019)综述[J].管理世界,2020,36(3):221-227.

③ 殷.案例研究:设计与方法:第二版[M].周海涛,译.重庆:重庆大学出版社,2010:38.

学科的教学环节中发挥着重要的作用。互联网时代的到来,改变了视听传播形态。如果说,在大众传播时代,节目的播出意味着结束,那么在互联网时代,节目的播出则意味着开始。视听传播的意义已不止于观看,节目内容成为一种信息流、生活流甚至商品流,进入到全环节、全链条的传播生态。在这样的情形下,传统的“片例研究”已不足以解释正在发生的问题、不断涌现的新事物。

举例而言,2020年两会期间,新华网思客联合中科院声学所推出声像技术产品《共振时刻》,其首次基于5G+AI声像分析技术对李克强总理做政府工作报告时全场的37次掌声进行AI声像分析,将媒介事件的直播与人的视听感知通过技术手段联系在一起。若我们用片例分析法对其进行研究,单一地从内容生产角度进行局部分析,未免会忽略掉这一产品最大的亮点,即技术上的意义和价值。片例研究更强调结果导向,从广电时代“传播阶段的尾声”切入,分析视听作品内容生产的微观层面。诚然这种研究或教学方法有助于专业技术和专业能力的提升,但是已不完全适用于当下全新的媒体环境。我们需要使片例研究更进一步,从这种相对单一、孤立的研究走向一个视野更为宏阔也更为系统的研究。

这只是问题的表面,更深层的问题在于在传媒发展进程中业界走在前,学界落在后,学界跟不上业界前进的脚步,但新闻传播学又是一个与时俱进的学科,研究者困惑于怎样构建出适用于新型视听传播的理论,又怎样培养出满足新现实需求的人才。

针对这两个不同层次的问题,案例研究或许都是一个很好的答案。从之前的论述中我们可以推知,案例研究既是一种系统的全面的研究方式,又能够将业界的经验注入科研和课堂。具体而言,案例研究能够从理论建构、案例教学、学科交叉这三条路径为视听传播研究提供解决这些问题的优化方案。

(一)案例研究与理论建构

人们对客观世界的认识总是从感性到理性、从局部到整体、从个别到一般的。①现实问题的复杂性和多元性决定了我们很难用单一孤立的理论或模型来指导研究,②而案例研究从经验事实中探寻、建构或验证内在关系、规律,其构建理论的机制在于研究者全面获取一手数据和经验,并以此为基础来分析多重变量之间的逻辑关系,检验和发展已有的理论体系,进而开展开创性研究,以实现构建新理论或精炼已有理论中

---

① 成思危.认真开展案例研究,促进管理科学及管理教育发展[J].管理科学学报,2001(5):1-6.

② 刘庆贤,肖洪钧.工商管理领域中的案例研究方法理论建构[J].科学学与科学技术管理,2009,30(10):15-20.

的特定概念等作用[①]。案例研究虽然不是纯理论研究方法，但对理论建构具有不可替代的作用。

近年来，很多研究以西方学术话语为主导研究本土问题，用西方理论套用中国语境，逻辑论证生硬，研究价值也大打折扣，这源于本土化的理论建构的缺乏与式微。[②]这些研究虽然极不合理，但为避免陷入无理论可用的窘境，只能生搬硬套。因而，学界始终呼唤具有中国特色的、顺应时代发展的且扎根于行业实践的一系列学科理论的出现。中国特色的传媒实践和海量用户参与的媒介环境为我国视听传播研究提供了丰厚的土壤。[③] 处于持续上升期的网络视听行业的产品创新迭代周期较其他行业更短，头部的机构、产品和现象级的行业热点、亮点不时涌现，这些是具有特殊性和实用性的研究对象，也是兼具理论和实践价值的研究案例，从中我们可以研判当下行业变革的趋势性规律。尤其是行业出现的诸如“直播带货”“互动视频”等全新事物，没有前例可循，但通过案例研究，依然可以推导出源于业界实践的新结论或新理论以及时指导实践。[④]

案例研究构建理论较其他研究方法的优势在于它不仅可以起到验证研究假设和旧有理论的作用，还可以提高构建新理论的可能性，其实证效度更高；同时，通过理论抽样的方式选取研究对象，“因例制宜”，对所选案例展开更加深入细致的发掘，根据现实环境中的复杂案例进行深入考察，结合既有经验，创建出新的理论概念、命题或中层理论。[⑤] 而案例的语境化推演又进一步促进了理论向实践的转移[⑥]，由此间接说明了案例研究所得到的理论是可检验的[⑦]。

案例研究的理论建构通常分三个阶段：研究启动阶段、案例调研阶段和数据分析阶段。研究启动阶段需要界定研究问题，设计研究框架，利用理论抽样明确案例基本

---

① 余菁.案例研究与案例研究方法[J].经济管理，2004(20)：24-29.

② 廖圣清，朱天泽，易红发，等.中国新闻传播学研究的知识谱系：议题、方法与理论(1998—2017)[J].新闻大学，2019(11)：73-95，124.

③ 庞亮，赵康帅.目标、价值与路径：新闻传播学走向世界一流的若干思考[J].现代传播(中国传媒大学学报)，2019，41(7)：159-162，168.

④ 井上达彦.深度案例思考法：从怎么可能到原来如此[M].王广涛，宋晓煜，译.北京：北京联合出版公司，2016：17，21.

⑤ 郭小聪，琚挺挺.案例研究与理论建构：公共行政研究的视角[J].江苏行政学院学报，2014(4)：107-112.

⑥ YEE S F. Teacher professional development and the case method[M]//YEE S F. A phenomenological inquiry into science teachers' case method learning. Singapore: Springer Singapore, 2019: 23-43.

⑦ EISENHARDT K M. Building theories from case study research[J]. Academy of management review, 1989, 14(4): 532-550.

特征，选择研究案例和研究工具；案例调研阶段需要走入案例现场，通过多种途径广泛搜集需要定性、定量分析的材料；数据分析阶段顾名思义就是分析所搜集的材料，综合运用定性数据和定量数据形成假设，并根据已有文献不断对比、整合，建立研究内部效度，进而构建理论或完善已有理论。[①]

(二)案例研究与案例教学

当教学的首要目标是传递知识时，讲授法是一种行之有效的教学方法，然而，当目标是培养学生解决实际问题或者综合分析复杂问题的能力时，案例教学提供了认识问题、把握全局、理解复杂现实并且采取行动的方法。[②] 为此，采取案例教学的教师，必须通过选择案例、提出问题、推进讨论来引导学生思考和行动。[③]

这里并不是要把讲授法和案例教学二者对立起来，而是强调对行业动态需求的观照应当成为今天视听传播教育的一个重点。“重理论轻实践”“重理论灌输轻技术应用”的旧有培养理念和机制已经不能满足复合型人才培养的需求，也不能将业界最鲜活的一手经验传授给学生，这样的专业教育无疑是失败的；加之网络视频、新媒体迅猛发展给“学院派”带来的“水土不服”，“科班出身”的学生不了解行业真实发展样貌，“改革滞后”也成为当前视听传播教育的阻碍。如是种种，需要我们反思当前的教学方式与行业实际需求之间存在的不匹配问题。[④] 为了复兴“学院派”的科研和培养机制，高校应有将业界实践融入教学、融入科研的自觉。案例研究和案例教学能够在高校中建立起学界和业界对话的桥梁，能够在一定程度上弥补传统“学院派”培养方式的不足。

事实上，案例研究最早就是作为一种教学方式出现的，即案例教学。19 世纪 70 年代，哈佛大学医学院、法学院等率先垂范，将案例研究应用于高校教学。时至今日，这一教学手段已延伸到工商管理、公共政策等多个学科领域的教学活动之中。这些学科以培养应用型人才为目标，而案例教学能够更好地将理论知识和实际经验相结合，

---

① 郭小聪，琚挺挺.案例研究与理论建构：公共行政研究的视角[J].江苏行政学院学报，2014(4)：107-112；李平，曹仰锋.案例研究方法：理论与范例：凯瑟琳·艾森哈特论文集[M].北京：北京大学出版社，2012：2.

② ARDALAN K. In-class introduction of the case methodology in comparison to the lecture methodology [M]// ARDALAN K. Case method and pluralist economics: philosophy, methodology and practice. Cham: Springer International Publishing. 2018: 141-169.

③ 宋耘.哈佛商学院“案例教学”的教学设计与组织实施[J].高教探索，2018(7)：43-47.

④ 吴炜华，张守信.面向智能传播的数字出版人才培养定性比较研究[J].现代出版，2020(2)：23-31；周茂君，罗雁飞.数字时代中国新闻传播学本科核心课程的变化与问题：基于 21 位院长访谈的研究[J].新闻与传播评论，2019，72(4)：78-90.

并将其转化为学生的实际能力。

案例教学是一个动态的概念。案例教学曾被认为是在教师的安排和指导下，学生通过阅读、讨论已被整理出来的某一个案在某一时段、某一方面的具体情况来理解同类事物的一般原理的教学方法，[①]不过由于时代局限，这种认识本质上仍以教师为教学的主导者，被动的学生也很难从案例中真正自主发现和解决问题。以今天的教学实践观之，案例教学无论在教学形式、途径还是方法上都变得更为灵活开放。理想的案例教学应当由课堂和课下的多个场景构成：在课上，教师作为组织者，让学生加入案例讨论、情景模拟和方案设计之中，其核心是问题；在课下，教师需要带领学生走进案例现场，开展实地调研。从认识论的角度来看，案例呈现的知识可能更符合知识的实践形式；从教学效果的角度来看，案例所呈现的知识可信度更高、相关性更强；[②]从人才培养角度来看，教师"知识填鸭"的作用被削弱，学生的自主发现问题、解决问题能力进一步增强。

总之，案例研究与案例教学是源与流的关系。案例研究为案例教学提供了系统认识复杂问题的实践情境，而案例教学进一步深化了对于案例研究之发现的理解。

(三)案例研究与学科交叉

如前所述，案例研究聚焦于解决复杂的现实问题，这往往需要整合来自不同领域的知识、应用不同的学科实践。[③] 可以说，案例研究天然带有学科交叉的基因，能够在学科交叉进程中起推进作用。案例研究虽并非新的研究方法，但是其根植于实践的融合发展，客观上汇聚了不同学科的知识，能助力新知识领域的开拓。

学科交叉理念的诞生可追溯至20世纪20年代，美国哥伦比亚大学著名心理学家伍德沃斯(Robert S. Woodworth)首先公开使用了跨学科的概念(interdisciplinary)，他认为跨学科是涉及两个或两个以上学科的综合研究。[④] 新闻传播学作为一个独立学科，一方面，从学科沿革来看，其本身就是站在十字路口的学科，它博采社会学、心理学、哲学、政治学等多学科之长，其经典新闻传播学理论与其他学科都颇有渊源，可以

① 宁骚.公共管理类学科的案例研究、案例教学与案例写作[J].新视野，2006(1)：34-36，61.

② YEE S F. Teacher professional development and the case method[M]//YEE S F. A phenomenological inquiry into science teachers' case method learning. Singapore：Springer Singapore，2019：23-43.

③ MACLEOD M A，DER V J T. Scaffolding interdisciplinary project-based learning：a case study[J]. European journal of engineering education，2019：1-15.

④ 刘仲林.交叉科学时代的交叉研究[J].科学学研究，1993(2)：11-18，4.

说该学科天生具备科学“交叉”的基因；[①]另一方面，从行业发展来看，今日的媒体行业，特别是网络与新媒体端的发展日新月异，行业交叉趋势越发显著，业界融合实践呼唤着不同学科的交叉融合发展。

在单一学科的教育和学术环境中，知识通常是支离破碎的，案例研究的引入能够综合利用包括本学科在内的各学科知识，推动学科交叉，进而有效提高单一学科应对复杂挑战的能力，推动问题的解决，[②]并催生融合不同学科概念的解决方案。今天的新闻传播学科呈现出多学科融合的显著态势。案例研究为研究媒介剧变中的新现象、新理论提供了行之有效的方法论。

三、求新：探索案例研究的学科应用

新技术革命正在深刻改变人类传播活动。媒介的边界正在消失，全程媒体、全员媒体、全息媒体、全效媒体成为现实。在视听传播领域，移动互联网、虚拟现实、5G 等新技术，不仅使视频成为社会主要语言形态，而且还创造出日益丰富的视频应用场景，视频所展开的不再只是“观看”行为，而是多人、多场景、多任务、多形态、多功能的开放协作的实践过程，视听传播的概念、知识、理念、方法都在发生剧烈变化。

视听传播教育势必要面对新形势的挑战，亟待向法律、医学、管理等应用学科的案例研究学习，从既往相对孤立的文本解读式的案例研究、案例教学，走向以“过程化、问题式、动态化”为导向的深度诠释复杂性的全案研究，打破既往学术层面对于案例研究的经验理论的轻视。为此，中国传媒大学中国网络视频研究中心从 2015 起，每年推出《中国网络视频年度案例研究》(以下称《年度案例研究》)，这是我国网络视听传播领域首个以案例研究为主的年度报告，至 2019 年已出版五部，逐步形成了我国网络视频案例库雏形。

(一)《年度案例研究》是行业发展的历史记录

Web1.0 时代，网络视频嵌入门户网站，成为继表情、口语、文字、图片之后又一承载信息的重要介质；到 Web2.0 时代，网络视频开始从门户网站中剥离出来，成为独立的媒介载体，而且原先封闭的视频内容生产变成了动态扩展、开放协作的实践过程。[③]

---

① 莫梅锋.新文科建设中新闻传播学科的发展方位[J].新闻战线，2019(16)：57-58.

② ANNANDIAB F, MOLINARI C. Interdisciplinarity: practical approach to advancing education for sustainability and for the Sustainable Development Goals[J]. The international journal of management education, 2017, 15(2): 73-83.

③ 王晓红.网络视频：超越“观看”的新形态[J].青年记者，2018(7)：74-75.

在这一过程中，网络视频行业悄然崛起，大批网络视频机构开始涌现，网络视频开始成为互联网信息的普遍表现形式，短视频、网络直播、互动视频、VR视频等不一而足，与社会各行各业的连接更为紧密。除了网络视频的多元形态，其商业盈利模式逐渐发展成熟，平台运营、技术支持、内容生产、版权分销、广告代理等环节纷繁复杂，面向十分广泛。从行业外部考察，网络视频仿佛从传统纸媒手中接下了媒体使命的接力棒，在社会系统中的作用越发重要，发挥着守望社会、传承文化、维系社群等功能，重构着人类生存环境，我们又可以从多侧面发掘出网络视频之于各领域的协同作用。在Web 1.0到Web3.0的发展进程中，网络视频行业已经涌现出一批成功的案例，积累了大量可供参考的实际经验。

阅读案例能够让我们以最快速度进入行业情境之中，进而了解这个行业发展的大致轮廓。为此，《年度案例研究》编写组每年通过业界推荐、学界评审、大数据辅助等方式，遴选出最具代表性的年度案例，研究人员在进行文献回顾、确定研究问题和案例后，进入案例情境之中，对案例相关人员的机构进行深度访谈、参观考察。为了保留一手研究资料，案例中附有访谈记录，读者在阅读案例时，也许能够激发出自身的思维火花，仿佛面对面与从业者对话。从《年度案例研究》架构上看，此书内设综述篇、专题篇、案例篇、产业篇、年度大数据等多个板块。综述篇可以为我们画出上一年度行业发展的脉络图，对网络视频发展做预期性的前瞻研究和总结性的趋势研究；专题篇每年聚焦一个上一年度的网络视频行业的热点领域，选取多个行业优秀案例，力求覆盖全面；产业篇以小见大，以行业中的头部领军企业、产品作为切入，为行业发展树立标杆；案例篇则着眼于网络视频中多元细分领域中的亮点，小大不遗，解读新现象，解决新问题，为行业发展出谋划策。总体而言，网络视频案例研究强调从总的场景或所有因素的组合出发，通过对事件过程的深入挖掘和细致描述，呈现事物的真实面貌、丰富背景和影响，力图在这些个案的研究中看到行业变革的趋势性规律，同时以案例反哺教学，帮助学生系统把握和理解视听传播领域的新变化、新问题。

网络视频行业处于持续风口期，案例族繁不及备载，囿于出版需要，《年度案例研究》不能将所有的案例纳入其中。回望过去，《年度案例研究》已累计产出百余个网络视频案例，但对于案例库的建设而言其数量还远远不够。这为我们规划了一个未来努力的方向。案例库是大量案例研究积累的成果，更是科学的案例研究和案例教学开展的前提，[①]案例库能够有效提高案例研究的信度，亦能够为案例教学提供新鲜的教学资源。

---

① 蔡雯.论新闻传播的案例教学：兼谈案例库建设对新闻传播教育发展的意义[J].国际新闻界，2008(2)：53-57.

(二)《年度案例研究》是产学融合的智库成果

《年度案例研究》是中国网络视频研究中心的重点项目和学术成果之一,它能够保证持续高质量的编写出版,离不开中心产学智囊的倾力支持。中国网络视频研究中心以中国传媒大学的教学科研资源为依托,是以连接政府与业界为主要职能的产、学、研一体化的研究平台。长期以来,中心利用资源整合优势,关注网络视频产业模式及产业发展所涉及的理论性较强的前沿方向,联合视听新媒体机构、企业,顺应媒体融合的政策导向和产业趋势,开展课题合作,从宏观的政治安全、中观的网络舆情、微观的最新业态等方面为网络视频行业发展提供理论依据、战略参考和智力支持。这是《年度案例研究》问世的现实根基。

除此之外,由中心主办的中国网络视频年度高峰论坛,是国内网络视频从业者与学者交流的盛会,《年度案例研究》借此更好地为行业把脉。中国网络视频学院奖是网络视听领域的第一个学院奖,以奖之名,旨在表彰业界最具前瞻性和影响力的网络视频内容、人物、事件和平台。这一奖项与“中传大数据”项目结合,以“小样本+大数据”模式助力《年度案例研究》筛选出优秀或典型案例。

结　语

案例研究是一种根植于实践的科学研究方法体系,视听传播研究也需要研究者从实践中来、到实践中去。对于学界来说,既需要尽速跟进行业热点,又需要在冷静思考、扎实调研基础上做出理性判断。视听传播研究领域的案例研究虽有一定基础,但仍应当从管理学、法学等学科汲取经验给养,并充分结合视听传播研究的特色开展好案例研究,完善视听传播案例库建设,以期形成以问题导向、过程导向、综合导向为依据的,适用于理论建构、课堂教学和学科交叉等多重面向的案例研究体系。

〔王晓红,中国传媒大学教授、博士生导师;魏韬,中国传媒大学 2019 级电视学院硕士研究生;倪天昌,中国传媒大学 2019 级媒体融合与传播国家重点实验室博士研究生〕

〔特约编辑:顾洁〕

政治视觉修辞的表征机制探析*

On the Representation Mechanism of Political Visual Rhetoric

◎ 刘　晶

Liu Jing

摘要:在政治视觉修辞实践中,文本是核心,文本与话语实践和社会实践交织互动,构成了视觉表征。基于生产者的文本表征机制通过语言的图像学、图像的语言学以及图像与语言的互文展开图文的叙事缝合;基于受众心理的过程表征机制通过文本中的对立或相似原则进行锚定,借由文本的拟人化和小微叙事,实现对政治议题的具体化;基于价值的社会表征机制聚焦于目的性价值和工具性价值在文本中的协同化运作过程。正是在文本机制、过程机制和社会机制的联动中政治视觉修辞的最终意义得以形成。

关键词:政治视觉修辞;表征机制;锚定

Abstract: In the practice of political visual rhetoric, the text is the core. The interaction of text and discourse practice and social practice constitutes the visual representation. Based on producer's text representation mechanism, the narrative stitching of pictures and texts is carried out through language iconology, image linguistics and intertextuality of images and languages; based on audience's psychology, the process representation mechanism is anchored by the principle of opposition or similarity in the text, and realizes materialization of political issues through text personification and micro narration; based on value social representation, the mechanism focuses on the collaborative operation of objective value and instrumental value in the text. It is in the interaction of text mechanism, process mechanism and social mechanism that

* 本文系江西省高校人文社会科学研究项目"视觉政务传播的表征与策略研究"(项目编号:XW19207)的阶段性成果。

the final meaning of political visual rhetoric is shaped.

Keywords: political visual rhetoric, representation mechanism, anchor

在视觉转向的时代,政治传播中的视觉修辞现象越来越常见,政治修辞呈现出政治性与视觉性融合的特征,政治视觉修辞应运而生。政治视觉修辞是指政治主体运用图像激发受众产生特定的修辞反应,从而实现某种政治诉求的传播活动。政治视觉修辞是视觉修辞和政治修辞的复合概念,代表政治性语言与视觉性图像的融合。一直以来,通告、新闻报道等文字宣传在政治传播中占据主导地位,图像的不请自来对政治修辞会产生什么影响?图像在政治修辞中扮演什么角色?图像如何与文字和谐共处?二者如何协调运作?在读图时代,我们应该如何解读政治视觉修辞,以避免在眼花缭乱的图像中迷失自己?为回答上述问题,探究政治视觉的表征机制显得尤为重要。

在政治视觉修辞实践中,文本是核心,与话语实践和社会实践交织互动,构成了政治视觉修辞的视觉表征。视觉表征既涉及表象面又涵盖符号面,两个方面相互依赖。因此,欲了解政治修辞的运作机理,就须明白视觉表征是一套至关重要的解释性工具,它以特定的交流和理解方式创造了现实和常识,这也正是政治视觉修辞的运作机理。既有的研究大多是对个案的描述分析,未能探究政治视觉修辞中图像与文字融合互涉的表征机制。本文借鉴费尔克拉夫的三维分析法,从文本表征机制、过程表征机制和社会表征机制来深入探讨视觉政治修辞的表征机制。

一、文本表征机制:图文混合的叙事缝合

政治视觉修辞文本是图文混合的实物:文本为图像做解释、叙述、描写、标记或代言;图像则为文本做插图、示例,进行澄清,寻找理由或编制文献。[①] 可视性通常是被可说性控制的。政治视觉修辞的政治目的决定了文本的艺术性是其次的,政治议题的言说决定了图像的内涵,政治视觉修辞不像艺术作品中的图像那样有更多漂浮的能指和想象的空间。

(一)语言的图像学

语言的图像学就是把语言表达融入人们的理解,促使人们以各种不同的方式把文本看作形象。语言的图像学是表意与图像的结合。语言媒介的透明性转换为空间艺

① 米歇尔.图像理论[M].北京:北京大学出版社,2006:81.

术媒介的物质坚实性,文字通过形象隐喻和形式隐喻赋予文本以鲜明的图像意义。

首先,文字的形象隐喻。隐喻是用一个意念的符号表达另一个意念,不仅要求所用的意念与事物的类别有关,而且要求其与意念的活力和熟悉程度有关。[①] 古往今来的政治修辞都频繁地使用隐喻,因为它隐藏了喻体,给人以简练的启发。[②] 诗人和哲学家通过感知、思考,发现相距遥远事物之间的本质相似性,将诗歌与本体论结合是隐喻的魅力所在,例如柏拉图著名的"床喻"和"洞穴喻",中国古代有"琼楼玉宇,高处不胜寒"的比喻。在当代,隐喻超越了修辞术,前人之喻中可供借用者获得了修辞术之外的文化含义,例如"金字塔喻"[③]代表社会经济和文化教育的等级结构模式。在反腐败工作中,习近平用"苍蝇""老虎"一起打、反腐没有"纸牌屋"的比喻,生动形象地诠释了党中央铁腕反腐的坚定决心。这些例子证明隐喻与格言源于大众智慧的宝库。政治隐喻小说奥威尔的《动物庄园》借隐喻对现实进行虚构,既有重现又有升华,将明晰性、愉悦性和陌生感混合起来。

隐喻"产生形象",即使形象"浮现在眼前",为形象提供具体的色彩。在现代政治修辞中,隐喻的形象化风格得到了最为广泛的运用。例如特朗普竞选网站上的语言修辞"让美国再次成为闪耀在山顶的城市",字里行间充满了图像,这让"美国重返伟大"的口号有了象征的画面。然而,这些具有鲜明和具体形象的口号不过是特朗普出于竞选目的使用的华丽修辞,他假借"爱国之名",唤起美国普通民众的国家共同体意识,实现赢取最大多数选票的个人政治目的。奥巴马对自身竞选运动的描述——"从斯普林菲尔德传开的沙沙耳语,已经高涨成千百万人呼唤变革的大合唱",勾画出蛊惑人心的政治蓝图。诗歌的幻想正是使用感觉或可触及的形式表现思想,让形体、画面和形象融为一体;奥巴马通过似曾相识且富有鼓动力的画面捕获观者的情绪。凡此种种,都是以形形色色又让人觉得似曾相识的隐喻的形象唤起选民的激情,再次印证了休谟的名言"理性是激情的奴隶"。

其次,文字的形式隐喻。语言的图像象征意义还可以直接通过字体的形式传达。书画同源说表明,文字就是从原始的图画文字和姿态式的符号语言,发展到象形文字,再到字母或现代汉字的。印刷文字的物质性和由此兴起的字体设计赋予文字清晰的象征意义。文字不再仅仅是抽象的概念,开始象征各式各样的情感。例如在字母中,斜体可使观者回忆手写时呈现的流动倾斜的线条,花样繁多的衬线体则富有更多的装

---

① 从莱庭,徐鲁亚.西方修辞学[M].上海:上海外语教育出版社,2007:647.

② 利科.活的隐喻[M].上海:上海译文出版社,2016:42.

③ 段炼.视觉文化:从艺术史到当代艺术的符号学研究[M].南京:江苏凤凰美术出版社,2018:57.

饰意味和女性色彩等，不同的字体与其所要昭示的象征内涵互相呼应，体现风格化的文字艺术。再如北京奥运会会徽中的“中国印”正是从中国书法中汲取了灵感，将北京的“京”字演化为舞动的人体、奔跑的“人”形，歌颂着生命的美丽与灿烂。当代的政治演说、政治广告和电影都日益重视文本的字体设计，赋予文本更多图像的特征。例如，2011 年奥巴马的国情咨文演讲的标题“赢得未来”采用了有衬线的字体，暗示从过去的怀旧运动到未来胜利的线索：从经典怀旧的衬线字体到当代光滑醒目的大号字体①，理性的文字化身为感性的图像，巧妙地反映政治意图。

政治视觉修辞中的文字形式还涉及版式与空间的设计，字体的间距、斜度作为图像的构成元素，形成了动态的“力量”关系，喻示不同的政治含义。例如中规中矩的印刷字体的线性排列与无规则可循的涂鸦字体布局，可能分别意味着官方语言的宣告和地方语言（或个人语言）的表达；而黑屏中央的一行小字可能提醒观者应进行浸入式的严肃思考。文字的隐喻和文字的形式构成了别有意味的语言景观。

（二）图像的语言学

政治视觉修辞表征的核心问题就是图像的语言学问题。不同于艺术史研究的形式分析，政治视觉修辞的作用在于激起观者的修辞反应，而不是审美反应。政治视觉修辞的图像等同于符号，是“文本”的构成部分，承担着文字的记录和阐释功能。

首先，图像的记录功能。图像的语言学功能可以理解为图像的叙事，图像可以再现历史。图像印制使制作记录时事的图像成为可能，时事图像扮演了报纸的角色。早在 1789 年，《攻占巴士底狱纪念》的彩色木版画就被称作“政治式的供奉画像”，虽然其写实性减弱了，示意性却加强了。战争画在描绘事件的图像中占有突出地位。摄影家马修・布拉迪见证了美国内战，以一组照片描述了民族斗争的全史，它“将会超过最详细的文字描述，使那短暂的战争场面永存于世”②。普利策之类的新闻摄影奖中的图像虽然不是严格意义上的历史实录（可能存在着摆拍和构图的主观性），但仍可以折射出部分社会和政治的事实，帮助人们解读特定的历史、社会和人群的变化。图像可以作为可视的叙事史，但是图像为了使某类信息更容易传达，必须以牺牲其他类型的信息为代价，简言之，图像是艺术浓缩的产物。图像通过描述性的结构模仿现实世界中的事件，比如动态图像的空间呈现内容吸引了观者的注意力，这一内容的构成形式将

---

① MCVEY J. Recalibrating the state of the union: visual rhetoric and the temporality of neoliberal economics in the 2011 enhanced state of the union address[J]. POROI,2015,11(2):1-23.

② 伯克. 图像证史[M].北京:北京大学出版社,2008:227.

观者的注意力引向通过角度、透视、视场等配置的感知关系。图像记录让处于不同时空的观者对不同时代的事件产生亲历之感。

其次,图像的阐释功能。观者看图像时,势必要对其进行阐释。海德格尔认为,阐释的行为是人存在的基础,存在就是阐释。[①] 有阐释行为就必然存在不同的出发点和视角。图像不仅仅是视化的记录或证言,它巧妙地弥补了语言文字时常面临的表达困境(如抽象的政治概念或者需要隐晦表达的意图等)。语言文字通常被认为是政治性的,而"自然化"的图像诉说最适合掩盖语言的意识形态功能,它可以成为一个隐喻的诉说者,最大限度地裹挟观者的情感和注意力。"一图胜千言"可视为对图像的语言学功能最为言简意赅的褒奖。除此之外,"空白"是图像制作者故意留给观者去填补的语言学信息,相当于口述话语中的沉默或者书面语中的停顿,暗含未显示的信息,这就需要解释者始终保持敏感。例如巴特所分析的《巴里竞赛画报》的封面,画面上并没有出现三色旗,但观者通过士兵的注目礼可推测那里有一面国旗,[②]从而使画面信息形成完整的叙事。

遗憾的是,在政治视觉修辞中,无论是图像的语言学,还是语言的图像学,西方总是把他者主题化,将其当作必须被削减的威胁或潜在的自我担忧对象。恐惧、希望或冷漠的意识形态偏见是政治视觉修辞阐释的主要立场。源于语言的偏见影响了人们关于图像概念和视觉的看法。例如,西方的政治漫画经常以恶龙形象表征中国,喻示中国的崛起是对世界的威胁。

在政治视觉修辞中,图像的语言学转向过程就是图像从形式符号到修辞符号再到观念符号的过程,是从外在形式向内在观念的意指升华,是对图像之隐蔽语言学内涵的揭示。图像可以叙事,提出论点,表达抽象的思想;语言可以描写或体现形象和空间状态。感性和理性并非图像和文字的固化特征。在政治视觉修辞中,图像和文本之间的分化被克服,取而代之的是一个综合的形式,它们成为语言的图像和图像的文本。需要注意的是,图像的语言学为了凸显某些情节,使之更容易被理解,必然要牺牲其他的细节。观者在看图像时,必须考虑到缺席的细节,将其放到上下文中加以读解,[③]这就是图像与语言的互文性。

---

① 段炼.视觉文化:从艺术史到当代艺术的符号学研究[M].南京:江苏凤凰美术出版社,2018:267.

② 伯克.图像证史[M].北京:北京大学出版社,2008:276.

③ 曹意强.艺术史的视野:图像研究的理论、方法与意义[M].杭州:中国美术学院出版社,2007:13.

(三)图像与语言的互文性

文本与文本结合产生的即互文性或交互文本。在政治视觉修辞中,互文性分为文字间的互文、图像间的互文以及文字与图像间的互文三种类型。几乎所有的图像都会通过多种方式"引用"、借鉴历史上或同时代的其他图像。

一是新文本吸收旧文本。政治视觉修辞的互文性通过文字与图像的双重强调吸引观者展开生产者预设的联想。互文性概念指向文本的生产能力,即当前的文本改变历史的文本,重建现存的习俗,以便创造出新的习俗。[①] 不管是文字还是图像,互文主要指当前的文本吸收了过去的文本资源。例如,2007 年奥巴马竞选电视广告[②]的宣言:"我要求你相信……我请你相信自己的信仰。"这句话源于约翰·F.肯尼迪就职演说中的名言"不要问你的国家能为你做什么,而要问你能为你的国家做什么"。文字的互文创建了奥巴马和肯尼迪的联系。竞选网站上的照片也通过互文建立了奥巴马和肯尼迪神话之间的联系,通过互文这一"搭便车"的途径,文本暗示着二者之间的继承关系。然而,本质上这不过是玩弄心理的暧昧的政治图像把戏,没有任何确凿的事实依据。

新文本和旧文本可能是类别完全不同的符号,这种情况在广告中经常出现。例如罗兰·巴特对卡美香皂的分析:凯特琳·德纳福的形象与香奈儿五号联系在一起,从而将人物的迷人魅力移植到香水上。[③] 汽车与美女的符号也是被人为地联系在一起的。两种不同元素不断并列地出现,就会产生捆绑式的联系。在政治视觉修辞中,部分中东国家或朝鲜总是被西方国家置于恐怖主义盛行、愚昧落后的情景中,使观者产生习惯性的负面情感联系。

二是新文本对旧文本的继承和发展。互文性可以通过赋予过去的文本新的隐喻而使其呈现出新的意义。每个新的文本与先前的文本发生联系,反过来又为共同的意义增添了新的内涵。例如有关"一带一路"的短视频通过与古丝绸之路展开互文,使人们回想起古丝绸之路的繁华与浪漫,丝路的隐喻使民众基于经验和神话产生共鸣,同时又强调了今天的"一带一路"倡议超越古丝绸之路的地方:新的海上丝绸之路和陆上丝绸之路的线路和涉及的国家远超古丝绸之路;运输工具也发生了巨大的变革等。在

---

① 费尔克拉夫.话语与社会变迁[M]. 北京:华夏出版社, 2003:94.

② GLIEM D E, JANACK J A. A portrait of a transformational leader: an analysis of text and image on BarackObama.com[J]. American communication journal, 2008,10(3).

③ 伯克. 图像证史[M]. 北京:北京大学出版社,2008:374.

2011年“占领华尔街”的胡椒喷雾事件中,网友们制作的大量模因(meme)与大量的经典作品,包括《独立宣言》、毕加索的反战画作《格尔尼卡》、国会山雕像照片、美国宪法的文本,以及其他的抗议新闻照片等展开互文,使得原文本产生新的寓意,即涉事警察派克作为官僚机构的代表对美国精神、平静美好的生活、人权和法律的破坏,等等。政治视觉修辞中的互文性通常是嵌入式或者混合性的,即一个文本被明确地包含在另一个文本的母体之中。在话语描述上,除了直接的话语描述和间接的话语描述,政治视觉修辞的生产者善于将自己的立场混入引用的原始材料中,使之表达双重的声音,让观者难以分辨话语的来源。

三是嵌入式的混搭文本隐藏生产者的声音。政治视觉修辞的互文性链条错综复杂,世界上每个国家的首脑所做的重要演讲都会被转换为各种类型的媒介文本,如被媒体转换成报道、分析和评论,变成学术著作、文章或其他的演讲,这些媒介文本还会对其进行诠释、阐述和回应。如此,原始的演讲文本与视频画面进入不断循环的文本生产和文本消费中,远离了初衷,成为被争夺和重新定义的话语资源。例如美国知名的新媒体VOX发布的视频引用了习近平主席关于“一带一路”倡议的演讲视频和照片,并以第三人称转述关于“一带一路”倡议的“报道”,从生产者的视角,将直接引语和自己的评价混杂在一起,并通过大号字体、标红的字段、排版技巧等方式,赋予描述话语不同的分量和重要性。文本生产者具有操纵性的预先假设,通过与之前的文本和图像的互文实践得以隐蔽地表现。

需要强调的是,此处区分图像的语言学和语言的图像学并不是为了否定语言文字和图像的区别,而是为了揭示图像和语言文字作为混合的政治视觉修辞媒介时的运作和合作机制。米歇尔将图像与语词比喻为说不同语言的两个国度,但它们之间保持着长时间的交流和接触,[①]它们通过政治视觉修辞的实践,和社会、政治、文化的上下文互相关联。因为图像是空间的艺术,关注的是内在的联系,是艺术家和评论家所说的“构成”,所以信息的省略、突出以及艺术化的加工使得图像的意义清晰又模糊,难以被凝固和控制。

二、过程表征机制:锚定和具体化的综合

文本表征机制主要基于生产者的视角,但要回答“视觉表征如何产生和发挥作用”这一问题需要对观者隐蔽的心理过程做一般性的探究。社会心理学家莫斯科维奇提

① 曹意强.艺术史的视野:图像研究的理论、方法与意义[M].杭州:中国美术学院出版社,2007:428.

出了产生表征的两个过程:锚定和具体化。[1] 前者力求锚定陌生的思想,将它们纳入普通的类别和表象,并将其置于熟悉的背景中。后者的目的是使抽象的事物变得具体,将头脑中的概念变成物质世界的客观存在。锚定是将表征转移到某一个人们能进行比较和解释的领域中,具体化是指通过我们的观看和感知控制和重塑事物。

(一)锚定

锚定就是分类并命名事物。政治视觉修辞的编码者为了传播一个新的政治概念,需要将它放进一个既定的类别中,并用一个人们熟悉的名字来命名它,以便人们针对它进行谈论和交流意见。命名是为了对新的概念进行分类,将其限定在一套行为和规则的范围内,从而规定什么事物可以获得人们的认可,反之亦然。锚定的具体手段是基于对立或相似原则的分类。

首先是基于对立原则的分类。人类的分别心是人类学意义上的自然产物。共处一个族群领域、历史时代或有共同经济追求的一群人,会接受共同的善恶形象的引导。[2] 然而,东西方的二分法是西方提出的,带有东方主义的色彩,萨义德批判其宣扬了"熟人"(欧洲、西方、"我们")与陌生人(欧洲以外、东方、"他们")之间的区别。[3] 从19世纪末开始,所谓的优势文明和劣势文明之间永恒的冲突一直是美国帝国主义修辞的一部分。殖民者的传统主张建立一个野蛮的他者的概念,即文明价值观的对立面。修辞学者罗伯特·伊维(Robert Ivie)指出,战争的前提往往包括把"敌人"定义为野蛮人,"通常的策略是通过构建图像有对比性地呈现出强制的、非理性的,以及侵略的,企图征服一个爱好自由、理性、和平的受害者的景象"[4]。在文明冲突的修辞中,西方"人为"扩大了裂痕,制造了"文明人"与"野蛮人"之间的对立,将东方视为西方用以控制、重建和君临东方的一种方式。[5] 被压迫者的图像表征意味着"低级"文明需要家长式的护卫者。敌国人民被描述为一个无知的、卑鄙的敌人政权的受害者,以确保以人道主义的名义拯救敌国人民于水火的道德正当性。基于此,政治语言的二元结构非常普遍,自由/专制、正义/邪恶、人道主义/非人道主义、传统/现代、东方/西方等都是

---

① 莫斯科维奇.社会表征[M]. 北京:中国人民大学出版社,2011:42.

② 伊罗生.群氓之族:群体认同与政治变迁[M].桂林:广西师范大学出版社,2008:67.

③ 亨廷顿.文明的冲突[M]. 北京:新华出版社,1998:14.

④ OLSON L C, FINNEGAN C A, HOPE D S. Visual rhetoric: a reader in communication and American culture [M]. Thousand Oaks, CA: Sage, 2008:393.

⑤ 萨义德.东方学[M].北京:生活·读书·新知三联书店,1999:4.

政治语言二元分类法的明证。分类提供了一种能够表征某一类别的合适的模型或原型,通过“标签化”那些重要的特征,方便观者识别和定性。

有趣的是,政治修辞最引人瞩目的地方就在于能够将种种对立事物收拢在一起,即便是在那种极端对立以至于非常尴尬的情形下,如美国前总统里根将一种新型核武器命名为“和平保卫者”,这种对立的混合也是具有政治效力的。美国反恐战争的扩大化也是以和平和自由为名义的。政治视觉修辞对人和事物的分类,虽然有助于人们迅速地了解议题,但因为分类本身是对原型的一种主观和快速的概括,所以或多或少都与原型有差距,甚至是与原型相悖的。从这个意义上说,人们对于国家的、民族的、文化的、人性的等各方面的偏见和刻板印象都始于视觉表征的分类。

其次是基于相似原则的分类。分类是合并同类项和剔除不可通约项的过程。视觉表征的分类,通常在人们已知和熟悉的概念与需要传播的新概念之间,建立可视化的见证或联想,带给人们一种可靠的和似曾相识的感觉,这种相似性的创造可以通过语言学信息、图像信息和语境来实现。在政治视觉修辞中,将抽象的政治概念或复杂的政治事件转换为在场的“视觉模拟物”是十分必要的。相似性大致通过以下五种方式来实现。

第一种是与熟悉的人或国家建立关联,如通过视觉表征建立奥巴马与肯尼迪、马丁·路德·金的联系,暗示观者将奥巴马纳入与肯尼迪等风格水平一样的领袖群体中,以获得正面的移情效果。相似性也可以产生反面效果,例如将一个政治家与一个不受欢迎的人或者群体相联系:2008 年,奥巴马多次使用约翰·麦凯恩和不受欢迎的总统乔治·布什拥抱的照片,以期实现负面的移情,[①]诱导受众产生类比式的联想从而拒绝约翰·麦凯恩,达成总统竞选的排他性目的。美国往往选择一些国家作为盟友,另一些作为敌人,通过将自身作为参照物,构建“相似性”或者“差异性”,操纵观者形成区分“他者”和“我们”的敌我认知。

第二种是与熟悉的历史经验建立关联,建立与历史性事件的联系,例如,在谈及中国的“一带一路”倡议时,中国的描述是古丝绸之路的现代化、全球共商共建共享的经济合作倡议,而美国关于“一带一路”倡议的一则视频却将其喻为当代的“马歇尔计划”,暴露了美国根深蒂固的冷战思维。二者都是基于历史经验的相似性比拟,但由于政治立场的根本差异而呈现出截然不同的相似性效果,由此促成的观者对于“一带一

① SCHILL D. The visual image and the political image: a review of visual communication research in the field of political communication[J]. Review of communication, 2012,12(2):118-142.

路”倡议的分类也截然不同。美国为了“客观化”其对中国“一带一路”倡议的政治偏见，通过将“一带一路”与有特定历史内涵的事件进行人为绑定，为受众建构出看似合理的因果关系，实则违背了理性和常识。

第三种是诉诸个人经验的相似，与个人的日常经验建立关联。例如用表现领导人美满幸福的家庭生活的影像或运动场景，唤起普通公民的相似经验，使其感性地将领导人归类于自己人。中国“一带一路”倡议的相关视频通过历数参与国人民生活的改善，如工作机会增加、交通更便利、物产更丰富等，来激发观者关于理想生活的相似感受。

第四种是基于物理刺激的相似感受，建立相应的情感关联。人们对于色彩的感知是生理性的，色彩奠定了政治视觉修辞的氛围，传递了特定的印象。例如美国宣布对伊拉克开战时布什的演讲视频中，本·拉登的形象被置于灰色的背景中，因为：灰色(Grau)即恐惧(Grauen)、残暴(Grausen)；古语中“令人憎恶的人(Greulicher)”指“恐怖的人”或“可怕的人”；灰色能唤起人们对恐惧的感受。[①] 即使观者对于该政治议题一无所知，也可能会本能地按照色彩的视知觉带来的心理感受对其进行好恶的分类。

第五种是基于相似的民族情感，调动国家和民族情感。国旗、国徽和典型的国家景观(例如天安门、自由女神像)都能成为调动人们国家和民族情感的因素。强烈的原乡意识源于身体、语言、文化习惯的相似性，每个人生来就有“民族”认同，因为同一“民族”的人与生俱来地拥有共同的历史与文化资产。想象的共同体意味着拥有相似的民族情感。尽管国家和民族的情感在平时是隐性的，但随时都能被政治视觉修辞调动。例如特朗普无端发起的贸易摩擦便冠以“让美国再次伟大”这一富有国家集体意识的口号，这暴露了其迎合选民的霸权情结；中国梦则是号召全体同胞要努力实现“中华民族的伟大复兴”，这更加契合人民的集体意愿和共同理想。

(二)具体化

具体化是指从记忆中抽取概念和表象，从已知的事物中构造出有待发现的新事物，使不相似的思想与现实融为一体，成为现实的基本要素，变成有形的和可感知、可理解的对象。权力机构的运作就是将一种表征转化为现实，即将表征事物的文字转化为表征文字的视觉对应物。具体化主要分为拟人和小微叙事两种途径。

一是拟人。拟人是一种将宏大抽象概念有效小微化、具体化的途径。艺术和修辞

---

① 海勒.色彩的文化[M].北京：中央编译出版社，2004：316.

学以最简单的方式使用着拟人手法,拟人是思维和想象合生的孩子[①]。政治视觉修辞创造了许多拟人化的道德实体,如正义、自由和权利等。正义女神就像一尊历代艺术家不断精工雕琢的石雕像。[②] 在美国 PragerU 网站发布的视频*How the states can save America*,为了表述联邦政府日益庞大的开支,将联邦政府比喻为一个不断疯长的巨型机器人,并通过两个时间段内机器人体型的不同将两个抽象的巨额数字形象化,以便其更容易被观者理解且深刻记忆。拟人所带来的巨大力量就在于其所激发的感情。

国家是拟人化的重要对象,为了赋予国家适合想象的肉身,在政治视觉修辞中,将国家拟人化的手段早已出现。在二战时著名的征兵广告中,美国化身为山姆大叔,目光如炬,手指前方,仿佛聚焦于一个确定的客体,巨大的标语"I want you"言简意赅地点明了目的:国家想要"你"——适于服兵役的年轻人,鼓动人民为国家献身。这幅画的直接目的似乎是美杜莎效果的另一种说法:它"招呼"观者,试图用直勾勾的凝视迷住观者,用缩短的手指(最美妙的图像特征)把观者挑选出来,并谴责、指派、命令观者。但是,迷住观者只是暂时的、临时的目标。从长计议的动机则是感动和调动观者,将其送到"最近的征兵站",最后送到海外参加战斗,或许让其为国家而死。[③]

二是小微叙事。政治学家已经认识到简单化图式具有巨大的政治意义,因此舍弃了复杂的经验世界,而坚持使用一种相对小巧、简单和原型化的神话。宏大抽象的政治议题被具体生动地描述,这是为了吸引和锁定观者的注意力并激发观者的想象力。小微叙事通常具有以下特点:情感动人,真实,在塑造想象上极具煽动性,在感觉、时间和空间上具有直接性。美国用拣选过的具有代表性的"成功"或者"失败"的具体化小微奋斗故事来承载美国梦的内涵。当与一个词或一种思想视觉化地联系在一起的表征变得独立并被社会普遍接受的时候,它就被当作一种现实和惯例,即美国梦的神话。神话是人们的文化护身符,为自己和他人的行动、期望辩护。神话是"提供"意义的公共梦想。美国梦的神话宣扬的所谓"民主"和"自由"以及个人的成功成为美国人乃至世界上很多人的"信仰",像好莱坞大片一样动人心弦,但现实社会中单向度的"民主"和"自由"以及不可逾越的种族冲突和阶级鸿沟等,永远不会出现在美国梦的脚本中。从这个意义上说,美国梦不过是抚慰人心的精神鸦片,它为世界人民描绘了一个看似

① 贡布里希.象征的图像:贡布里希图像学文集[M].南宁:广西美术出版社,2015:177.

② 沃拉斯.政治中的人性[M].北京:商务印书馆,2015:48.

③ 米歇尔.图像何求:形象的生命与爱[M].北京:北京大学出版社,2018:16.

美不胜收、实则遥不可及的神话。

视觉表征不是现实，胜似现实。视觉表征作为政治概念的复制品的特性变成它所指向的现象或环境的特性，成了政治议题的实际指示物。视觉叙事塑造的神话以一种“去政治化”的表达生动地输出政治意识形态，作用于观者的情感领域，悄无声息地制造劝服性的话语和观念，更容易让受众卸下对政治宣传的抗拒心理。

政治视觉修辞的运作是将一种表征转化为现实，即将表征事物的文字转化为表征文字的事物(图像)。具体化就是发掘思想的图像属性，就是在一个表象之中重现一个概念，将原本空空的东西用物质装满。政治传播拥有数不胜数的指代特定客体的词，人们总是被迫去赋予它们等价的具体意义。

三、社会表征机制：目的性价值和工具性价值的协同

政治视觉修辞是为了传播政治价值，实现说服。政治价值可分为两种类型，即目的性价值和工具性价值。政治的目的性价值关乎道德，终极承诺成为个体的个人目的和社会的文化目的。政治的工具性价值是指物品或观念自身所具有的工具性作用。波德里亚认为，新型的消费逻辑是当今消费社会中最重要的意识形态，即消费意识形态。[①] 消费社会的长远问题是，如何处理伴随着强调工具性价值的功利主义而产生的目的性价值领域的削弱。工具性价值和目的性价值的平衡决定了政治合法性的形式：既带有预言性和精神性，也兼具世俗性和实践性。

(一)目的性价值：道德团结与权威认同

社会制度的目的是增进人类的幸福感。政治的目的性价值借大众媒介塑造的神话，以实现共同体的道德团结及其对于权威的认同。[②] 历史神话的运用、历史的重新书写以及对黄金时代的追求——所有努力都旨在提升政治共同体的目标。政治视觉修辞努力创造出一种说服力，以支持集体认同感和个人认同观的世界图景。

首先，重返人性的元话语。全人类所追求的共同价值和形而上的终极探索是政治视觉修辞的元话语。元话语通常是宏大叙事。宏大叙事本意是一种“完整的叙事”，用

① 波德里亚.消费社会[M].南京：南京大学出版社，2000：90.

② 格雷.人类幸福论[M].北京：商务印书馆，2013：178.

麦吉尔的话说，就是无所不包的叙述，具有主题性、目的性、连贯性和统一性。[1] “构建人类命运共同体”就属于重返人性的元话语，是在重温轴心时代的精神气质，是时代化的世界精神，意味着人类不能再固守一种狭隘或排他的视角，而是要将身处遥远国度的人们看得与我们同等重要。卡西尔也有类似论断：如果“人性”这个词意味着什么东西的话，那么它就意味着“向着一个共同目标而努力”[2]。

我国对于元话语的视觉修辞主要是将言谈者（通常为国家首脑）置于权威的地位，以显示强有力的控制性力量，以宏大叙事为主线，辅之以日常生活叙事。例如光华工作室制作的微视频*Xi Jinping's vision on globalization* 中，习近平主席在 2017 达沃斯论坛上的发言贯穿整个视频，视频以大景深的俯瞰或仰拍场景居多。中国新华新闻电视网制作的微视频*Xi's diplomacy: a shared future* 则以在各国的中国记者对当地居民、专家的采访以及各国政要达成共识的新闻照片和采访视频的集锦，呈现人类命运共同体的受众反馈，视觉修辞在此具有客观记录和作为视觉论据的功能。微视频*Xi's global vision—a better world for all* ，通过日常生活叙事，如扫二维码购物、使用迅捷的物流等画面，丰富了全球化语境下人类命运共同体的具体所指。当前，具有更多实体内涵和叙事价值的“一带一路”倡议的政治视觉修辞成为人类命运共同体理念最常见的视觉表征；而中国梦的视觉表征则更多地与中国高铁、载人航天技术和超级计算机等中国科技元素联系在一起。美国梦作为美国政治的元话语，促使美国人拥有蓬勃兴盛的公民宗教，即对美国本身的崇拜。美国梦以多重性的表现形式、多样化的产品（如美剧、美式快餐等），以去意识形态的方式实现意识形态的传播，是对人们思维方式潜移默化的“和平演变”。

其次，塑造可视化的人民。在政治视觉修辞中，可视化的人民（不论是单数还是作为集体名词）成为可以被观看和被感受到的实体对象，人们自觉不自觉地以屏幕上“多数人”的意见为准则，做出判断、形成印象、产生心理变化。可视化的人民在广告中早已被广泛运用，作为“完美生活的样本”和“多数人的选择”，号召消费者成为其中的一员。政治视觉修辞的生产者为了具体证明候选人或提出的议题方案已经被广泛认同，也需要将“人民”视觉化地集体呈现，塑造视觉的“共同体”，以便使认同、情感和信仰能够得到扩大和强化而不是缩减和削弱。[3] 例如特朗普的社交媒体账户首页的背景清

---

① 金里卡. 多元文化主义的兴衰？关于多样性社会中接纳和包容的新争论[J]. 国际社会科学杂志：中文版，2011(1)：101-117.

② 卡西尔.人论[M]. 上海：上海译文出版社，2004：99.

③ 阿普特. 现代化的政治[M]. 上海：上海人民出版社，2011：189.

一色的都是选民的集体照(没有选民的特写),选民不是作为个体修辞呈现的,选民的概念被拓展为全体美国人民,成为催生从众效应的重要砝码。在此,政治视觉修辞作为政治宗教的代言人,以集体奉献和达成崇高目标的名义,呈现出英雄史般的景观,看似富有感染力和解放性,实则不过是别有用心的政治摆拍。

在政治视觉修辞中,作为一个整体的人口都是由具体的个人来表示的。在CNN的视频报道*From radical Islam to double agent*中,主持人采访了前激进主义者Morten Storm,简述了他的自传的内容——在经历了十年的“圣战”生活后,他不仅批判极端组织,而且为了赎罪,成了CIA、英国和丹麦情报机构的双重间谍。Morten Storm“弃暗投明”的个人化英雄举动被视为美国元话语——“美国梦”“自由民主”概念的现实注脚。这一事例用具体的“个人”比喻了所有激进主义者的未来——“他们”终将臣服于优越、文明的“我们”。西方中心主义的优越感贯穿整个报道始终。

(二)工具性价值:利益与功能的实现

人类需求本质上是人类对事物进行的价值判断,公民本应主动地在纯粹理性思考的公共领域进行对美好生活的论证或追求,然而消费社会中的政治不再是各类身份的人、各个阶层利益的代言人。借由全媒介生产的政治视觉修辞,公共关系被转化为人际关系,呈现出个人话语的表征,并导致了政治视觉修辞的唯经济化表现。一切复杂的阶级关系被简化为消费关系,这导致了话语属性和风格的转换。

首先,公共话语到私人话语的转换。政治视觉修辞的生产者模仿通俗语言,就好像在信息提供者和信息接收者之间建立了一种对称的“生活世界的”关系。官方的书写语言转换成通俗的谈话版本,公共领域的人和事逐渐被私人话语描绘。消费主义让这一切自然而然地发生。随着国家领域的扩大和官僚集团的壮大,政治已经“从具体的活动转变为马克思曾经说过的日常生活的幻想了”①。“匿名”权威取代了公开权威,它不言自明,根本用不着发号施令,它化身为温和的表征劝说,根本不用施加任何权威。正如莫斯科维奇所说,我们越少想到表征,越少意识到表征,表征的影响就越大。② 例如,“一带一路”倡议的优越性更多地以个案和口语化的视觉风格来呈现。视频《“一带一路”全球唱》采用本土歌手说唱的音乐形式,穿插美声伴唱;解说的歌词趣味性和信息含量俱佳,幽默和押韵的解说词简明生动地勾勒出“一带一路”给当地人民

① 科泽.仪式、政治与权力[M].南京:江苏人民出版社,2015:10.

② 莫斯科维奇.社会表征[M].北京:中国人民大学出版社,2011:28.

生活带来的改善，如“马来的小伙找到新的工作，终于牵手心中的另一半”“斯里兰卡人不再担心高昂的电费单”。看似日常的私人话语，通过以受众为中心的意义转换方式，降低了议题本身可能造成负面联想的可能性，凸显了议题在人际间和生活层面的意义。然而，从长远的传播效果来看，“一带一路”倡议作为动员系统必须在愿景与困境的双面说服中找到平衡，过于乐观的单方面说服会招致西方媒体更多的质疑和批判。例如，VOX 制作的视频把“一带一路”倡议置于公共政治框架，将其定义为助力中国成为全球贸易领导者的杠杆力量，完全曲解了“一带一路”倡议的初衷。公共话语与私人话语间的转换体现了生产者不同的修辞目的。

人们生活在一个大到无法被直接观察的世界中，只能通过抽象的象征手段与更大的整体产生关联。公共领域的参政议政变成在私人领域观看各种各样的政治视觉修辞作品。个人与政治机器间的距离不再能通过有意义的、面对面的互动进行缩短。人们更多地被私人话语中的消费主义和看似无限的自由选择操控，而不再被由讨论和思考主导的公共领域左右。

其次，政治化向经济化的转换。在消费社会中，目的性价值从属并服务于工具性价值，“贩卖爱与梦想”的现代广告是最佳的证明：需要明确地许诺该产品或服务具有哪些可以帮助消费者实现“爱与梦想”的具体功能。但是，目的性价值是不可或缺的，因为失去了“爱和梦想”的产品和服务，便被“祛魅”了，也失去了权威的认同和崇高的人性意义。例如，具有目的性价值的人类命运共同体需要和具有工具性价值的“一带一路”倡议协同作用。目的性价值与工具性价值的结合是政治视觉修辞的重要表征，如《大道之行》视频中习近平主席所言“让不同国家、不同阶层、不同人群，共享经济全球化的好处”“欢迎各国搭乘中国发展的快车”“共享共赢、资金融通、民心相通，你中有我、我中有你的命运共同体”，工具性价值让目的性价值变得可触摸、可感受。

在政治视觉修辞的对外传播实践中，对经济成就的展现是重心。在西方社交媒体上，关于中国经济和科技成就的视频最受海外民众的关注，高铁成为海外认知度最高的中国科技成就。这类政治视觉修辞大都以纯纪录的方式，契合表征透明理论所揭示的“摄像机不会撒谎”的受众心理，以去修辞的方式获得绝佳的修辞效果，例如中铁集团发布的短视频 *Hi tech, China's high speed rail is how to build* 拍摄了流动式架桥机现场施工的场景，获得海外网民的盛赞。

然而，经济化的政治视觉修辞是把双刃剑。在消费社会中，经济因素成了一些政治家隐藏政治目的的借口。如由美国单方挑起的贸易摩擦实则是美国借商贸关系实现政治打击目的，“让美国再次伟大”的口号是出于目的性价值的伪装。从长远来看，随着人类物质文明的不断发展,人类的精神文化冲突将日益加剧。出于工具性价值的结合终究是短暂的,对于目的性价值的追求才是人类永久的归宿。

结　语

综上所述,基于生产者的文本表征机制是修辞产生的基础,它通过语言的图像学、图像的语言学以及图像与语言的互文展开图文的叙事缝合;基于受众心理的过程表征机制是修辞传播的依据,揭示了人们通过文本中的对立或相似原则进行锚定,借由文本的拟人化和小微叙事,实现对政治议题的具体化的路径;基于价值的社会表征机制是修辞作用的根源,聚焦于政治价值的二元性——目的性价值和工具性价值如何在文本中进行协同化运作。正是在文本机制、过程机制和社会机制的联动中政治视觉修辞的最终意义得到了塑造。

〔刘晶,南昌大学公共管理学院副教授〕

〔特约编辑:顾洁〕

从文化他者到共同体一员:论世博会中国馆的百年国家形象流变

From the Cultural Other to a Member of the Community: On the Centennial Evolution of China Pavilion at the World Expo.

◎巫　濛
Wu Meng

摘要:世博会是展示国家形象的国际大舞台,国家馆作为塑造和传播国家形象的一种非媒介性渠道,在展示国际形象方面具有特殊的直接性与真实性。在一百多年来的世博会上,中国馆发生了很大变化,最近二十年来变化尤为显著。本文通过文献梳理与实地考察,探寻这种变化的过程、原因以及中国馆与国家形象之间的关系。清末与民国时期的中国馆由于国力衰弱,只能作为世博会上的文化他者;改革开放以来随着国家实力与民族自信的提升,在现代设计与传播的作用下,中国馆从传统到现代,逐步融入世博会主流,并在2015年世博会中展现出创造大国的全新形象,中国馆这种系统性的变化是国家综合国力与民族自信迅速提升的真实映射。

关键词:世博会;中国形象;中国馆;国家形象塑造;国际传播

Abstract: The World Expo. is an international stage to display the national image. The national pavilion as a non-media channel to shape and spread the national image reflects the comprehensive national strength. In the past more than one hundred years of World Expo., China's Pavilion has undergone great changes, especially in the past two decades. This study explores the process, reasons and the relationship between China's Pavilion and the national image through literature review and field investigation. The China's Pavilion in the late Qing dynasty and the Republic of China could only be the cultural other in the World Expo. due to the weak national strength. With the improvement of national strength and national self-confidence, under the push of modern design and communication, the China's Pavilion has gradually integrated into the mainstream of the World Expo. traditional to the modern, and has shown a brand-new image as a creating country in the latest World Expo. of 2015. The systematic change in the China's Pavilion is a real reflection of the rapid improvement of China's overall national strength and the national confidence.

Keywords: the World Expo., China's image, national image shaping, China's Pavilion, international communication

一、问题的提出

国家形象是一个国家的客观状态通过各种中介渠道给社会公众留下的基本印象和总体评价,兼具客观性与主观性、稳定性与可塑性、历史性与时代性、内外差别性等特点。内外之别即国内公众眼中的国内形象和国外公众眼中的国际形象的差别。国际形象主要受国际关系、对外传媒以及文娱体育等文化产品的影响,一般以网络、电视等大众媒介为传播渠道,相关研究也大多聚焦于此。国家形象同时也通过非媒介的渠道进行传播,比如出口产品、国际会展都是可以直接触达国外公众的渠道。世博会(the World Expo.)被称为会展中的奥林匹克运动会,是规模最大的全球性会展活动,所及之处无不掀起世博热潮。1851 年的万国工业博览会是全球第一场世博会。国家是参加世博会的最重要的主体单位,因而世博会一直是展示国家形象的国际大舞台,各个国家通过营建国家馆尽显风采。

世博会主题的发展经历了三个阶段:早期以展示工业革命成就为中心,继而就人类进步问题进行探讨、反思与国际对话,如今以关注全球可持续发展与探索未来为重点。对于国家馆而言,一方面要回应世博会主题,另一方面要展示一个始终不变的主题——国家形象,两方面的综合呈现成了国家实力尤其是文化软实力的一个映射,同时也成了国家形象传播中一种颇具影响力的信息源。不同于大众媒介中的国家形象塑造,国家馆以设计与建造为先导,以空间物质形态为基础,可融入实物、图文、影像、装置等多种展示形式;构成国家馆的所有元素,无论是物质性的还是内容性的,共同交织成一个立体多元并具有深度与复杂性的信息载体;国家馆是一种非媒介性渠道,具有难以替代的直接性与真实感,受众只有现场观览才能产生直接而深刻的感受。世博会和国家馆也会通过新闻媒介触达更多不能到达现场的人,但一般只有形式感强的"亮点"才能出现在大众媒介中,受众获得的信息的全面性与体验的深度都会大打折扣。

中国人参加世博会的历史与世博会本身的历史一样长久,但时断时续,直到20世纪80年代之后才稳定下来;2010年世博会在上海举办,在中国引发了世博热潮,[①]普通大众对于世博会的认知度空前提高。在最近几届综合类世博会上,中国馆都是观众流量最大与最受欢迎的展馆之一,[②]这反映了中国馆及其代表的国家形象具有较高的吸引度和接受度。无论建筑外观、展示内容还是展示形式,中国馆都发生了很大的变化,如果将视野延伸到一百多年前可以发现,中国馆随着世博会主题的阶段性变化而改变。这些变化具体表现在哪里,其源动力是什么?作为国际传播的一种特殊渠道,中国馆是如何被构建又是如何去塑造中国形象的?本文将在梳理历史的过程中借助设计学与传播学的分析去寻求解答,以期对未来的中国馆及中国形象塑造的相关问题提供借鉴。

二、无意识的传统,无意识的他者

世博会开始之后的近百年间,其主题集中于展示工业革命成就与宣扬进步,留下了一系列创造杰作,如水晶宫[③]、埃菲尔铁塔[④]、德国馆(1929年)[⑤]等。由于那时世博

---

① 自2000年开始,国际展览局将世博会进一步规范化,之前的世博会被界定为综合类世博会,另外还有三类世博会:专业类世博会、园艺世博会、米兰三年展。综合类世博会的规模和影响力最大,两届之间的举办间隔不少于5年,目前每到以0和5结尾的年份即举办综合类世博会,本文的研究聚焦于此类世博会。2020年迪拜世博会因新冠肺炎疫情推迟一年举办。园艺世博会曾在我国举办过2次:1999年在昆明,2019年在北京。

② 2015年米兰世博会举办期间,中国馆共接待游客超过300万人次,成为世博园最受欢迎的场馆之一。此外,中国馆获得了国际展览局颁发的米兰世博会大模块建筑奖项铜奖。{杨玉国.米兰世博会闭幕 中国国家馆接待游客超过300万[EB/OL].(2015-11-01)[2020-05-20].http://news.cri.cn/gb/42071/2015/11/01/3245s5150243.htm.}2010年上海世博会举办期间,中国馆一直是最吸引眼球的热门场馆,截止到2010年9月30日,接待了包括普通参观者和贵宾在内的各类参观者共计2114.9万人次,其中国家馆接待了约748.4万人次,省区市联合馆接待了约1366.5万人次。{张艳玲.中国馆共接待参观者2114.9万人 国家馆748.4万人[EB/OL].(2010-09-29)[2020-05-20].http://www.china.cn/news/2010-09/29/content_21035611.htm.}2005年爱知世博会举办期间,到中国馆参观的游客达到了566万人次,中国馆是当时接待游客最多的外国馆。{CCTV《第一时间》.日本爱知世博会闭幕[EB/OL].(2005-09-26)[2020-05-20].http://news.sina.com.cn/w/2005-09-26/12297867985.shtml.}2000年汉诺威世博会举办期间,中国馆自6月份开馆后参观总人数超过250万,约占世博会总参观人数的四分之一,是世博会最受欢迎的展馆之一。{中国网.2000年德国汉诺威世博会中国馆[EB/OL].(2010-05-24)[2020-05-20].http://www.scio.gov.cn/ztk/wh/07/5/Document/645654/645654.htm.}

③ 1851年的万国工业博览会为世博会之始,特为其建造的大型展览馆采用了钢结构围合玻璃幕墙的设计,被称为水晶宫,它创造了新的建筑新结构形式,也成了当时最成功的展品。

④ 埃菲尔铁塔是专门为1889年世博会而建造的,起先因迥异于传统的创新形式而饱受争议,后来成了巴黎的标志。

⑤ 1929年的巴塞罗那世博会上的德国馆由著名建筑师密斯·凡·德·罗设计,是现代主义建筑的标志性作品。

会都在西方发达国家举办，所以世博会观众中本地观众占绝大部分。那时处于封闭状态的中国尚未进入现代工业社会，在西方人眼中还是古老的神秘东方古国，因而中国馆以文化他者的形象出现在世博会场。

起初几届世博会，中国官方并没有参加，只有一些商人以民间身份参加。中国政府以官方身份参加世博会最早是在 1873 年(维也纳世博会)，那之后也有民间商人团体代替官方参加世博会的情况。清朝末年虽然也有清政府官员和社会名流出国考察世博会，带回了西方世博会的风采，但限于当时的社会发展水平，中国馆仍是采用传统建造手法建造的传统建筑——牌楼、亭台楼阁、塔、庙、殿等，比如 1904 年美国圣路易斯世博会由溥伦贝子监督参展，中国村即仿照溥伦府邸而建(见图 1)。与传统建筑相应，展品主要是传统的手工艺品与手工业产品，如瓷器、漆器、丝绸、茶叶等。清政府参

图 1　1851—1910 年(清代末年)世博会上的中国馆(图片由作者整理)

加世博会十余次，其中在1873—1905年间，参博事宜由海关承办。海关当时的核心人物是海关总税务司的英国人赫德，赫德作为精通国际规则、办事高效的外国人，一方面“帮助世界更好地了解和欣赏中国人民的生活和文化”，另一方面出于“殖民主义的优越感叠加猎奇心理”“每每不惜展示华族陋习，以取悦西方游客”①，因而在官方展品中出现了刑具、烟枪、缠足鞋等物品。难以否认的是，建筑与展品所展现出来的都是真实的中国，工业革命与现代精神之类的世博会主旋律同当时的中国几乎没有关系。

民国时期社会动荡，官方参加世博会3次，另外有几次在筹备期间终止，后来由商人或华侨自行参加。民国政府对世博会持务实的态度，时任驻美大使胡适认为在竞存求生之际，世博会只是“末术”而已。由于当时“现代设计”刚从西方传入中国，尚处于萌芽阶段，所以无论是政府还是民间参博，中国馆都是照搬传统，比如1915年旧金山世博会上，中华政府馆主体由重檐翘角的正殿（见图2）、偏殿构成，殿前有五层宝塔与三间牌楼。1926年世博娱乐区的中国村包括一座戏院和一座酒楼，用于上演传统戏剧和提供中国酒菜。在展品方面，中国馆“以旧邦文物与赛重洋”②，大部分展品仍然是文物、土特产品与手工艺品。中国展品虽屡获奖项，然而“赛会得奖，实赖祖宗先人

图2　1915—1940年（民国时期）世博会上的中国馆（图片由作者整理）

---

① 吴海勇. Long之炫奇：百年世博的中国表情[M]. 上海：上海锦绣文章出版社，2009：29.

② 吴海勇. Long之炫奇：百年世博的中国表情[M]. 上海：上海锦绣文章出版社，2009：112.

之荫庇，非我今日之德能”[1]。展品中仅出现了少许现代实业的产品，比如1926年费城世博会上，上海天厨味精厂围绕“百年中国调味品业之进步”来布置展台、制作宣传手册。在1933年芝加哥世博会上，中国馆的某块匾额上出现了“CHINA CAFE”的字样。这些新鲜事物出现在一贯展示的传统老旧物品之中，表明了中国现代发展的起步。

从1851年至20世纪40年代，中国参加世博会20次，囿于国力衰弱与国门封闭，中国馆只能呈现当时所拥有的“传统”——飞檐翘角的传统建筑，丝绸、茶叶、瓷器等传统产品，以及传统戏剧与传统美食——表现出故步自封、遵循传统的国家形象，游离在世博会主流之外，呈现出“本我”的状态，这是真实社会状况的映射，也是别无选择的结果。同时，在信息匮乏的时代环境之下，这种非主流的他者形象也吸引了观者的目光，中国馆因神秘的异域风情受到西方的关注，成了满足西方好奇心的窥视中国的窗口。

三、从传统到现代，融入世博共同体

（一）传统与现代并置，塑造国家形象意识的觉醒

1940年之后的40年，中国一直处于世博舞台之外。当我们以新中国的身份重返世博会之时，世博会早已进入了一个新的阶段，每届世博会都有一个明确的主题，1958年布鲁塞尔世博会主题为“科学、文明和人性”，世博会开始探讨发展的标准与进步的意义。20世纪80年代“现代设计”已在中国的土地上生根发芽，传播学也被引入，新的理念开始被注入中国馆的建设之中，中国在百废待兴之时努力向世界展示新的形象——传统与现代相结合的中国。从改革开放到新千年开始之前，利用中国馆塑造国家形象的意识逐渐觉醒。

1982年和1985年的中国馆还有苏联式建筑的影子，以平屋顶的出檐外廊为特点，不过在柱廊上叠加了传统的官式彩绘，柱子也相应地变成了大红色，凸显了中国传统风格（见图3）。展品中既有传统手工艺品与秦兵马俑等文物珍宝，也有新型太阳能灶、长征三号运载火箭等现代科技成果。1986年至1998年的几届世博会上，传统官式牌楼成了中国馆的标志，三开间、红柱子、汉白玉柱础、黄琉璃顶、彩绘的斗拱与额枋，上书“中华门”三个大字，就像如今唐人街入口的标志，牌楼之后的主体展馆呈现出“方盒子”国际主义风格，两者形成鲜明的对比。具象复古的牌楼与现代简洁的“方盒

---

① 吴海勇. Long之炫奇：百年世博的中国表情[M]. 上海：上海锦绣文章出版社，2009：112.

子”组合是两种不同设计语言的简单相加，也是传统与现代相结合的直白表达。这一时期的展品也继续沿用传统文物与现代科技成果相加的方式，现代航空航天科技和大型水利交通工程经常以模型展出；根据每届主题，请出相应的古代先贤或器物，比如1988年布里斯班世博会以“技术时代的娱乐”为主题，中国馆展示了明朝的“鱼洗”；1992年塞维利亚世博会的主题为“发现的时代”，中国馆展示了古代四大发明；1998年里斯本世博会的主题为“海洋——未来的财富”，中国馆以海上丝路为主线，介绍了郑和七下西洋的事迹。

1982年中国馆　1985年中国馆　1988年中国馆

1992年中国馆　1993年中国馆　1998年中国馆

图3　1982—1999年世博会上的中国馆(图片由作者整理)

这个阶段中国馆呈现出来的形象统一而简单，无论展馆建筑还是展品，几乎都是把百分百的传统元素与百分百的现代元素放在一起呈现，传统元素的作用在于展示形象与身份，现代元素表达了融入现代、融入世界主流的愿望。然而，传统与现代之间还未开始沟通对话，呈现出现代化初始阶段的生硬感。无论如何，中国馆兼顾了文明古国与全新发展的现代社会的双重形象，反映了国家形象意识的觉醒。

(二)传统与现代逐步交融，自觉的国家形象塑造

步入新千年后，在2000年和2005年的中国馆中，传统牌楼不见了，取而代之的是更丰富的纹样化与符号化的传统图式，这些图式被非常具体地结合到“方盒子”建筑的外表上：2000年汉诺威世博会上采用的是戏剧脸谱、古代青铜器和长城；2005年爱知世博会上采用的是十二生肖剪纸、百家姓和中国龙(见图4)。汉诺威世博会以“人·自然·技术”为主题，航空航天、信息高速公路、三峡工程成为当时中国馆内主要的展

示内容。以“自然的睿智”为主题的爱知世博会上,现代抽象造型的“生命之树”、仿青铜的浮雕《华夏文明之旅》以及原汁原味的紫檀传统家具,继续展示着现代与传统的混合。

2010 年上海世博会上,中国馆“东方之冠”以超大体量和超级气派的形象出现。主体建筑的大红色、抽象的斗拱造型令人过目不忘。较之过往,此次世博会上中国传统元素以抽象的形式彰显,豪放又有些笨拙地传达着当代中国的国家实力。中国馆展示的内容很丰富,表现当代文化的部分多了许多,比如在向史诗级别努力的主题影片《历程》、展示现代科技的“低碳行动”主题展区;采用了现代科技手法表现传统内容,其中最引人注目的是动画版的、放大了十几倍的《清明上河图》;观览方式也有所突破,在“寻觅之旅”展厅中,观众需要乘坐轨道小火车穿越到一个表现古代城市智慧的重构场景之中,小火车借鉴了迪士尼等主题乐园常用的游览方式。中国馆以多样化的形式、从多种角度向全世界讲述着中国故事。

2000年中国馆　2005年中国馆　2010年中国馆

图 4　2000—2010 年世博会上的中国馆(图片由作者整理)

21 世纪的初始十年间,从建筑形式到内部展示,中国馆都在有意识地塑造具有深厚历史文化的现代化国家形象,重心越发偏移向现代。中国馆所呈现出的一系列形象折射出社会的快速变化:展品的由简而丰反映了社会从贫到富的变化,从传统到现代的展现形式反映出社会由封闭到开放的趋势。从设计理念上也可以看到一条清晰的渐变路径:对于传统元素,从具象地照搬移用到提取抽象符号;传统元素所占比重越来越少,现代元素占比则越来越多,两者从简单相加到努力彼此融合。红色作为一个传统符号也具有现代、简洁的特征,是中国馆形象中唯一不变的主要元素,在视觉识别和精神意义上都难以被替代。

(三)新时代,创新的国家形象

2015 年米兰世博会上,一种跳跃式的转变实实在在地发生了,中国馆在主体形象上抛开了传统符号,呈现了全面开放创新的国家形象。米兰世博会主题是“滋养地球,生命之源”(Feeding the Planet, Energy for Life),中国馆以“希望的田野,生命的源泉”作为回应。从建筑设计效果图(见图 5)中可以看到,在一片金色麦田的旁边,耸立着一座线条起伏的建筑物,犹如麦浪里激起的浪花。建筑采用半开放式布局,观众穿过作为室外园林的“麦田”,顺坡道而行就会来到展馆内的“麦田”,500 平方米的“麦田”由 3 万余根高高的人工 “麦子”构成,每根金属“麦秆”的顶端安装有程控发光的 LED“麦穗”,于是“麦田”化身为一块巨大的屏幕,也构成了一组巨大的新媒体艺术装置,通过“麦田”上流动的影像来展现现代中国的“希望的田野”。这是中国馆第一次在主要内容与形式上没有运用任何传统元素,没有彰显传统文化,让人只见到“风吹麦浪”的浪漫。让人稍感遗憾的是,建成的中国馆与设计图存在一定的差距,展厅内的“麦田”效果也欠佳:建筑采用半开放式布局,且顶部采用透明材质覆盖,“麦田”沐浴在充足的天光下,致使呈现的影像不够清楚。

2015年中国馆

2015年中国馆展厅现场照片

图 5　2015 年世博会中国馆(左图为设计效果图;右图为现场照片,作者拍摄)

米兰世博会上的中国馆呈现了创造大国的新形象,让人耳目一新、令人振奋;它的一些硬伤同时传达出了一种急切的情绪,这种急切可归因于塑造国家形象的热烈诉求,热烈与急切难免造成用力过猛的效果。在全新的主体形象之外仍有一些传统元素出现在相对次要的位置,比如展馆外面最靠近园区主通道的位置设有一个小舞台,采用了黄琉璃瓦、红墙的传统影壁作为背景,这同时也是具有高度识别性的招牌;展馆内,在去往“电子麦田”的路上,有介绍中国传统农业与传统美食的展区;纪念品中大部分是传统样式的瓷器、丝绸之类的工艺品。这些传统元素作为有益的补充,使中国馆的内容更丰富、形象更立体。

四、结论与展望

世博会国家馆作为一种非媒介性的传播渠道，对于国家形象的塑造与传播有特殊意义。相对于大众媒介，这种物质性的载体难以“超越”现实，是一种诚实的媒介，诚实的物质性以及现场沉浸式的全方位感官体验会给受众带来难以替代的直接感与真实感。中国馆一百多年的变化历程，诚实地映射出相应时代的国家实力、社会发展状况及自我认同的建构。

当早期世博会宣扬工业革命成就之时，中国由于尚未进入工业社会、国力衰弱，因此以传统建筑和手工业产品为主要展示内容，成了世博会上的“他者”，无意识的原生态形象满足了西方社会对东方古国的好奇。当20世纪80年代中国重返世博会之时，中国从经济发展低点进入了经济高速发展时期，现代设计与现代传播等软实力也迅速提升，中国馆随之不断变化，迅速融入世博会主流，中国馆形象变化呈现出的三个阶段与中国对外传播的三次浪潮①基本一致（见图6）。第一阶段从改革开放到20世纪末，塑造国家形象的意识觉醒，中国馆中传统与现代元素并置、混合，开始呈现自我认知的国家形象。第二阶段是21世纪的最初十年，包括新千年的前三次世博会，自觉的国家形象塑造开始发力，中国馆运用的传统元素越来越精炼抽象，呈现出传统与现代逐步交融、走向融合共生的趋势，展示出由传统向现代积极发展的形象。第三个阶段开始于2015年米兰世博会，中国早已立志做创造大国，在这样的主旋律下中国馆在主体形象上以舍弃传统符号的方式表现出强烈的创新意愿，同时也在展示内容上较好地回应了世博会主题，进一步地融入了世博共同体，塑造了创新的国际形象。总的来说，改革开放40年来，中国馆的发展变化真实地映射出社会快速发展的状态——从传统与现代的简单并置，到相融共生，再到以现代创新为主，从其内容到形式都可以看出中国的国家实力与民族自信的迅速提升，中国馆在系统变化中做出了符合时代的回应。

同时，中国作为历史文化深厚的东方古国与当今世界的第二大经济体，如何做到传统与现代兼顾，一直是国家形象传播中的难题，中国馆的构建也是一个关系到国家形象定位的大命题。借鉴其他国家的优秀案例，可以从另一个思路来考虑：每届世博

① 姜飞，张楠．中国对外传播的三次浪潮[J]．全球传媒学刊，2019(6)：39-57．论文中指出中国对外传播的三次浪潮是：第一次浪潮（1978—1999），从“宣传”向“传播”的理念转型；第二次浪潮（2000—2017），向“跨文化传播”“精准传播”理念过渡；第三次浪潮（2018至今），全媒体融合发展，转向新的信息生态与文化生态，呼唤新知识生产。

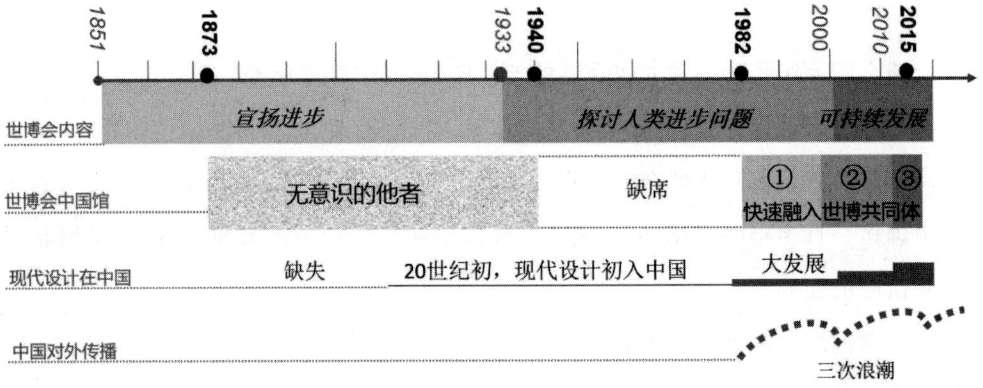

图 6　世博会、中国馆与现代设计、中国对外传播的时间发展线示意图(作者绘制)

会的主题都关乎全人类主流价值观，中国馆对其进行回应时并不一定要局限于本国内容，也就是说中国馆里不一定讲述中国故事。比如英国馆，2010 年的“种子圣殿”，2015 年的“蜂巢”，在主要内容和形象上都没有任何英国元素，但英国借助自然界中的普通元素、通过精巧创意构建出来的展馆成了世博会上引人注目的明星，同时强化了英国作为创意大国的国家形象。放下自己，放下传统与现代的纠结，不囿于中国故事，以全球化视角来阐释世博主题，以创新的形式传递主流价值，进行面向未来的探索，这也许是塑造中国形象的另一条道路。

〔巫濛，中国传媒大学广告学院副教授〕

〔特约编辑：顾洁〕

从“知识分子”到“文化劳动者”:四十年中国纪录片工作者的职业变迁

From “Intellectuals” to “Cultural Workers”: The Career Change and Development of Chinese Documentary Workers in the Past 40 Years

◎丰　瑞　董志奎

Feng Rui　Dong Zhikui

摘要:伴随改革开放后中国纪录片四十年的发展,纪录片工作者也从20世纪80年代的“知识分子”演变为当下的“文化劳动者”。他们是谁?近四十年来他们的职业变迁和发展轨迹如何?他们的角色定位发生了怎样的变化,在社会经济文化的整体结构中处于何种位置?这些都是本文试图解答的问题。

关键词:纪录片工作者;职业变迁;角色认同

Abstract: With the development of documentaries in China over the past four decades after the Reform and Opening-up, documentarians have evolved from “intellectuals” in the 1980s to “cultural workers” nowadays. The imagination of the “documentarian” as an identity has been the most active factor in connecting the emotions and beliefs of documentarians. Who are they? What has been their career change and trajectory? How has their character positioning changed in the last forty years? Where do they stand in the overall structure of the socio-economic culture? These are the questions that this article attempts to answer.

Keywords: documentarians, career change, character identity

主流的纪录片研究偏重文本、政治、美学、伦理、史论的范畴,伴随文化创意产业的兴起与蓬勃,对纪录片与市场之间关系的研究也逐渐增多。但是在纪录片研究的主题中,关于中国纪录片背后的“人”——创作者主体的体察与发掘却凤毛麟角。当我们回顾纪录片研究的学术成果时会发现,被淹没于各种文献的“纪录片工作者”并没有呈现出清晰的面貌。从延安时代的“延安摄影团”到制作“新闻简报”的国家干部和军人,再到电视台的新闻记者和纪录片编导，以至体制外独立导演的分化，“纪录片工作者”作为一种身份的想象一直是联结从业者情感与信念的最活跃因素。他们是谁？他们的职业变迁和发展轨迹是怎样的？近四十年来，他们的角色定位发生了怎样的变化，在社会经济文化的整体结构中处于何种位置？这些都是本文试图解答的问题。

本文回归“人的历史”，关注纪录片工作者在近四十年纪录片发展历程中的职业轨迹和发展路径（见图 1）。应该说，一种职业的变迁过程就像是一条行进中的河流，不能被割裂地看待。一个新的职业特征并不能完全取代旧的职业样貌，也就是说，职业的演化和角色的转变并不是绝对的，而是在社会整体的政治经济背景下缓慢完成的。

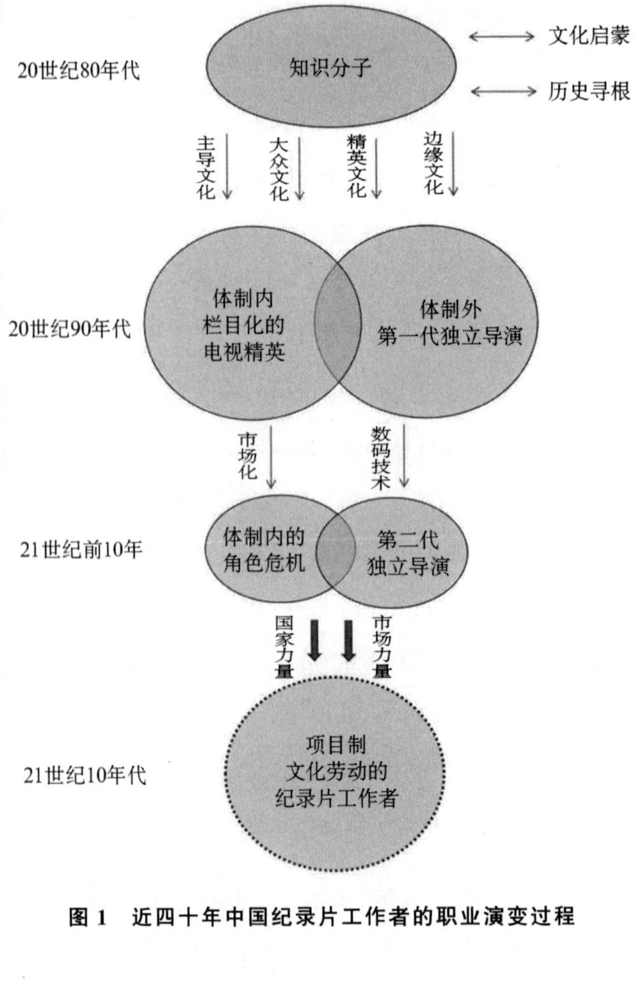

图 1　近四十年中国纪录片工作者的职业演变过程

一、20 世纪 80 年代：文化启蒙的纪录片工作者

20 世纪 80 年代，宽松的社会环境和开明的政治氛围在解放思想的洪流中显现，

这一时期所要完成的是民族国家的认同和战略中心(发展经济)的转移，其第一推动力是国富民强的需要与人民对民族振兴的渴求，爱国主义、民族意识和启蒙精神构成这一时期崇高的文化主题。以科学家、艺术家、学者、大学生等为代表的知识分子群体的社会影响力开始凸显。这一时期的纪录片工作者的身份底色是电视新闻工作者。他们的创作因袭着上个时代新闻纪录片“形象化政论”的思维方式，同时也受近现代以来我国新闻业“文人论政”[①]传统的影响，体现着启蒙民众、追求国家现代化的知识分子精神。

在80年代充满理想主义、浪漫主义的社会风气的感召下，纪录片工作者开启了一场民族文化的“寻根之旅”。他们表达着自己的思想与情感，创作了一批具有影响力的电视纪录片，如《丝绸之路》《话说长江》《话说运河》《让历史告诉未来》《望长城》。这些作品有着“以天下为己任”的宏大叙事，民族、国家、现代化是这种叙事的关键词。那时出现了一批有此特征的作品，这反映了80年代纪录片工作者的角色认同和职业信念。他们在追求电视艺术效果的同时，还追求对大众精神世界和思想意识的引导。[②]这一时期的纪录片工作者不仅包括电视台和中央新闻电影制片厂的导演、摄影师、编辑，还吸纳了一批电视领域之外的知识分子，他们参与创作策划、写提纲、表达观点，这更为那个时代的纪录片增加了人文思辨的色彩。

80年代具有代表性的纪录片工作者有屠国璧、戴维宇、陈汉元、乔广礼、刘效礼等。与改革开放之前“新闻纪录电影工作者是拿摄像机的布尔什维克的记者，是时代的目击者、记录者，是党的宣传员”[③]的角色不同，80年代的纪录片工作者应该说是真正意义上的创作者，他们有了融入自己的思想、表达自己的观念、发挥自己的艺术才能的空间。但是他们的才能并不是个体的才能，他们是以一种集体合作的方式来完成创作的。这是由大型的题材决定的，也是纪录片创作规范化、多方合作的必然结果。有学者这样描述那时的创作氛围:“那个时期各种群体的创作关系，与现在工业化生产的纪录片分工协作的‘冷关系’不同，它是一种不分彼此、你中有我、我中有你、相互激发的‘热关系’。这是在一个尚未被商业化侵袭的、充满激情年代所特有的同志式关系。”[④]

80年代是中国纪录片的第一个黄金年代，纪录片工作者以合作方式完成了集体

---

① 李金铨.文人论政:知识分子与报刊[J].桂林:广西师范大学出版社,2008.

② 邢勇.话语变迁与权力表达:观察中国电视纪录片三十年的一种视角[J].现代传播,2009(1):86 88.

③ 田秋生.“形象化的政论”再探:新影传统的历史生成及其影响[J].现代传播,2019(9):119-124.

④ 何苏六.中国电视纪录片史论[M].北京:中国传媒大学出版社,2005:49.

亮相。他们以作品"指点江山",感召和鼓动观众。他们的动员对唤醒民众的民族意识和爱国情绪具有极大的影响。由纪录片所引发的文化启蒙,也对塑造民族国家想象共同体具有积极的作用。

二、20 世纪 90 年代:众声喧哗下的纪录片工作者

20 世纪 80 年代,中国社会的政治、文化、经济还体现着同构性统一的特点,在"启蒙"的时代主题下,人们对人文理想的追求贯穿 80 年代始终。而到了 90 年代,伴随着经济改革的加快,转型期的社会以前所未有的复杂和多元的面貌呈现在我们面前,政治、经济、文化的异质性成为社会的显著特征。这一阶段,文化的冲突、观念的碰撞、思想的互渗、价值的并行构成了中国思想文化发展史上前所未有的多元景观。① 90 年代的纪录片工作者难以被简单定义、归类,在"主导文化、大众文化、精英文化、边缘文化"的众声喧哗下,他们之前"知识分子"的单一角色认同逐步开始分化。

在主流文化的引领下,一部分纪录片工作者延续着上一时期宏大叙事的文化传统,他们巩固并形塑着官方的话语体系。他们更关注大题材、大人物、大事件,但以更为浅显易懂、人们喜闻乐见的方式,在吸引观众的同时潜移默化地完成主流意识形态的教化要求。这一类型的代表作品包括《毛泽东》《邓小平》《中华之剑》《周恩来外交风云》等。在主流价值观的统领下,这些作品无论从数量上还是质量上都延续着巨大的影响力,但随着纪录片人逐步开始摸索纪实语言的本体特点,这一类型也就剥离了纪录片的范畴,以"专题片"确立了自身价值属性。90 年代以刘效礼为核心的中央电视台军事部,是这种主流文化纪录片创作的代表。

使纪录片工作者呈现全新面貌并形成新的职业认同的,是 1993 年开播的、一北一南的两个电视栏目——《生活空间》和《纪录片编辑室》。在这两个栏目中,平民化视角和纪实美学开始盛行,纪录片工作者开始平视身边的普通大众,朴素地记录大众的生活状态和精神面貌,刻画平凡人的生活。可以说,整个 90 年代社会文化的显著变化,就是出现了具有浸染力的大众文化,其大大满足了人们对现实生活的基本要求和期望。正是在这种文化语境下,《生活空间》和《纪录片编辑室》所倡导的一种"温情真实"的纪录片让小人物的行动和声音在镜头前徐徐展露,这正好契合了大众的观看需求。以这两个栏目为开端,全国各地电视台推出了大量类似栏目,伴随着这些电视栏目的逐步成熟,纪录片作为一种电视节目类型被确立了下来,纪实思潮也成为那个时代风

---

① 徐圻.冲突中的交融:论当今中国三种文化形态及其关系[J].贵州大学学报(社会科学版),1998(5):20-25.

行的电视景观。栏目化的发展为纪录片在体制内赢得了合法的存在地位，使纪录片前所未有地贴近与关注最基层人民的生活状态，为纪录片在中国的发展奠定了最广大的群众基础。应该说，这些纪录片栏目的创立以及之后各地电视台国际部、个人工作室的建制，为新一代的中国纪录片工作者的生存发展提供了丰厚的实践土壤，一批又一批的纪录片工作者成长了起来。

纪录片的栏目化、科层制，把之前一盘散沙的纪录片人收编在了一种生产机制中、一个空间关系下，使他们相互影响和促进，孵化和培养了更多的后辈力量，由此积累的纪录片工作者的数量远远不是 80 年代可以比拟的。当时形成了一些松散的创作团体和派别，例如以陈虻为代表的中央电视台新闻评论部，以孙增田为代表的中国电视台国际部，以陈晓卿为代表的中央电视台社教中心，以王小平等为代表的“海派”纪录片人，以康健宁、王海兵、梁碧波等为代表的“西部”纪录片人，他们都是 20 世纪 90 年代具有代表性的纪录片工作者。

这些纪录片工作者的共同特点是他们大多成长于 70 年代，在 80 年代接受高等教育，他们初入社会的年头正赶上中国纪录片的第二个黄金期，他们也有了大展拳脚的机会。90 年代纪录片成为大众文化的一部分，纪录片工作者也找到了职业的价值和荣耀，电视台视纪录片为高品位的精神高地，视知名纪录片人为“门面招牌”，同时为他们提供设备、资金、时间等多方面宽松的创作条件。在这种职业光环下，纪录片工作者被社会与同行赋予了一种专业技术方面的名望。他们的“精英意识”也越发显现，这种意识决定了纪录片当时的价值取向，即选材集中于人类学、民俗学、艺术与宗教等题材，创作者力图观照人类生存之境，追求人文关怀和终极价值。相对于 80 年代激情澎湃的集体创作模式，90 年代的纪录片工作者以个体化创作进行艺术求索。但当轰轰烈烈的纪录片热潮过后，纪录片工作者逐渐成为“孤独的自语者”，他们的创作活动也演化为“一些精英拍给另一些精英看”的艺术行为。

当我们考察这一时代的纪录片工作者时，无法忽视一股从边缘生长的民间力量——“独立纪录片人”。80 年代末期和 90 年代初期，受美术界先锋思潮的影响，北京出现了一个艺术家群落，他们大多主动从体制内脱离出来，没有北京户口，没有固定工作和住所，成为所谓“盲流”。[①] 他们厌倦了刻板的生活，加之理想主义价值观念的影响，这个群体开始尝试着到社会中重新寻找自身定位，主动选择了一条在外人看来极为冒险却又颇为自由的生活道路。这其中出现了一批通过影像追寻、表达和实现自

---

① 郑伟. 记录与表述：中国大陆 1990 年代以来独立纪录片发展[J]. 读书，2003(10)：27-35.

我价值的“体制外”独立纪录片人,吴文光、蒋樾、时间、段锦川等是他们的代表人物。他们反叛于主流的话语体系,以独立的精神和态度形成了新的身份认同;因影像风格与大众审美趣味格格不入以及自我身份的边缘性,他们一开始便在理想和现实的错位中有意无意地将眼光投向底层边缘社会,并坚定地通过这种方式来完成对社会现实的独立观察。但同时,这些独立纪录片人也寻求和体制的合作,以扩大生存的空间。蒋樾一直在为《生活空间》拍片,时间也有体制内的身份,而段锦川的作品最主要的投资方就是中央电视台。在体制内外的频繁互动下,独立纪录片人与体制内纪录片人并非对立的关系,他们的实践与合作,创作出了最具文化内涵与思想深度的个人化纪录片,他们与他们的作品呈现着90年代最后一道浪漫的人文景观。①

三、21世纪初:在市场中挣扎的纪录片工作者

当20世纪90年代中后期剧烈的市场化转型与全球化的深度参与所建构的消费意识形态袭来时,娱乐主义与犬儒主义迅速在整个现代工业影像生产领域蔓延开来。随之而来的是大众文化的狂欢和精英文化的退守,90年代的多元话语体系开始分崩离析。在经历了20世纪80年代、90年代两个辉煌时期后,中国纪录片逐渐走向沉寂和落寞,这种状况一直持续到21世纪初。彼时整个文化传媒行业的市场化改革让曲高和寡的纪录片工作者不得不面对惨淡的现实。如果说栏目化机制让纪录片工作者在90年代初期获得了体制内身份认同,那么这种机制在90年代末期又无可避免地把纪录片人推到了媒体市场化转型的最前线,他们必须衡量广告收益、收视率这些经济指标,并在娱乐化的电视语态中争夺话语空间,生存问题成了那个时期纪录片工作者头顶悬着的剑。一位制片人说:“我们的栏目搁在了黄金时间段,这样就使我们本身面临重大的、没有见过的考验,我们本身要和电视剧争夺收视率,我们的收视率如果几个星期都比较低,那么这个栏目就会被拿下来。很多人说不能拿纪录片和其他节目比,但是广告商不管那么多,收视率低,他们就不投放。”②这段话清楚地描述了当时纪录片行业的“马太效应”和纪录片工作者的无奈。也正是在这种严峻形势下,一大批纪录片栏目“关停并转”,或者直接被编排在深夜时段。除了外部因素,纪录片工作者自身的原因也导致了他们被市场抛弃的局面。“一些自我陶醉的纪录片导演自说自话,他们以为把看见的东西拍下来就是制作电视节目最好的方式,甚至是唯一的方式。简单

① 吕新雨. 纪录中国:当代中国新纪录运动[M]. 北京:生活·读书·新知三联书店,2003:22.

② 何苏六. 中国电视纪录片史论[M]. 北京:中国传媒大学出版社,2005:149.

的长镜头拍摄，不假思索的同期录音，无逻辑的对齐式剪辑。纪录片被架上了神坛，这种神话和滥用伤害了纪录片。”①

被市场抛弃、推下神坛的纪录片工作者集体陷入了精神困境，他们之前建立起的梦幻感和优越感，以及精英意识和个人情结，顷刻间统统化为乌有，因专业而起的名望化为失落与幻灭。他们无所适从：清高不是美德，也不会被人尊重；选择媚俗娱乐，既没有资本又放不下身段。这一时期纪录片工作者所经历的阵痛甚至可以说是集体上演悲壮的“天鹅之死”，他们面对着剧烈的社会文化与生存境况的变迁、旧的角色已经演尽，而新的角色又难以适应时所产生的角色冲突，这种冲突由此演化为一种职业危机。从深层次看，这其实是一种由传统封闭的文化体制转向工业社会、大众社会和消费社会过程中产生的合法性危机，一种新的大众消费文化合法性确立与形成，后者以其强有力的攻击性和渗透力，无情地吞噬了前者的种种规范和价值，消解了传统的角色，并强迫他们去生产大众消费文化。② 在这个过程中，纪录片工作者必须建立起新的职业标准和规范，并由过去偏艺术创作的无约束状态，转向一种更为社会化、工业化的状态。

这一艰难的职业转向，造成了纪录片工作者群落的继续流失、分化。在体制内的电视台中，因为阵地的缩减，他们中的大部分人不再从事纪录片创作工作，而向泛纪实类节目如新闻节目、科教节目汇流。同时还有一些纪录片人选择继续坚守阵地，像陈晓卿、刘鸿彦、李伦这样的制片人，他们仍勉力支撑着《见证》《社会记录》《纪事》的运作。但这些栏目实难适应娱乐风潮下观众的欣赏习惯，它们已成为纪录片栏目化最后的“试验田”。此外，体制内还有一部分纪录片工作者选择跳出栏目的束缚，他们主动学习西方纪录片“讲故事”的方式，利用奇观化的视觉呈现方式，探索出一条既保证收视率又保证制作水平的创作之路。这一时期周兵的《故宫》、金铁木的《圆明园》、任学安的《大国崛起》，代表着中国纪录片新的风向，也标志着大型纪录片的又一次回归。这次回归，是国家叙事以新的面目“复活”，也是新一轮国家认同动员的开始，同时为之后国家层面对纪录片的宏观调控埋下了伏笔。在体制外，DV 的出现和非线性编辑的普及为影像的赋权提供了最切实的技术保证，也极大拓宽了纪录片的创作空间。民间影像在 2000 年后引发了更大规模的社会交流，出现了以徐童、王兵、周浩、杜海滨等人为代表的第二代中国独立纪录片导演。应该说数字科技革命解放了影像创作的束缚、

① 孙玉胜. 十年：从改变电视的语态开始[M]. 北京：生活 · 读书 · 新知三联书店，2003：54.

② 罗锋. “历史的细语”：新纪录运动中的底层影像研究(1991—2010)[D].上海：复旦大学，2011：72.

降低了影像表达的门槛,但一些低端制作、无效传播的作品也让体制外的纪录片人更加边缘化。相比于上一代独立导演被“政治”因素困扰,这时的导演们更需要解决拍摄资金和放映渠道匮乏的“经济”问题。对他们“一片主义”的批评可侧面描述DV时代独立纪录片人的生存境遇,即很多导演只是以业余心态创作纪录片,创作一部作品之后便难以为继、销声匿迹。

四、21世纪10年代:新时期的纪录片工作者

2010年,国家广电总局出台《关于加快纪录片产业发展的若干意见》(以下简称《意见》)。国家管理部门第一次对纪录片产业提出整体性指导意见。这一次国家在文化领域的谋变,表层所呈现的是纪录片产业化的一次转型,但在深层次上,是基于国家文化安全和当今社会文化所展开的一次国家层面的选择。[①]《意见》及其之后自上而下的一系列顶层设计,一扫之前纪录片行业的低迷,近十年来,纪录片总体的投资量、制作量、点击量在稳步增长,也出现了像《舌尖上的中国》《二十二》《我在故宫修文物》《人间世》这样的爆款佳作,纪录片开始呈现“网红”的特质,中国纪录片正在经历又一个“黄金时期”。

这一时期,纪录片的市场主体走向多元化,民间力量和境外资本正在和政府、媒体组织形成有机的互动态势。除了电视播出平台在政策推动下的不断扩展,新媒体和电影院线作为一种新的平台驱动力量拓展了纪录片的生存空间。在这样一种全新的媒介生态下,纪录片工作者的职业发展走向也发生了明显的变化。伴随媒体人辞职创业的风潮,体制内的纪录片工作者大量出走,他们有的加入传统媒体组织的下属公司,与体制保持着若即若离的关系,有的进入视频网站成为“互联网人”,还有的直接自立门户成立民营公司。此时,体制内电视台播出的很多纪录片都是由体制外力量制作的,视频网站上播出的很多纪录片背后的投资主体是国家资本。纪录片工作者的边界意识和圈层文化不断淡化,“体制内—体制外”的二元结构已彻底无法描述当下纪录片工作者复杂的身份状况和职业特征,这种复杂性也直接体现在他们生产的纪录片中——纪录片以前是一种节目形态,但是当下纪录片的概念壁垒早已被打破,它泛化为一种非虚构的文化产品,短视频、真人秀、电影,甚至广告,都可以以纪录片的形态和风格存在。在这样一个新时代,纪录片工作者到底是谁?他们扮演着怎样的角色?我们确实需要新的范式来对纪录片工作者做出一种文化的解释。

---

① 何苏六.中国纪录片发展报告(2011)[M].北京:社会科学文献出版社,2011:2.

马克思主义政治经济学视角有助于我们厘清当下纪录片文化实践的过程和本质。在国家和资本的双重介入下，纪录片演化为互联网时代的一种文化产品，这种文化产品是基于“项目制”而存在的。无论体制内外，所有的纪录片工作者都是以一个个项目为中心连接与互动，形成临时的、不稳定的组织群落的。在一个项目中，可能有体制内的制作力量，也可能有体制外的制作力量，它们融合为一体，完成一个非虚构的文化产品。纪录片工作者的生产资料所有权、劳资关系、组织方式、文化力量都不同于以往，他们是依附于纪录片项目而存在的非虚构内容生产者，本质上是一种属于创意阶层的文化劳动者。文化劳动，泛指创意经济下文化产业的劳动者靠提供创意、技术能力获取酬劳的劳动形式。[①] 在这里使用“文化劳动者”一词，也是为了对应在当下更加弹性、自由化的经济环境中，纪录片工作者的角色逐步向文化市场的主体靠近，他们的创作实践也更具文化劳动意涵的现实。[②] 当纪录片工作者投身于市场实践时，他们被重塑为掌握着非物质（文化符号）生产工具的劳动者，他们的知识、创意、技能、才华都成为可被安排和使用的资源，他们以文化劳动的服务形式来换取回报。同时，纪录片工作者也成为可以被计算的劳工，从有名望的知名导演，到初出茅庐的“菜鸟”，每个纪录片人背后都有相对应的市场价值。

这一时期具有代表性的知名纪录片工作者中，除了像赵琦、任长箴、范立欣、范俭这样拥有过硬专业技能的导演，更有像陈晓卿、雷建军、陈玲珍、梁为超这样背后操盘的制片人。当然他们也有身兼数职的时候，这也对应着当下文化工作无边界和彼此互融的特点。在市场逐步成熟的过程中，作为文化劳动者的纪录片工作者更加专业，角色划分也更加精细，导演、制片人、摄影师、剪辑师、录音师各司其职，他们分布在产业链条的各端各口，合力打造一款文化产品。这种合作与20世纪80年代老一辈纪录片人的集体合作方式不同，前者更像是基于一种工业理性生产机制的角色分工。

纪录片创作活动转变为商品化的文化劳动，这既促进了行业的健康持续发展，也保障了纪录片工作者的基本生活。但若他们被嵌入文化工业的流水线中，首先，商业理性逻辑下产品趋同性的弊端慢慢体现出来——一个美食IP成为爆款，一大批美食纪录片跟风而起；当工匠IP火了以后，又一大批同类型纪录片出现。文化产业所带来的模式化生产与可复制属性，影响着纪录片工作者的创作实践，体现在纪录片文本符号中。其次，当自由经济下市场力量强势介入，纪录片人也难免成为资本的附庸。他

---

① RYAN B. Making capital from culture: the corporate from of capitalist culture production[M]. New York: Walter de Gruyter, 1991.

② 丰瑞. “接活儿”的劳动：纪录片自由职业者的人类学考察[J]. 现代传播，2019(11)：117-121.

们的主体性如何体现?个人话语如何彰显?这种紧张关系构成了当下纪录片工作者新的职业危机,并将长期存在。

结　语

本文爬梳了中国纪录片工作者近四十年的职业轨迹和发展路径。20 世纪 80 年代,纪录片人以知识分子的角色认同,开始了一场民族国家的文化启蒙和寻根之旅。90 年代,体制内纪录片的栏目化、科层制,把纪录片人收编在了一种生产机制中,此时的纪录片成为大众文化的一部分,纪录片工作者被赋予了专业技术方面的名望。在体制外,独立纪录片人反叛主流的话语体系,形成了边缘化的身份认同。21 世纪最初的十年,在经历了两个辉煌期后,中国纪录片逐渐走向低谷。在市场中挣扎的纪录片工作者陷入了精神困境,此时纪录片艰难的市场化转型,造成了体制内纪录片工作者的流失分化。DV 的出现和非线性编辑的普及为影像赋权提供了切实的技术保证,也催生了第二代中国独立纪录片导演。21 世纪 10 年代,中国纪录片工作者的边界意识和圈层意识不断淡化,"体制内—体制外"的二元结构已无法描述当下纪录片工作者复杂的身份状况和职业特征。此时的纪录片工作者是依附于纪录片项目而存在的非虚构内容生产者,本质上是一种创意阶层的文化劳动者。由于资本的强势介入,他们将要面对多重权力的影响。

〔丰瑞,中国传媒大学电视学院副教授;董志奎,中国传媒大学电视学院 2018 级新闻与传播专业硕士研究生〕

〔特约编辑:顾洁〕

媒介与社会治理

网络媒介记忆书写在国家治理体系中的价值与效应*

The Value and Absorption of Network Media Memory in National Governance System

◎ 谢进川
Xie Jinchuan

摘要：社会性书写借助网络媒介形成网络媒介记忆，并在传播的偏向、记忆的展示、实践的性质方面呈现出独特性。网络媒介记忆具有不同的书写类型，它们在国家治理体系中具有不同的治理价值。国家治理体系需要对网络媒介记忆进行有效吸纳，以促进自身的完善。

关键词：网络媒介记忆；国家治理；治理价值；治理吸纳

Abstract: Network media memory has its own characteristics in the aspects of the bias of communication, presentation of memory and nature of practice. It has different writing orientation and governance value. National governance system should absorb the memory of network media to promote the improvement of governance.

Keywords: network media memory, national governance, governance value, absorption of governance

记忆作为心理学的重要范畴，揭示的是人的内在，即人脑对经验的识记、保持、再现或再认，或者更具体地说，记忆作为长期持续学习的见证，是人们存储和提取信息的能力。① 心理学意义上的记忆研究主要局限于大脑内部神经活动与心理活动，即便指涉外部世界，也更多地着眼于分析外部世界引发了怎样的大脑内部神经活动与心理变化过程。

记忆的媒介化也是有关记忆与外部世界的话题，但这一分析取向使记忆研究从脑

* 本文系研究阐释党的十四届四中全会精神的国家社科基金重大项目“建立健全我国网络综合治理体系研究”（项目编号：20ZDA061）、中国传媒大学亚洲传媒研究中心项目（项目编号：AMRC2019-11）的阶段性成果。

① 迈尔斯.心理学[M].黄希庭，等译.北京：人民邮电出版社，2013：302.

功能（或脑能力）这一内部性分析转向了记忆的外化分析，进而将其同政治及社会建立起关联。伴随网络媒介记忆书写实践的普遍化，有效把握该现象的特质，并将之纳入国家治理的视角下进行把握显得尤为必要。

一、网络媒介记忆的特质

网络媒介记忆泛指借助网络媒介对任何既有经验的外化过程及其结果的呈现。与传统的记忆外化形式诸如口头讲述、器物、建筑物等不同，网络媒介记忆融合了声音、文字、影像等表现形式，以数字记忆的特有方式让记忆的媒介化过程表现得更为彻底，并显示其自身的特质。

从传播的偏向来看，网络媒介兼具时间性与空间性，并强化了这一双重传播偏向。在数字技术特别是区块链技术不断发展的情况下，网络媒介的数字痕迹强化了与时间相关的记忆特征，即记忆的可回溯性及时间的凝固性。而借助于网络的拓展性，网络媒介记忆不再是单纯的关于时间的线性刻写或将特定关系仅作为记忆时段的空间邂逅，而是实现了线性叙事、回溯叙事、修正叙事的多重记忆书写及互文性关系文本的不断生产。在此意义上，网络媒介记忆的时间性与空间性都在一定程度上挑战了伊尼斯提出的关于传播偏向性后果的观点。在伊尼斯看来，传播的时间偏向会带来知识的垄断问题，传播的空间偏向有利于权力的扩张。而在网络媒介记忆中，它的空间偏向并非带来单一权力的扩张，在使国家与社会的权力都获得扩张性的同时，又存在反任何记忆权力的可能。同样，它的时间偏向也未必意味着知识的垄断，反倒是提升了平民从中萃取记忆材料进而不断进行价值、知识、观念生产的可能。

从记忆的展示来看，借助于网络媒介的记忆凝固特性，所有的记忆书写成为记忆的网络空间导引图。每一个记忆凝固为记忆格（或记忆节点），疏密相连的记忆格形成无限延展的记忆交织网络。任何一个记忆关键词借此都可以获得特定数量的关联性记忆素材，通过在网络化记忆地图上的搜索与定位，数字化的记忆素材从浩瀚的记忆场中被剥离出来并获得意义锚定，以供人们回味、建构与反思，抑或是被分析、检验、追溯和确认。

从实践性质来看，网络媒介记忆作为特殊的话语行动，在实现现实诉求表达功能的同时，凸显了精神交往的倾向。“记忆只有在那些唤起了它们回忆的心灵中才联系在一起，因为一些记忆让另一些记忆得以重建。”[1]在现实的记忆活动中，人的主体性

① 哈布瓦赫.论集体记忆[M].毕然，等译.上海：上海人民出版社，2002：92.

一方面通过心灵世界的内在丰富性来获得精神性主体感与实践感，一方面通过外化物本身使主体性得到确认并被现实化地表达。回望20世纪以来互联网的发展进程，其对物质层面、物流层面的影响显而易见，对心灵世界的影响仍将持续。可以说，“全球史视野下的互联网史论，同样也是一部互联网精神发展史”。[①] 只是，这里的精神不能简单、机械地被视为媒介中介物的技术意义，它代表着人的主体性精神交往实践意义的不断展开。

二、网络媒介记忆书写在国家治理体系中的价值

网络媒介记忆书写有两种类型，一是个体性记忆书写，二是公共性记忆书写，它们在国家治理体系中具有不同的价值。

（一）网络媒介记忆的个体性书写及其治理价值

个体的网络化生存已成为个体生命周期记录的符号化存在方式，以微传播为代表的网络媒介记忆书写很大程度上是个体性记忆书写。

个体性记忆书写由于更多地描摹个人生活，因此最具言说老百姓自己的故事的特征。它使“每个人的历史都弥足珍贵，每个人的历史都不应遗忘”[②]的希望成为事实，并借此“描摹了另一种记忆的存在状态，提示着被忽视的现实洞察”[③]。加之个体性记忆书写在意细节，注重情感注入和细心体察，并在关联叙事中表现为线性、分叉的或分层的多样叙事样态，个体性记忆丰富了记忆所呈现的历史的毛细感与社会质感。

总体上，网络媒介记忆的个体性书写体现为记忆传播的自在性，通过记忆的留存，强化了记忆微光的可见性，传达了日常存在的丰满感，日常性内容也从因单调、重复以至于被视而不见的常人生活态跃变为有价值的叙事。在今年的NCP（新型冠状病毒肺炎）事件中，北京第35例确诊患者出于留下生命痕迹的需要，以个体的方式讲述了在“小世界”的28天：居住在隔壁ICU病房的中年女性，常常因幽闭感而大呼小叫，“总想着出去”；书写者本人不希望任何人拉下ICU病房小窗户的窗帘，只因“很想透口气”；刘姓医生不仅修好坏掉的窗帘，还贴心地留言“窗帘不要拉下来，××要看风景”；在极为不便的情况下，书写者自己找来剃须刀，将牙膏作为剃须膏，用了将近两个

---

① 方兴东，钟祥铭，彭筱军.全球互联网50年：发展阶段与演进逻辑[J].新闻记者，2019(7)：4-25.

② 郭于华.倾听底层：我们如何讲述苦难[M].桂林：广西师范大学出版社，2011：154.

③ 刘亚秋.从集体记忆到个体记忆：对社会记忆研究的一个反思[J].社会，2010(5)：217-242.

小时的时间刮完胡子,并做到了每天清理鼻腔、刷牙三次、用湿纸巾擦身、收拾小杂物等,他认为这"是一种仪式感,是对生存意志的考验";在看到李文亮医生去世消息的那一夜,他一直流泪,以至于负面情绪导致了血氧下降,但他相信,那夜为此哭泣的所有人"不光为了李文亮,也是为了自己,为了这个社会";在诊疗之外,他尝试用音乐帮助自己提高免疫力,以走出低谷,他最喜欢的是一部电视剧中的白刃战场面的背景音乐《战场》(*Battlelines*),因为这让他"血脉偾张"。① 这些个人化且极具人格化特征的书写,是关于新型冠状病毒肺炎事件的细描,在疫情的现实喧嚣和抽象数字背后表达了个体生命独特的触感。不仅如此,这种"对自己的过去和对自己所属的大我群体的过去的感知和诠释,乃个人和集体赖以设计自我认同的出发点,也是人们当前——着眼于未来——决定采取何种行动的出发点"②。由此,网络媒介记忆的个体书写同个体的实践意义也建立起了紧密关联。

中国国家治理体系作为文明型国家治理体系,对实事求是、民本主义、民心向背、选贤任能、兼收并蓄、和而不同、良政善治等理念的秉持,③对作为历史主体、实践主体、价值主体的人民主体地位的把握,④以及对增加人民幸福获得感的治理目标的追求,都需要将集体的抽象意象"人民"转变为更为具象化和人格化的"人民"。个体性记忆书写具有多重书写动力,从对时代变迁的感慨、国家繁荣的自豪到当下的迷茫与困境、深藏的痛楚以及对未来的想象、美好的追述等,不一而足。它为国家治理体系和治理能力现代化提供了最基础的微观视界,有利于推动治理从独白走向与可见的沟通对象对话,从控制者逻辑向需求者逻辑转变。传统意义上的国家治理体系聚焦于经济发展、科教发展、资源环境、民生服务的治理等硬核内容,当代国家治理体系对网络媒介记忆个体性书写的观照则可以快速传达更具善意的治理情怀,不断体现治理互动中"中国之治"的温情,有效提升国家治理体系与社会需求的契合度。在提高治理的实践理性的同时,还能推动国家治理体系从"硬"治理向"软"治理转型。

(二)网络媒介记忆的公共性书写及其治理价值

传统意义上的公共性记忆书写强调记忆的内容涉及震撼性的公共事件与辅助性

---

① 本处所涉及资料源于患者孙英春的自述,具体引自易小荷.确诊新冠肺炎后,他用600张照片记录在ICU的九死一生[EB/OL].(2020-03-03)[2020-04-15].https://mp.weixin.qq.com/s/fid4WvlsS1G1vwhJXpJnYA.

② 哈拉尔德·维尔策的观点。维尔策.社会记忆:历史、回忆、传承[M].季斌,等译.北京:北京大学出版社,2007:1.

③ 关于文明型国家的理念具体内容参见张维为.文明型国家[M].上海:上海世纪出版有限公司,2017:105-138.

④ 郝永华.践行网络群众路线,推进国家治理体系和治理能力现代化[J].理论建设,2019(6):73-78.

的工具(如纪念碑或纪念地址),[①]多以总体性权威名义出场,其书写难免带有强制性、权力性以及特定框架下的强势性记忆的选择特征。

网络媒介记忆的公共性书写虽然延续了对公共事件(或议题)的关注,但与传统意义上的公共性记忆书写有所不同。网络媒介记忆的公共性书写背后的总体性权威的出场变得较为隐晦,除非特定的书写过程与既有的公共性记忆书写的政治正确性形成了张力,总体性权威才会遵循网络主权的管制逻辑,以维护网络传播秩序的名义介入。此外,如果把公共性记忆书写视为一种特定的集体性记忆书写与传播的话,那么参与网络媒介记忆的公共性书写的主体不仅有精英与大众之分,还有职业记忆书写者与游荡性记忆书写者之别。

有分析者指出,当下社会出现了从“我们”的社会到“我”的社会的变化,其变化的本质是社会(关系)资本的断裂,人们在关系意义上既没有嵌入,也没有连接。其所导致的结果是,我们缺乏关注别人的心性,也缺少同别人进行互动进而获得物质或精神交往的可能。[②] 但这一观点存在的不足在于,忽略了网络社会生成过程中所形成的与之不同的反向运动。网络社交媒体的出现,在很大程度上促进了社会连接和社会交往,在某种意义上是对社会变迁的“纠偏”。同时,这种“纠偏”的价值并非在于单纯地修复断裂的社会关系,而是提高了关系的可选择性以及网络社交媒体对特定社会关系的选择性介入能力。

网络媒介记忆场提升了个体性记忆书写向公共性记忆书写转变的可能。个体性记忆书写借助网络数字记忆的留存功能和移动互联的便捷性,集中表达了以自我为中心的历时性经验和周遭叙事,个体性记忆书写体现了鲜明的连续性以及过去不能出现或不易出现的个体传记性书写特征,但网络具有的联结性又使得个体间的记忆交往成为可能。通常,个体性记忆书写内容中有光荣的梦想,也有创伤性体验,但一旦这种个体性记忆书写汇入网络媒介记忆的公共展示装置,个体的梦想与创伤将有被续写和改写的可能。以创伤性记忆的书写为例。个体创伤性记忆原本是封闭的,且表现为不情愿回忆,即“它既不能被忘却,也不能被有意识地加以回忆,更不能被转移到一个对它进行彻底检讨的过程中去”[③]。但个体性记忆书写一旦凭借网络媒介记忆场的传播酝

① 凯赛(Edward S. Case)的观点。见张俊华.社会记忆研究的发展趋势之探讨[J].北京大学学报(哲学社会科学版),2014(5):130-141.

② 帕特南,孙竞超.社会资本研究50年[J].探索与争鸣,2019(3):40-49,141.

③ 格特鲁德·科赫的观点。引自维尔策.社会记忆:历史、回忆、传承[M].季斌,等译.北京:北京大学出版社,2007:79.

酿与传播发酵,便使个体记忆获得社会传播性,从而显示出与既有个体不同的情感体验。典型的情况是不情愿的回忆变成了集体的回忆和集体的记忆发掘行动,从而超越了个体性并获得了公共性的检讨。特别是关于个体结构性创伤体验的书写,它由于表达的是内心的无力感与挫败感,所以具有社会的"苦难性"叙事特征,更容易引发对结构性权力的批判与反思,从而更具有公共性记忆书写的性质。于是,不能面对变成必须面对,残缺的记忆的细枝末节和碎片化的记忆片段被重组,并引发社会的记忆涌流,相关的人、情、物、事等都不断被卷进来。

国家治理本质上是促进国家公共性不断展开和实现的过程,这一过程与网络媒介记忆的公共性有本质的呼应关系。一方面,个体与个体在网络中相遇并发生记忆交往,因事件或特定议题获得公共性记忆书写的可能。另一方面,公共性记忆书写通过吸引个体卷入,也不断深化公共性内涵和公共性观照范围。可通过公共性的拓展,提高社会对于国家治理主体的信赖感以及对治理行动和效果的长远性期待,减少追逐短期利益导致舆情事件频发所带来的治理挑战,促进国家治理体系中共识性目标的快速达成,提升对完善治理体系进程中不确定性问题的耐受性,并形成必要的社会包容度。最终,以治理的公共性推进国家治理体系的发展性、合作性、秩序性与稳定性,并强化有机治理共同体的形成。

三、国家治理体系对网络媒介记忆的有效吸纳

国家治理体系的吸纳反映的是其在输入输出的均衡性、流畅性、科学性、人本性等方面所表现出来的国家(及其执政党)的主体性意愿与行动取向。作为一项制度实践能力,国家治理体系的吸纳表现主要是"从国家与公民关系、执政党与人民关系的角度来界定的"[①]。网络媒介记忆存在着规模性书写主体,其书写动机、书写力量、书写观念的差异都使得网络媒介记忆成了事实上的网络媒介记忆场;对其进行吸纳反映了国家治理体系的包容性,而吸纳的有效性与否直接影响人们对治理实践的满意度、认同度和遵从度,进而形塑着国家与社会的互动关系。

(一)正视网络媒介记忆场纷争背后的社会需求实质,提升国家治理体系的社会回应力

传统控制逻辑意义上记忆场的构建旨在让时间停滞,让人们暂时停止遗忘,让事

---

① 宋世明.推进国家治理体系和治理能力现代化的理论框架[J].中央党校学报,2019(6):5-13.

物的状态固定下来，让无形的东西有形化，将意义的最大值锁定在最小的标记中，[①]这一过程明显地体现了记忆的物化形态取向与仪式化取向。媒介记忆场兼具实在性、功能性和象征性价值，其书写背后虽然不乏政治、资本逻辑的影响，但这一空间的开放性仍然表征了不同程度的社会需求实质。网络媒介记忆场中的民族叙事与群体叙事、个体叙事是层级化而非等级化的关系，这与革命时期民族叙事的统摄性形成差异。因此在很大意义上，网络媒介记忆场书写是过去的现实化及对现实的记忆性把握，它表达了普通公众对历史、现实与未来的心态。层级化的叙事得到合理并置，意味着从总体的人与具体的人都得到了合理兼顾，记忆的主体性及其需求得到了彰显。这一事实需要国家治理体系不断推进其社会化取向，从而将社会性不断融入政党治理、政府治理、社会治理的实践中。

国家治理体系对网络媒介记忆的理解需要基于相应的群体，特别是“除非我们把个体与他同时所属的多个群体都联系起来，否则我们就无法正确理解这些记忆所具有的相对强度，以及它们在个体思想当中联合起来的方式”[②]，也很难获得针对网络媒介记忆的更为精准的解释框架。从未能被有效理解到被漠然忽视，特定群体记忆一旦没被纳入有意义的历史叙事中，就会“拼命拒绝被遗忘”[③]。在中国语境下，它往往借助于网络事件的生成逻辑，将过去的时段融入现时段，提高被纳入国家治理视界的可能。通常，普通公众通过网络事件获得传播的势与权，并不断借助事件本身缩短势与权的转换周期，以此来抵消生活中的无意义感，同时通过凸显议程的“面上化”获得公共性，并为“上面”所关注，从而避免被遗忘。一旦公众未能获得应有的关注，就有“反叛”社会的可能，任何制度承诺与现实的鸿沟都会助长舆论狂欢。在此意义上，网络事件不能被简单地视为平民主义的秀场，那种关于“社会中永远都会有一些不满、有各种情绪需要释放，在中国特定的环境下这些情绪就会寻找一个个原本并不很大的事件集中宣泄，来实现一种特殊的平衡”[④]的轻描淡写观点，则显示了对网络媒介记忆场纷争认知的不足。那些不断参与网络事件，并通过书写记忆所显示的特定代际群体的集体性经验，即“忠诚与背叛、信任与怀疑、激情与沉默、理想主义与反理想主义、积极自由与消

---

① 诺拉.记忆之场：法国国民意识的文化社会史[M].黄艳红，等译.南京：南京大学出版社，2017：24.

② 哈布瓦赫.论集体记忆[M].毕然，等译.上海：上海人民出版社，2002：94.

③ 德兰迪，伊辛.历史社会学手册[M].李霞，李恭忠，译.北京：中国人民大学出版社，2009：595.

④ 胡锡进.如果那女的炫耀的财产是非法获取，这一家决跑不了[EB/OL].(2020-01-19)[2020-04-20].http://mil.news.sina.com.cn/2020-01-19/doc-iihnzahk512160.shtml.

极自由”等,[①]一旦涌现在网络媒介记忆场中,往往能够成为折射中国公众的政治与社会需求的棱镜。

特别是,鉴于“回忆是每个人都能做的事情,记忆让个人感受到主体性。同时,记忆本身是有意义的,其表达了人们现在的思考方式”[②],聆听记忆的声音、阅读记忆的叙事是网络社会的一道记忆交往景观。在网络媒介记忆场中,发生则得到记录。每一个网络事件的发生,都会激发网络媒介记忆的检索过程。所有散落的碎片迅速被激活,开始系统化地组织并支撑特定的叙事框架。记忆书写者通过回忆与某事相关的过去,以拔出萝卜带出泥的方式以事言事、以事言理论、以事抒怀。整个过程成为“支持记忆、保存过去、激活以往体验乃至集体认同的一个根本要素”[③]。当然,网络媒介记忆的逻辑与国家治理的逻辑并不总是一致的。“记忆具有奇妙的情感色彩,它只与那些能强化它的细节相融,记忆的营养源是朦胧、混杂、笼统、游移不定、个别或象征性的回忆,它容易受到各种移情、屏蔽、压制和投射的影响。”[④]网络媒介记忆书写中不仅有情怀满满的书写共同体的身份叙事,也有来自漠然的他者的叙事。就此而言,特定网络媒介公共记忆的集体书写者的身份是混杂的,心态是多样的,动机是多重的,甚至部分书写者还常常带有临时起意的书写特征。国家治理体系需要借助技术发展所带来的契机,通过推动治理的信息化、智能化、一体化,精准地甄别、征用记忆的书写细节,以获得对人民群像的细致体察和贴心关照,以速度、精度、力度确保治理效能,从而真正落实到“人民”这一起点。

(二)国家治理实践强化公众的获得感,促进生成网络口碑记忆的正向传播力

有观点认为:“记忆的内在体验越薄弱,它就越需要外部支撑和确切存在的有形标志物,这一存在唯有通过这些标志物才能继续。”这一观念本质上是传播意义上的解决方案,缺乏更为根本性的实践解决路径。通常,记忆的内在体验不仅来源于传播的物态和象征物,更源于包括政策、服务、参与在内的国家治理实践带来的影响。媒介记忆场往往会放大这一体验感,从而为他人所感知。明显的变化是,“随着社会日趋现代化(例如城市化、家庭的微型化)、互联网的大众化,直接的代际交流趋于减退,直接感

---

① 祝勇.集体记忆中的个体隐秘回忆[N].中国图书商报,2006-06-20(A8).

② 刘亚秋.从集体记忆到个体记忆:对社会记忆研究的一个反思[J].社会,2010(5):217-242.

③ 安格拉·开普勒的观点。引自维尔策.社会记忆:历史、回忆、传承[M].季斌,等译.北京:北京大学出版社,2007:93.

④ 诺拉.记忆之场:法国国民意识的文化社会史[M].黄艳红,等译.南京:南京大学出版社,2017:24.

受型的社会记忆变得越来越稀罕”，间接的记忆成为社会记忆的主要形式。① 于是，直接感受型记忆口碑会影响间接记忆的传播性质。

口碑记忆的正向传播力强调精神的理想性与现实性之间维持必要的平衡，将制度的政治承诺与社会的获得感之间的张力削减到最低程度；要求在关注总体的增长数据的同时观照个体的获得，在物质财富增加的同时兼顾社会心理、社会心态的建设。面对媒介记忆场口碑差的问题，国家治理体系应有深层的制度自信与传播自信。一个有缺点的伟大国家，其伟大不会因为缺点而被否定，同样，伟大国家之所以真正伟大则在于它不断地改正缺点。口碑是积累性的实践产物，国家治理体系需要在社会参与、民生问题与社会秩序问题等方面进行整体的检视，增强公众的多维体验与实践获得感，避免无所作为的治理或形式有余而有效性严重不足的无效治理。

“挺身而出”“见义勇为”都是社会弘扬的正气与道德精神，但前些年网络媒介记忆场所呈现的记忆叙事则是“挺而不出”“不挺不出”“见义而不为”，其根本原因是维护正气的个人成本高企。昆山龙哥持刀行凶被反杀事件的主角于海明，展现了面对非法伤害时的力量和勇气。但在最终的判决结果公布之前，网络媒介记忆场中关于碰见坏人的对策的最流行的叙事范本是“看见坏人你就跑”。直到法院最终基于正义的、不退让的正当防卫原则对该事件进行了审判，网络媒介记忆场的书写才得以改变。其带来的社会记忆效应是巨大的：捍卫社会正义不是让捍卫者付出巨大代价并承受不能承受之重，更不是让反社会正义者无所畏惧地嚣张和肆意妄为。国家治理体系的完善追求文明秩序的发展，虽然我们不支持暴力行动和简单的以牙还牙，但社会需要正义的强力制度力量作为后盾，这样“好人”才会有长久直面“坏人”的勇气。此时，于海明不仅仅是于海明，而是该事件记忆文本中正当防卫的重要象征性人物。这有助于减少个体成为道德人的成本，在总体的国家治理布局中提升个体抵抗“恶”的勇气与能力，增强公众对法律惩恶扬善的法治体验感。

折射被物质化利益侵蚀之后的社会精神性认同短板的食品安全问题至今让公众耿耿于怀。一个关乎民生、从政治经济学角度来说属于商品基本使用价值的因素竟在市场化背景下如杂草般顽劣生长，一些毁灭性做法甚至屡禁不止。网络媒介记忆场曾一度呈现这样的“逃离”景象：从国产奶粉到外国奶粉，从去市场购买蔬菜到自家菜园生产，从带皮吃水果到削皮吃水果等。这些情况也被描述为“社会变狠”，探究其原因，一些学者（如于建嵘）总结为社会失衡和规则失效。于是社会行为表现为“底线不断被

① 张俊华.社会记忆研究的发展趋势之探讨[J].北京大学学报（哲学社会科学版），2014(5)：130-141.

突破,这个底线,包括了心理的底线、人性的底线、社会惩罚的底线,人们干一些事,没有心理障碍和任何惩罚的禁忌了”[①]。但如果套用德国法兰克福学派的赫勃玛斯关于“工具理性高扬已经造成生命世界的殖民化”的说法,[②]我们会发现,人们过分选择工具理性但缺乏必要的道义性约束,这已经导致了人对人的殖民:对别人的生命、生活与安全的轻视与漠视。这就需要国家的治理实践协调好国家宏大叙事与生活的微观叙事,减少记忆的落差,让网络媒介记忆场从特定的情感触点、特定的行动基点、生活境遇延展出长时间积淀的国家治理绩效认同,让国家的发展性与社会的获得性同步增长,进而通过获得感的口碑记忆传播,促进社会中的政治认同、制度认同、文化认同与社会认同的自觉书写。

(三)促进网络媒介记忆场的建设性反思,建构国家治理的公共信任基础

公共信任是社会良性运行的基础,也是国家治理所必需的重要社会资本。记忆书写中渗透了历史延续和社会秩序生成所需的重要情感与认知,它是构建公共信任的重要基础。

记忆被视为社会生命的构成部分,“记忆是我们的凝聚、理性、感情,甚至也是我们的行动”[③]。传统历史记忆的秩序化主要通过纪念物、象征性场所、功能性场所等完成,“谁拥有记忆场所,谁就掌握了集体认同的钥匙”。[④] 但在网络媒介记忆场中,记忆形成了新的书写传统,体现为不同的社会情态。社会记忆是分散且流动的,即便存在所谓的互联网圈地运动,也无法垄断网络媒介记忆场。每一个网络媒介记忆的书写者都是某种意义上的记忆观光者,在去精神权利的现代自由社会中,任何重拾记忆并将之圣物化的举动都容易被“唏嘘”。记忆书写的任何主体凭借网络的匿名性和连接性,能够轻易地逃脱特定的记忆场,或仅仅成为特定记忆场中的静默者。由于规模性个体参与,网络媒介记忆场成了因书写而成就的记忆性公共装置,但共享的往事以及大小事件并不会让记忆的集体自动创造出公共性。人们在这里既书写,也阅读,还续写,甚至改写,因而会产生不同的记忆效果,并存在记忆流变可能。在此意义上,国家治理过程中公共信任的形成需要推进网络媒介记忆场的建设性反思。

但推进网络媒介记忆场的建设性反思不能简单地基于正能量或负能量的二元思

① 赵义.社会“变狠”是今天严峻的问题[J].南风窗,2013(15):44-46.

② 叶郁. 群体性事件的现代性审视[J].人民论坛,2013(1):40-42.

③ 契克森米哈赖.心流:最优体验心理学[M].张定绮,译.北京:中信出版集团,2017:105.

④ 皮埃尔·诺拉的观点。引自孙一萍.记忆研究在法国公共历史教育中的作用[J].东岳论丛,2013(7):109-110.

维话语标签，而是需要进行精细化、差异化、合理化统筹评估和治理。媒介记忆场的书写不乏批评和反思，出于对传播秩序威胁的敏感，相关执行机构如果滥用这种关于敏感的界定权力，采取不管所以然的404行动，就容易导致管控模式的刚性化，使治理实践应有的弹性价值丧失，还会不断耗费既有的社会信任遗产，即“一旦他们发现从前相信的一切不尽可靠，往往会一股脑地把所有信念抛弃，没有文化价值观的支持，人们就陷入了焦虑和冷漠的泥潭”①。网络媒介记忆中某些内容不断被删帖又不断以不同文字、不同版式呈现的传播拉锯现象已经不是在追问事件真相本身，而是在表明一种公众态度，这种删而不绝的管控方式事实上还制造了一种删帖传播效应，对国家治理过程中的公共信任无疑产生了消极影响。因此，网络媒介记忆场的建设性在于倡导基于事实性、透明性、公共性的反思观念与反思行动。

风险社会的到来更直接地影响了网络媒介记忆的书写方式、书写内容，以及国家风险治理过程中公共信任的生成。2003年的SARS事件已成为过去的经验，它留下的灾难书写记忆尽管在总体上保留了记忆圆满性，但仍有创伤的叙事痕迹。而2019年12月末以来的新冠肺炎事件则不仅进行着本事件的记忆书写，还直接刺激了将2003年SARS事件作为创伤叙事的历史性比对记忆。“不应该”成为2020年公众对于新冠肺炎事件的发生最为直接的书写情绪反应。于是，在关于新冠肺炎事件的书写记忆中，除了关于中国速度、中国制度、中国力量、中国担当的记忆叙事外，个体性视角的“哀伤”“无奈”也汇聚到新冠肺炎事件的书写记忆场域。总体上，由不同主体发起的关于新冠肺炎事件的叙事除了荣誉叙事外，还穿插了悲情叙事和批判叙事，从而形成与2003年SARS事件最为不同的复调叙事，并让本次事件的记忆书写充满了对历史与现实的反思。这些重要的反思问题包括：中央力量与地方力量的有效配置问题，风险决策机制的非扁平化问题，风险治理过程中的小农心态转变与后工业社会的适应性问题，社会治理主体微细化与风险治理的社会力量介入能力问题，承担特定职能的组织、机构的官僚化问题，风险治理的多重通道与协同作战能力问题，基础性公共行业的产业化限度与公共性实现问题，公共性职业群体的声望重建与国家强力保障问题等。解决这些问题将促进国家与社会形成更为良性的互动关系，并在价值信任、理想信任、制度信任、机制信任、规范信任、社会角色信任②等方面助力公共信任的最终生成。从长期效果来说，经过反思的民主性有利于促进决策环节的协商民主性与科学性，提升

① 布努埃尔的观点。引自契克森米哈赖.心流：最优体验心理学[M].张定绮，译.北京：中信出版集团，2017：221.

② 关于公共信任的内涵可以参见胡象明，杨正.公共信任情境下公民参与的理论边界及实践调适[J].北京航空航天大学学报（社会科学版），2021(2)：65-71.

风险治理的公共信任度,进而可以提高社会对风险关系不确定性的耐受力,降低谣言“俘获”社会大众的可能性、减少盲目的自我救济行动,最终有利于减少国家风险治理的综合成本。

结 语

网络媒介记忆连接了个体与社会,也沟通了过去、现在与未来,网络媒介记忆是实践的记忆,也是记忆的实践。实现个体性记忆书写向公共记忆书写的秩序性转变是国家治理价值实现的内在要求,但这需要在国家与社会之间建立起更紧密的良性互动关系,尊重并谋求多样化、完整地讲述关于中国故事的记忆、关于中国老百姓故事的记忆的方式,这不仅是网络媒介记忆场建设的需求,也是其能最大贡献于国家治理之处。

同时,全球化背景下国家治理体系对网络媒介记忆场书写的观照还需要重视世界因素带来的影响。网络化“让全球的社会记忆变得更扁平化、更具参与性,民族国家记忆控制权很大程度被分散”①。记忆的对话与协商,记忆的认同与排斥,记忆的建构与解构都不停地在记忆的生成与交往中发生。无论是作为全球化语境的“全球化时代中的记忆”,还是作为全球集体记忆的“全球化的记忆(包括启蒙记忆、全球创伤记忆)”,②都将不断拓展网络媒介记忆的议题,在增加记忆交往的同时,也使记忆书写的世界性冲突与竞争成为可能。在推动人类命运共同体建设这一背景下,中国国家治理体系的完善还需要有意识地将此纳入其中。

〔谢进川,中国传媒大学政府与公共事务学院教授〕

〔特约编辑:叶明睿〕

---

① 张俊华.社会记忆研究的发展趋势之探讨[J].北京大学学报(哲学社会科学版),2014(5):130-141.

② 关于全球化记忆的更多论述参见赵静蓉.全球化话语与历史记忆:真命题还是伪命题[J].江海学刊,2012(4):182-185.

新媒体艺术视角下的网络视频与青少年价值观塑造*

Network Video and Youth Value Shaping from the Perspective of New Media Art

◎ 汤筠冰

Tang Yunbing

摘要：新媒体艺术以一种新型的虚拟情感体验方式，实现受众之间的社会交往，以网络视频为主要表现形式的网络社区与圈群等传播模式逐步形成。早期的新媒体艺术中"人—机"关系正逐渐被网络新媒体艺术中的虚拟"人—人"关系取代。青少年价值观信息传播链是由"选择—注意—理解—认同—接纳"五个环节构成的。网络视频从社会、学校和个体层面对青少年价值观进行引导和塑造。

关键词：新媒体艺术；青少年价值观；信息传播链

Abstract: New media art as a new type of virtual emotional experience, the realization of virtual social interaction between audiences, and gradually form a new media art network community, circle group and other new modes of communication. In the early new media art, the "person-machine" relationship is gradually replaced by the virtual "person-person" relationship in the new media art of the network. The youth value information communication chain is a process of value internalization consisting of five stages: "choice-attention-understanding-identity-acceptance". The new media art cultivates the values of young people from the social, school and individual levels.

Keywords: new media art, youth values, information communication chain

新媒体艺术是艺术、科学技术与网络媒介三者结合而产生的一种新型艺术样式，与社会、经济与文化紧密相连，引发了视听体验、观念表达和艺术审美等方面的深刻变革，催生了诸如网络视频、CG动漫、移动媒体艺术等新艺术形式与新经济产业。新媒

* 本文系复旦大学新闻学院一流学科建设项目、部校共建新媒体系列项目的成果。

体艺术是后工业社会中的重要艺术现象，中外学者对新媒体艺术探讨较多，特别是文化批评学派从大众文化、后现代主义和消费社会理论等视角入手，揭示了当代新媒体艺术的文化属性以及社会意义。

新媒体艺术已成为日常生活的重要组成部分。网络短视频就是其中一个典型形态，并且是当下最易产生现象级文化的种类。[①] 网络视频具有显性艺术特征。从新媒体艺术视角对网络视频进行研究，重点关注的是视频作品的艺术性和观念性。网络视频是新媒体艺术在实践中的拓展性应用，是新媒体艺术实践对相关社会实践的有益辐射。对这类艺术实践的研究有助于我们充分认识新媒体艺术的社会应用价值与规律。[②]

我国网络视频的用户量和内容生产规模日益庞大。截至 2020 年 6 月，我国网络视频用户规模达 8.88 亿，较 2020 年 3 月增长 3777 万，占网民整体的 94.5%。网络视频内容日益丰富，高质量作品开始涌现，部分视频作品体现了出色的思想水准和审美水平。比如新冠肺炎疫情期间中国国际电视台(CGTN)播出的《武汉 24 小时》系列纪录片艺术化地讲述了疫情期间的真实故事，至 2020 年 5 月，视频触达量超过 1400 万，观看量超过 600 万。[③]优质的网络视频作品更能得到受众的积极反馈。

新媒体艺术瞬时远程的传播机制不仅造就了新型的艺术交往方式，而且改变了艺术存在的环境，并将给人们的审美意识带来深刻变革。[④] 新媒体艺术已成为青少年群体日常生活和社会互动的重要方式。以网络视频为代表的新媒体艺术一方面丰富了青少年的日常生活，另一方面对青少年价值观的形成产生了重要影响。

一、新媒体艺术视角下的网络视频对青少年价值观的影响

(一)新媒体艺术发展历程及传播形式变迁

新媒体艺术作为视觉艺术新形式，是艺术与技术、知识与传播、现代与后现代共享，利用新技术手段以激发视觉、听觉、触觉等全方位感受，最大限度地让人们体验到艺术魅力，产生审美兴趣，直至探触人们心灵世界的情感体验形式。

---

① 张慧喆.虚假的参与：论短视频文化“神话”的幻灭[J].现代传播，2019(9)：114.

② 许鹏.论新媒体艺术研究的特殊内容与方法[J].中国人民大学学报，2007(1)：150.

③ CNNIC.第 46 次《中国互联网络发展状况统计报告》[EB/OL].(2020-09-29)[2020-09-30].http://www.cnnic.net.cn/gywm/xwzx/rdxw/202009/t20200929_71255.htm.

④ 许鹏.论新媒体艺术研究的特殊内容与方法[J].中国人民大学学报，2007(1)：152.

新媒体艺术由20世纪60—70年代的偶发艺术、激浪派艺术激发，伴随着计算机技术、录像技术的成熟，终于应运而生。[①] 从1963年人与计算机的首次国际象棋对抗，到1997年计算机“深蓝”首次击败了等级分排名世界第一的国际象棋棋手，这一时期的计算机技术不断进步，但是受制于网络尚未全面商业应用，新媒体技术只是处于商业应用的试水阶段。20世纪80年代，录像艺术作为新艺术形式而备受瞩目，逐渐成为与架上艺术、雕塑并驾齐驱的主要艺术形式。20世纪末，随着计算机技术和投影技术的发展，新媒体艺术在技术上取得了巨大飞跃。[②] 当时，人们对新媒体艺术的研究还囿于对“人—机”关系的探讨。

进入21世纪，网络技术开始介入新媒体艺术创作，艺术作品变得更加多样，显示出实时性、交互性、体验性等特征。网络视频开始日益受到受众青睐，脸书副总裁称视频“是这个世界上讲故事的最好方式”，这个拥有16亿用户的世界最大的社交网络平台在未来五年内可能“将全是视频”。[③] 通过手机移动终端收看网络视频已成为年轻受众的日常生活方式。

如今，5G技术领衔的新媒介技术蓬勃发展，大众媒介中心主义被不断解构，艺术的表达形式已变得不那么重要。传播主体成了一个个的“自我”，同时，“自我”也充当着受众，“香农-韦弗”的直线型传播模式已然变成从一个“自我”到另一个“自我”的传播闭环。自媒体仿佛成了全民自娱自乐的舞台，也成了民众表达意见的公共领域。赛博空间中，虚拟的人物关系造成了个人身体的“缺失”，只要思想驰骋在网络空间中就可以形成人与人之间的社会连接。早期的新媒体艺术中的“人—机”关系正在被网络新媒体艺术中虚拟的“人—人”关系取代。早期的新媒体艺术只能实现人机互动的小游戏，如今的新媒体艺术为受众搭建了一个个社交平台。新媒体艺术促成了物理空间中的陌生人在虚拟空间中的精神交往。

青少年作为网络的原住民，出生和成长在新媒体环境之中，他们不但喜欢通过视觉图像认知世界，就连表达情感和观念的形式也日益视觉化。在不断加速扩张的信息社会中，传统艺术已无法满足青少年精神上的全部需求，大众媒体也无法跟上技术更新的步伐。此时，以网络视频为代表的新媒体艺术以视听、微小、便捷、交互等方式，给青少年提供了一种崭新的艺术体验形式，更为他们提供了表达自己内心情感的出口。

---

① 杨华.论新媒体艺术的诞生[J].科技视界，2015(16)：139.

② 孟卫东.新媒体艺术生存和发展的当代背景[J].安徽师范大学学报(人文社会科学版)，2009(1)：101.

③ 2016网络短视频元年？[N].南国都市报，2016-08-17(24).

(二)媒介使用与青少年价值观的塑造

20世纪80年代末以来，“语言学的转向”似已寿终正寝，越来越多的思想家迷恋“视觉的转向”“图像的转向”或“视觉文化的转向”[①]。以理性为主导形态的语言思维逐渐被以感性为主导形态的视觉思维取代，视觉影像正潜移默化地改变着青少年对这个世界的认知和理解。对于当代青少年而言，通过小说构建出来的世界远不如网络视频、网络游戏有吸引力。

在胶片相机行业达到顶峰的1999年，全球消费者共拍摄了约800亿张照片；[②]数字摄影技术的出现使得照片数量迅速提升，2015年社交网络上分享的照片达到8000亿张，至2020年，仅社交媒介Instagram一家网络平台上分享的照片总数就超过了500亿张，用户每天上传到Instagram的照片和视频数量超过1亿。数据显示，72%的美国青少年正在使用Instagram，35%的美国青少年表示Instagram是其偏爱的社交媒体平台。[③] 如今，网络视频发展迅猛，以TikTok为代表的网络短视频平台正受到美国青少年的追逐。2020年10月的报告显示，TikTok已经超过Instagram，成为第二大最受美国青少年欢迎的社交应用。美国年轻用户是社交应用的关键受众。[④] 视频比静态照片更能吸引美国青少年的目光，美国青少年也越来越倾向于用视频表达自我。

价值观的导向作用是系统而深层的，它决定着人的自我认知、对待事物的标准等。价值观影响和决定人的信念、信仰、理想。价值观不是与生俱来的，而是个体在家庭、集体、社会中逐步形成的。如今，青少年所属的集体形态发生了很大变化。一方面，青少年可以通过社会化媒介更加顺畅地表达自我，其自我认知逐步转向以“自我”为中心。网络视频中，“自我”是无处不在的主角。个人中心主义在自媒体的“点赞”“转发”“评论”功能中被不断放大。另一方面，在学校这样的集体中，个人必须服从集体的规训，逐步形成符合社会预期的稳定价值观。集体往往是不可由个人挑选的，属于社会

---

① 米歇尔.图像转向[M]//陶东风，金元浦.文化研究(第3辑).天津：天津社会科学院出版社，2002：13.

② EVANS B. How many pictures? [EB/OL]. (2015-08-19) [2020-11-17]. https://www.ben-evans.com/benedictevans/2015/8/19/how-many-pictures.

③ Instagram by the numbers: stats, demographics & fun facts.[EB/OL].(2020-02-10)[2020-11-17].https://www.omnicoreagency.com/instagram-statistics/.

④ TikTok passes Instagram as second-most popular social app for U.S. teens[EB/OL].(2020-10-06)[2020-12-30]. https://www.cnbc.com/2020/10/06/tiktok-passes-instagram-as-second-most-popular-social-app-for-us-teens.html.

中的紧密构成体。而现在的青少年或多或少可以接触到虚拟网络社区,这些社区可能是视频论坛、追星社群等,其靠的是个体间共同的兴趣爱好,他们以虚拟形式聚集为线上集体——圈群。这种基于爱好的自发式圈群往往更容易使青少年受众沉迷。网络圈层关系对于青少年态度的转变、习惯的养成有着不可忽视的作用。

社会、家庭和学校构成了青少年价值观形成的重要环境因素。我国正处于社会转型期,不断变化的经济、文化因素影响着青少年稳定价值观的形成。要想进一步探究社会环境是如何作用于青少年个体价值观的,就需要分析承载价值观的有效信息是如何传递给青少年的,以及这些信息是如何使青少年形成稳定价值观的。研究显示,信息是经过了选择、注意、理解、内化四个阶段后,影响青少年价值观的,研究者总结出了“信息—选择—注意—理解—内化—新的价值观”的信息内化为价值观的过程。[①] 这一观点从微观层面上对信息传播过程与价值观的形成的关联做了较为准确的描述,让我们清楚地了解青少年价值观形成的过程和阶段。

在信息作用于价值观的微观层面上,信息源并不一定能直达信息接收方——青少年,这是因为在信息传播过程中存在“噪音”,也就是说,青少年个体间认知的差异性和传输通道的通畅度都会影响信息接收效度。这一如信息论中的“香农-韦弗”模式给我们的启迪:谋求传播的效果,无非是设法消除传受双方理解信息的不一致性。[②] 另外,提升青少年的注意力,实现价值观信息的有效传达,则需要对信息进行再加工,增强可读性,做到寓教于乐。

信息经过了选择、注意、理解、内化四个阶段的价值观内化理论只关注了青少年个体对信息的选择至理解的认知部分,而对于信息内化为青少年价值观的自我接纳部分关注不够。笔者认为,“内化”部分应当拆分为认同和接纳两个环节,只有价值观信息被青少年认同与接受才能内化为青少年价值观。青少年价值观形成过程应包括“选择—注意—理解—认同—接纳”五个环节。它们形成了一个完整的价值观信息传播链。这五个环节为进阶关系,不独立存在。同时,这一过程被置于社会大背景中,并不断受到“信息噪音”的影响,信息传播效果呈逐步衰减态势。这也就意味着价值观信息内化为青少年稳定价值观并不是一件容易的事。因此,提升价值观信息各阶段的有效传播率和吸收率,是影响青少年价值观建立的关键步骤。

---

① 吕冬诗.论网络文化对大学生价值观影响的内在机理[J].黑龙江教育学院学报,2010(11):74.

② 张国良.现代大众传播学[M].成都:四川人民出版社,1998:54.

(三)网络视频对青少年价值观塑造的影响

美国社会学家卡茨的"使用与满足"理论将媒介接触行为概括为"社会因素+心理因素—媒介期待—媒介接触—需求满足"的因果连锁过程。卡茨曾经谈道:"受众成员主动利用媒介内容,而不是被动接受媒介的控制,因此,它所假设的并不是媒介与效果之间的直接关系,而是推定受众成员能够利用信息,他们对信息的利用也会影响到媒介效果。"[①]很显然,卡茨认为"信息"能满足人们的个人需求,他提出的"使用与满足"理论中的"使用",使用的就是媒介信息。青少年将媒介信息内化为价值观的过程并不完全受社会因素和心理因素的影响,因为青少年并不是被动的信息接收者,也会主动地参与媒介信息的"使用与满足"过程。

网络视频是信息技术与设计艺术高度结合的产物。新型媒介形态的出现、媒介之间的融合决定了艺术设计形态的多样化,推动了艺术设计形态的变革与演化。[②] 以网络视频为主要形态的新媒体艺术作品具有很强的价值观遮蔽性,可通过隐藏在艺术形式中的立场,隐晦地传达价值观。网络视频的叙事方式、结构设计无不透露出新媒体艺术制作方的价值观预设。新媒体艺术通过视觉语言,艺术化地建构出价值观内容的影像,这些影像并非对真实世界的客观描摹和还原。传播主体框选视像主题、把控传播内容、控制视觉形象,再由新媒体艺术手段设计出适合受众群体的视觉表达方式,视像画面、情节、音效经过艺术化处理,在表达形式方面增加了视像的创意性和艺术感染力,从而弥补了原本价值观宣传内容表达方式的单一性和枯燥感。网络视频传播价值观,并不意味着直接将文字信息配图或配视频传播,而是以适合新媒体艺术的表达方式,经过选择编辑后,将需要传播的价值观信息的主要内容框选出来,形成文字大纲。此后,通过对受众需求、媒介的分析,选择最适合的艺术传播方式。在这一过程中,构思出一个适合价值观内容的创新性新媒体艺术方式尤其重要。

新媒体艺术的信息传播结构不再是平面的,而是立体多元的。传播渠道从单向的结构转换为网状的多元结构。青少年对网络视频的接受已脱离了大众传播时代的共享式的广场狂欢[③],转变为网络海洋中孤独个体间的心灵触碰。在新媒体艺术与网络传播的合力下,网络视频的信息传播方式不再是单向的信息宣灌,而是更加侧重于交

① 庚月娥,杨元龙.使用与满足理论在网上聊天的体现[J].当代传播,2007(3):94.

② 汤箬梅.创新设计教育:艺术设计高等教育跨学科发展趋势[J].南京艺术学院学报(美术与设计),2014(5):125.

③ 许鹏.论新媒体艺术研究的特殊内容与方法[J].中国人民大学学报,2007(1):151.

互式的心灵沟通。这种心灵沟通方式更易被青少年群体接受。网络视频对青少年价值观的塑造提供了行之有效的载体和手段。在青少年价值观教育方面,应该更多地使用网络视频等新媒体艺术表现形式。

二、网络视频引导青少年价值观塑造的策略

从新媒体艺术对青少年核心价值观的影响的结论出发,可以看出塑造当代青少年价值观的有效方式是使青少年从被动学习转换为主动参与,这需要充分发挥网络视频对青少年价值观的引导作用。网络视频应从社会、学校和个体层面对青少年价值观进行引导和塑造。

(一)社会角色培育策略

美国心理学家和教育家劳伦斯·科尔伯格是道德认知发展理论的代表人物。他认为青少年道德发展不能脱离社会的文化环境,这是一个与文化相互作用的过程,受到社会环境和文化环境影响和制约。因此,促进青少年的道德发展,就要加深其参与社会活动的程度,给青少年提供参与社会活动、扮演社会角色的机会。否则,青少年就没有进行道德判断活动的机会,道德发展也无法进行。[①] 他进一步提出了“公正团体法”的道德认知模式。他通过对以色列集体农庄学校的访问发现,该学校学生道德发展分数比其他地区犹太学生要高,甚至超过了美国等发达国家。经研究发现,这所学校的教育使学生十分遵守社会规则,但这些规则并不是由教师通过抽象的说理传授给学生的,而是学生通过在集体生活中的共同交往,对规则的实践和讨论得来的。但凡经过讨论定下的规章制度,便有了集体的权威性,如有人违规,便会遭到同伴的指责。[②] 在奉行集体主义价值观的中国,“公正团体法”的道德认知模式很有借鉴意义。

在当下社会,互联网技术的运用可以使这种价值观驯化团体以网络团体的形式存在,并创作和建立相对应的网络视频及社区。内容可根据青少年感兴趣的主题来创建,新媒体艺术作为主要表现形式,以增加网络视频的吸引力。在网络视频中,可以通过虚拟角色扮演和认知冲突法等认知手段促进青少年道德认知发展。网络视频社区应设立规则,鼓励大家积极讨论,不压制理性的反对意见,以达到群体意见的统一;发挥虚拟同伴和群体的影响作用,帮助青少年塑造正确的价值观。

---

① 科尔伯格.道德教育的哲学[M].魏贤超,等译.杭州:浙江教育出版社,2000:99-101.

② 林岳新.多元文化背景下青少年价值观培养研究[M].北京:中国社会科学出版社,2011:189-192.

(二)学校美育引导策略

新媒体艺术作为艺术的一种形式,强调作品的艺术表现和审美体验,通过创新艺术形式和媒介手段将信息有效传达给受众。在网络技术的推动下,网络视频正成为青少年价值观教育的重要载体。

在西方,美国政府制定的《美国艺术教育国家标准》认为,艺术在社会建设和人格培育中扮演着极为重要的角色。每门艺术学科对文化、社会和人的生活作出各自独特的贡献。[①] 用艺术充实青少年价值观的知识体系,已成为西方教育的指导性理念。在我国,蔡元培提出了"以美育代宗教"的思想,指出艺术教育对于培育人的使命感发挥着极其重要的作用。[②] 在蔡元培的倡导和身体力行之下,美育对于青少年人格培育的作用日渐受到关注。近日,我国中共中央办公厅、国务院办公厅印发的《关于全面加强和改进新时代学校美育工作的意见》强调,以立德树人为根本,以社会主义核心价值观为引领,以提高学生审美和人文素养为目标,弘扬中华美育精神。[③] 这一政策将学校价值观培育与艺术审美和教育紧密关联在一起,将我国青少年艺术审美能力和艺术教育要求提升到了新的历史高度。

青少年价值观教育需要培育青少年健全的人格、健全的心智和处理社会关系能力等。具有"爱"和"被爱"能力并感受到个体幸福之人,才能对社会有大爱之心。艺术审美能力培养是启迪爱美之心、健全人格的有效方式。我国青少年价值观的培育迫切需要在学校层面上增加美育内容,尤其是青少年喜闻乐见的新媒体艺术教育。以网络视频为代表的新媒体艺术作为最前沿的艺术形式,是新时代赋予艺术教育的有效的传播工具。各级学校可通过新媒体艺术教育塑造青少年的价值观。

(三)个体层面引导策略

除了社会和学校需要对青少年价值观进行引导,网络视频在青少年价值观培育的个体层面也十分重要,对应上文总结的"选择—注意—理解—认同—接纳"的价值观信息传播链,应做到如下几点。

---

① 刘沛译.美国艺术教育国家标准[J].中国美术教育,1998(6):32.

② 蔡元培.蔡元培美学文选[M].北京:北京大学出版社,1983:213.

③ 中共中央办公厅、国务院办公厅印发《关于全面加强和改进新时代学校体育工作的意见》和《关于全面加强和改进新时代学校美育工作的意见》[EB/OL].(2020-10-15)[2020-11-17].http://www.xinhuanet.com/politics/2020-10/15/c_1126616323.htm.

第一，发挥网络视频的创新性和审美感，加强青少年个体对价值观内容的识别。网络视频是青少年群体喜闻乐见的艺术表现形式，以此形式对价值观内容进行全新设计包装，可以充分发挥寓教于乐、从乐中学的现代教育理念。从价被动接受转换为主动学习是培育青少年价值观的根本路径。

第二，采用网络视频形式，强化青少年个体对价值观内容的注意。短视频与二次元视频深受青少年群体欢迎，要善于利用这些媒介传播价值观信息。网络视频虽然深受青少年喜爱，但也存在着对媒介设备要求较高、制作周期长等劣势。这需要加强媒介融合，使相关信息互为补充，共同推进青少年价值观教育。

第三，规范和提炼网络视频的视觉符号，提升青少年个体对价值观内容的理解力。信息的有效传达涉及传播者编码和接收者解码的过程，这一过程受接收者的教育程度、文化背景、地域等多方面因素影响，如果编码和解码的过程出现偏差，就会出现误读视觉符号的现象。解决这一问题的方式是规范和提炼网络视频的视觉符号，特别是提炼出代表当代中国的新媒体视觉符号。青少年的思维方式尚未成型，编制出适合他们的新媒体艺术视觉符号有助于提升青少年个体对价值观内容的理解，以防出现视觉符号编码和解码错位的情形。

第四，以趣味性、民族性、接近性高的网络视频内容加强青少年个体对价值观内容的认同度。青少年接收信息时青睐于有趣味性、接近性的内容，这些内容能较好地调动起青少年的认同感。网络视频的视觉形象生动有趣，如果能在这些内容中加入青少年关心的话语和主题，多采用他们惯用的话语方式介绍价值观内容，则能有效调动青少年的关注，提高其对价值观内容的认同感。

第五，对网络视频中价值观内容的反复强化，可促使青少年个体接纳价值观内容。增加信息曝光度是提升信息内化效率的有效手段。通过不同形式的网络视频传播相同的价值观信息，将会提升青少年个体的接受度。五个环节合力，最终可使青少年形成稳定的价值观。但需要提醒的是，青少年稳定价值观的形成并非一蹴而就的，需要反复强化的过程。

结　语

青少年时期是形成个人稳定价值观最为重要的时期。价值观的培育并非一蹴而就的，是青少年在社会化的过程中逐步形成的，是青少年不断学习和内化社会行为方式和价值准则的过程。在视觉转向后的社会中，利用以网络视频为代表的新媒体艺术的积极作用引导青少年形成正向的价值观,探究网络视频对青少年价值观的影响机理,研究青少年价值观的培育模式就显得尤为重要。

青少年群体追新求变,内容正向的网络视频不但可以愉悦青少年的身心,还可以使其从乐中学,进而净化心灵,形成积极乐观的人生观和价值观。但需要警醒的是,网络视频是把双刃剑,存在"过度强调感官刺激、低俗内容屡禁不止、危害青少年成长、营造沉浸上瘾环境、涌现模仿乱象"[①]等问题。就像斯各特·拉什所指出的,"信息社会的巨大矛盾是:以最高的知识与理性为生产要素所生产出来的东西,其无心之果竟是最极端的(也是信息性的)非理性的充斥与超载"[②]。我们需要抵御网络视频中的糟粕,用新颖、正向的网络视频介入当代青少年的价值观培育过程中,这样才能更好地吸引青少年对价值观信息的关注,从而帮助青少年群体塑造正向的价值观。

〔汤筠冰,复旦大学新闻学院副教授〕

〔特约编辑:叶明睿〕

---

① 谢新洲,朱垚颖.火爆背后的问题分析[J].出版科学,2019,27(1):86.

② 拉什.信息批判[M].北京:北京大学出版社,2009:124.

突发性公共卫生事件网络舆情的演变与治理*

——基于新冠肺炎疫情期间典型舆情事件的分析

Evolution and Governance of Internet Public Opinion on Public Health

—Analyses of the Typical Internet Public Opinion Event During COVID-19 Epidemic

◎ 于 然 李小函

Yu Ran Li Xiaohan

摘要:本文概述了我国社交媒体的发展现状,辨析了网络舆情的概念,探析了社交媒体在网络舆情应对中的作用,通过抓取社交媒体数据分析总结新冠肺炎疫情期间的舆情特点,梳理疫情期间的典型案例——"武汉刑释确诊人员抵京事件"的发展脉络,基于社交媒体分析突发性公共卫生事件网络舆情的生成原因、演进特点和治理方案,为今后网络空间中突发性事件的舆情研究和治理提供新思路。

关键词:社交媒体;网络舆情;治理

Abstract: This paper summarizes the current development of social media in China, analyzes the concept of Internet public opinion and explores the role of social media in the response to internet public opinion. We summarize the public opinion characteristics of COVID-19 by grasping and analyzing the social media data, and sort out the development of the typical case—the "Mrs Huang who was released from the prison located in Whuan and then arrived in Beijing" event led by the Department of Justice-during the outbreak. This paper analyzes the causes, evolution characteristics and governance schemes of Internet public opinions on public health emergency based on social media, providing a new idea for the study and governance of public opinion of public health emergency in cyberspace in the future.

Keywords: social media, Internet public opinion, governance

* 本文系教育部人文社会科学重点研究基地中国传媒大学国家传播创新研究中心课题"中国传媒人才体系建构研究"(项目编号:19JJD860001)的阶段性成果。

引 言

(一)我国社交媒体发展现状

自1994年中国获准接入互联网并完成全国联网以来,网络信息技术的迭代使中国从弱联结社会步入强联结社会,推动了政治、经济、文化等领域的深刻变化。中国互联网络信息中心(CNNIC)发布的第44次《中国互联网络发展状况统计报告》显示,截至2019年6月,我国网民规模达8.54亿,较2018年底增长2598万,互联网普及率达61.2%,较2018年底提升1.6个百分点。[①] 近年来我国网民总体数量呈现持续性高速增长的态势,移动智能终端的迅速发展降低了公众接触和运用互联网信息渠道的门槛,公众亦可通过网络虚拟空间探讨社会公共议题。社交媒体中个人私域和公共场域产生重叠,网民主动或者非主动地暴露隐私信息。媒介是人的延伸,社交媒体通过网络技术和多媒体技术多维度地延伸了人的认知能力,改变着参与者的思维方式。互联网的信息流动具有实时性、互动性、自发性、无序性和高度卷入性等特征,社交媒体也逐步构建了承载社情民意的舆论环境,公众通过编辑、点赞、评论和转发等行为表达个体的立场和态度,反映自身在各类事件中的价值取向和利益诉求。社交媒体起源于20世纪70年代出现的Usenet、ARPANET和BBS系统。[②]

我国社交媒体的发展肇始于1994年国家智能计算机研究中心开通的"曙光BBS",其已经具备看帖和回复功能。2005年,"校内网"(后更名为"人人网")发布,因秉持着同学社交的理念在高校中广泛流行。Web2.0时代下的社交服务网站蓬勃发展,社交媒体多维渗透进现代社会生活,成为网络空间中不可忽视的力量。2010年以来,微博、微信等社交平台迎来了用户数量数以亿计的增长,社交媒体改变了人与人之间的社交模式。根据传播形态和运营模式,我国的社交媒体可以分为平台型(如微博、微信)、社群型(如微信公众号)、工具型(如网易云音乐)和泛在型(如抖音),四种类型并非单一的固化存在,而是相互依存、共生于复杂的互联网生态中。[③]

---

① 中国互联网络信息中心.第44次《中国互联网络发展状况统计报告》[EB/OL].(2019-08-30) [2020-3-19]. http://www.cac.gov.cn/2019-08/30/c_1124938750.htm.

② 曹博林.社交媒体:概念、发展历程、特征与未来——兼谈当下对社交媒体认识的模糊之处[J].湖南广播电视大学学报,2011(3):65-69.

③ 谭天,张子俊.我国社交媒体的现状、发展与趋势[J].编辑之友,2017(1):20-25.

(二)突发性公共卫生事件和网络舆情的概念

1.突发性公共卫生事件的概念

2006年国务院颁布的《国家突发事件总体应急预案》将突发性公共卫生事件定义为:"突然发生并危及公众生命健康和财产安全,需要政府部门及时采取措施处理的重大传染病疫情、群体性不明原因疾病、动物疫情、重大食物和职业中毒以及其他严重影响公众生命安全的事件。"其特点是突发性、公共性、非预期性和危害性。此类事件一旦发生,其扩展的规模、程度和声势会非常大,比如2003年的SARS疫情、2009年的甲型H1N1流感和2020年的新型冠状病毒肺炎疫情等。虽然突发性公共卫生事件具有突发性和不可预测性,但是大多突发事件在酝酿阶段会经历从量化积累到质化转变的过程。以此次的新冠肺炎疫情为例,我们可以发现,人与病毒共生的环境稳态由于人对自然的过度介入而遭到破坏,病毒首先在一定空间和时间内肆虐并逐步蔓延,武汉采取了近代公共卫生史上未曾有过的封城措施来阻止疫情扩散,职工、企业、学生都被迫停工、停产、停学,疫情初期大量滋生的网络谣言则加速了事件升级的过程,同时也引发了疫情期间的网络舆情浪潮,但针对舆情的迅速响应,则成了舆情应对的核心经验。

2.网络舆情的概念辨析

国内外学者对舆情的概念已进行了较为深入的探析和阐释。"舆情"一词有着深厚的历史渊源,在传统文化中指代民间疾苦之声,王来华认为舆情是公众的社会政治立场,由"知、情、意"组成其内在结构,是与民生、民主共生的现代社会政治心理现象。[①] 丁柏铨强调舆情不是"舆论情况"的简称,而是指公开表达和未公开表达的民意,未公开表达的民意在特定时间和场合迸发容易造成巨大的舆情危机。[②] 张元龙梳理了王来华、张克生、王建龙和刘毅等人的观点,将舆情归纳为某一特定事件的群体性情绪、意愿、意见和要求的总和及其表现。[③] 当网络成为舆情的发生阵地和传播介质,网民成为舆情的主体时,网络舆情形成。刘毅强调网络舆情是公众对与自身休戚相关的事件所持的多种情绪、立场和意见的总和。[④] 曾润喜则认为网络舆情表现为民众遭

---

① 王来华.当前舆情研究深入展开中的几个重要问题[J].新闻与传播研究,2018,25(S1):120-121.

② 丁柏铨.对舆情概念的认知和思考[J].编辑之友,2017(9):5-11.

③ 张元龙.关于"舆情"及相关概念的界定与辨析[J].浙江学刊,2009(3):182-184.

④ 刘毅.网络舆情研究概论[M].天津:天津人民出版社,2007:53-54.

受突发性事件刺激后产生的认知、态度、情感和行为倾向。[①] 关于网络舆情的概念界定众说纷纭，政府部门和学术机构越来越重视互联网舆情监测工作，网络舆情衡量指标也在舆情监测实践中不断拓展和完善。中央级媒体舆情监测机构这样定义网络舆情："网络舆情以网络为扩散载体、以突发事件为过程核心，是广大网民内心情感、真实态度、相关意见、不同观点的表达、传播与相互之间信息交换的互动，以及整个过程后续影响力的集合。"刘毅和曾润喜的定义侧重于对网络舆情主体反应的关注，而随着社交媒体的深入发展，网络舆情的生成和演化呈现出复杂的变化过程，网络舆情不再只是民众意见和情绪的简单交错相加，网络舆情客体的包容性也越来越强，不仅仅局限于与人们利益相关的公共议题，而且涉及公众主流观点的汇聚并呈现出动态流变的特征。通过归纳总结舆情和网络舆情的概念，本文把网络舆情定义为：在网络空间生成的，以网络为传播介质的，网民对突发性事件持续、强烈的认知、情感、情绪和态度的交汇聚合以及整个过程的集合。

（三）社交媒体在网络舆情应对中的作用

社交媒体不仅重塑了公众的媒介接触偏好，也潜在重构了社会的关系网络，[②]逐渐成长为舆情事件发生的主阵地。信息通过社交关系网络裂变式传播，从而对其他社会成员的意见和观点产生不同程度的影响，促使成员在面对突发性事件时进行不同的舆论表达。舆情主体趋于复杂多元，舆情态势不断变化，随着信息剧增，舆情事件可能出现多次"反转"，因此社交媒体在舆情应对中的作用也呈现出了新动向。第一，搭建官方和民间的沟通渠道，形塑公众的民主参与意识。政府、媒体和个体都可以开通个人账号，在社交媒体中平等公开地发布信息，公众可以通过社交媒体对官方政策及时做出反馈，普通人的参与意识和主体意识逐渐被强化，尤其是在突发性事件的舆情应对中，这可以提振民众对于官方应对公共危机的信心。第二，为舆情应对提供信息资产，全方位准确地捕捉民意。社交媒体海量的信息库为舆情应对提供了信息资产，互联网技术可以捕捉调用这些信息资源，分析突发性事件中舆论焦点和民众总体意见倾向，助力舆情引导主体判断舆情发展态势，提出合理的舆情应对方案。第三，建构舆情治理的传播矩阵，有效化解舆情危机。[③] 信息经过多级传播后可以形成强大的影响力，

---

① 曾润喜.网络舆情信息资源共享研究[J].情报杂志，2009，28(8)：187-191.

② 李彪，郑满宁.社交媒体时代的网络舆情：生态变化及舆情研究现状、趋势[J].新闻记者，2014(1)：36-41.

③ 陈星豫，段峰峰.基于社交媒体的公共危机事件舆情引导策略[J].新闻前哨，2018(1)：24-27.

因此应利用社交媒体中多个账号的联动作用持续发布信息，形成政府、媒体和意见领袖之间的协作关系，建构舆情治理的传播矩阵，使多方共同应对、化解突发性事件中的舆情危机。

一、新冠肺炎疫情期间网络舆情特点

（一）百度指数数据

百度指数是由百度官网提供的分析指标，也被称为“百度搜索指数”，“以网民在百度的搜索量为数据基础，以关键词为统计对象，科学分析并计算出各个关键词在百度网页搜索中搜索频次的加权和”。根据数据来源的终端载体不同，可分为 PC 端搜索指数和移动端搜索指数，整体搜索指数是 PC 端搜索指数和移动端搜索指数之和。在百度指数页面将“肺炎疫情”作为关键词键入，选取时间段为 2019 年 12 月 16 日—2020 年 3 月 20 日，范围包括 PC 端和移动端，得出的指数走势如图 1 所示，虚横线为平均值。

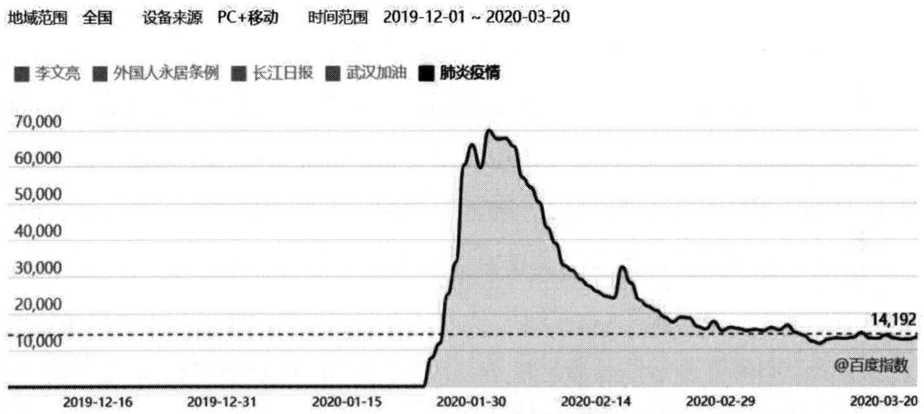

图 1 关键词“肺炎疫情”的百度搜索指数

（二）微博热搜词云图

微博提供了突发事件中各方话语博弈的平台和场域，较为完整地记录了事件整体发展和演变的过程，微博热搜内容包含了微博平台上的热门话题，反映了微博用户当下关注和讨论的焦点问题，本文利用 Python 网络爬虫技术爬取了 2020 年 1 月 19 日—2020 年 3 月 20 日之间所有出现在微博热搜榜单的话题，共计 6319 条，根据词频高低生成的词云如图 2 所示。

图 2　微博热搜词云

(三)新冠肺炎疫情期间网络舆情特点分析

新冠肺炎疫情期间的网络舆情特征可总结为三点。首先，议题集中于社会、医疗和健康等领域且舆情走向多元化。如图 1 所示，网民普遍开始关注新冠肺炎疫情的时间节点是 1 月 20 日，在 1 月 22 日—1 月 23 日之间搜索指数超出平均值且呈直线上升状态，说明网民关于疫情的搜索量急剧增长。截至 3 月 20 日，搜索指数在平均值附近上下波动，笔者推测这是因为全国疫情虽然尚未结束但总体形势处于稳定可控的状态，民众的心理状态趋于稳定，此时网民对于疫情仍有一些关注。如图 2 所示，"武汉""湖北""肺炎""口罩""确诊""新型""疫情""医院"等词语出现频次较高，总计在 100—500 次之间，除了与疫情总舆情密切相关的话题词，还有衍生辐射出的子话题词比如"野生动物""毕业""开学""专家"等。微博舆论场信源的多元化和去中心化增加了舆情走向的多重可能性，主流媒体、意见领袖和发声的个体共同参与议题建构，主流媒体以专业客观的新闻报道有效地引导舆论，民间意见领袖的观点能够形成强大的舆论压力，倒逼信息发布的透明化和公开化，例如武汉红十字会事件中，在央视记者探访武汉红十字会仓库被拦下后，公众讨论态势持续走高，人民网、光明网、《中国青年报》等媒体纷纷发表评论，面对质疑声湖北省红十字会公布捐赠物资明细表，接受舆论监督，微博舆论场中各方力量互相竞合，推动舆情的发展进程。其次，各媒体平台以微博、微信和客户端(即两微一端)传播为主，舆情周期长。疫情期间舆情的流转有两种形式：第一种，传统媒体报道后通过两微一端潜伏发酵，触发网民点赞、评论和转发行为，公众的观点迅速聚合形成反馈，主流媒体在研判舆情后有针对性地引导舆论，例如在疫情发生后，恐慌情绪充斥网络空间，央视访谈类栏目《新闻 1＋1》每期邀请权威专家和决策者分析当日疫情并提出对策，及时回答公众困惑；第二种，网民首先在两微一端等平台公开发表对某一事件的认知、情感和态度倾向，随后媒体跟进报道，例如疫情初期武汉医生在社交媒体发出的“武汉出现不明原因肺炎病人”等信息事件和武汉协和医院物资紧缺事件等。疫情期间网络舆情持续时间长，与疫情相关的网络舆情始终存在，在总舆情持续存在的背景下，子舆情“前赴后继”，对主流媒体的舆情预警和应对工作形成了巨大的考验。最后，舆情烈度高，具有偏差性。特殊时期的宅居隔离使得公众有充足的时间参与虚拟空间中公共议题的探讨，他们的信息、意见和情绪通过互联网隔空交换。信息失序状态加剧了谣言的滋生，网民接收到的是经过多重过滤后的新闻，不是真正的新闻报道，公众疲于应对海量的互联网信息而难以判断信息的真实性，基于用户喜好的算法推荐技术使得受众不断强化固有认知，排斥、拒绝与己不同的观点，无法全面客观地审视事件，例如疫情期间不断涌现的谣言在公众中大规模传播，因此及时的辟谣工作就必须常态化进行。

二、新冠肺炎疫情期间网络舆情典型案例回溯

（一）“武汉刑释确诊人员抵京事件”始末

1.事件背景介绍

表 1 包含了“武汉刑释确诊人员抵京事件”的全平台热搜话题，图 3 是该事件的时间脉络，直线高度表示当天相关的全网热搜榜单数量。2020 年 2 月 26 日，北京市东城区通过微信公众号“东城区崇外街道新怡家园社区”报告一例新型冠状病毒感染的肺炎病例，该病例于 2 月 24 日确诊，同时有媒体报道称病例 H 女士是武汉当地监狱刑满释放人员，在武汉已确诊，由家属开车接往北京。在疫情防控最严峻的关键时期，此事件违反了离汉离鄂通道管控要求，引发众多网民热议。

表 1 “武汉刑释确诊人员抵京事件”社交媒体热搜话题

上榜时间	热搜榜单	平台
2020/2/26 19:30	北京东城出现武汉来京病例	微博
2020/2/27 8:00	北京东城出现武汉来京病例	抖音
2020/2/27 8:20	白岩松谈武汉来京女子确诊新冠肺炎	抖音
2020/2/27 11:10	白岩松谈武汉来京女子确诊新冠肺炎	微博
2020/2/28 4:10	东城现武汉来京病例	头条
2020/3/2 17:10	正调查黄某英事件是否构成违法犯罪	微博
2020/3/2 20:50	北京公布黄某英进京细节	微博
2020/3/2 22:10	黄某英离汉进京事件调查结果	微博
2020/3/3 12:10	黄某英事件细节公布	头条
2020/3/16 21:30	武汉刑满释放进京黄某英出院	微博
2020/3/22 22:20	警方通报武汉刑满释放人员进京事件	微博
2020/3/23 11:30	通报黄某英进京事件	头条

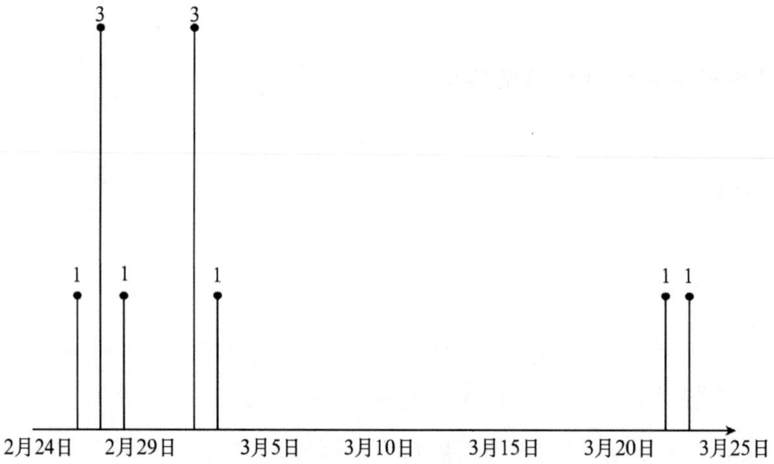

图 3 “武汉刑释确诊人员抵京事件”时间脉络

2.酝酿阶段

“东城区崇外街道新怡家园社区”微信公众号通报病例的时间为 2020 年 2 月 26 日 12 时 03 分,社交媒体平台热搜榜单首次出现与该事件相关的话题的时间是 2 月 26 日 19 时 30 分,此段时间是舆情酝酿阶段。在该微信公众号发布信息之后,北京市疾控中心再次通报这一病例,报告该病例发病前后的具体行程。央视新闻、《中国新闻周刊》、《环球时报》和凤凰网等媒体纷纷报道此事件，社交媒体上开始出现“北京东城出现武汉来京病例”相关话题，网民接连参与话题讨论，此时话题热度持续攀升，舆情处于发酵之中。

3.高潮阶段

2月26日—2月27日是舆情的爆发阶段，媒体发布和网民发声共同推进舆情发展。人民网舆情频道发表评论“防控疫情决不能有‘缝隙’。事发武汉，却也为全国敲响警钟”，在26日播出的《新闻1+1》中，白岩松发问：“在如此严密的防控之下，她是怎么从武汉回到北京的呢？……人情、权力和利益或者其他的因素，会不会使看似严密的防控出现松动甚至有漏洞，这样的话大家就会非常担心。”“北京东城出现武汉来京病例”话题迅速登上热搜榜单，话题讨论量5万以上，阅读量在3亿以上，不断有用户在社交媒体发表观点。图4是《中国新闻周刊》报道该事件的微博的部分热门评论，

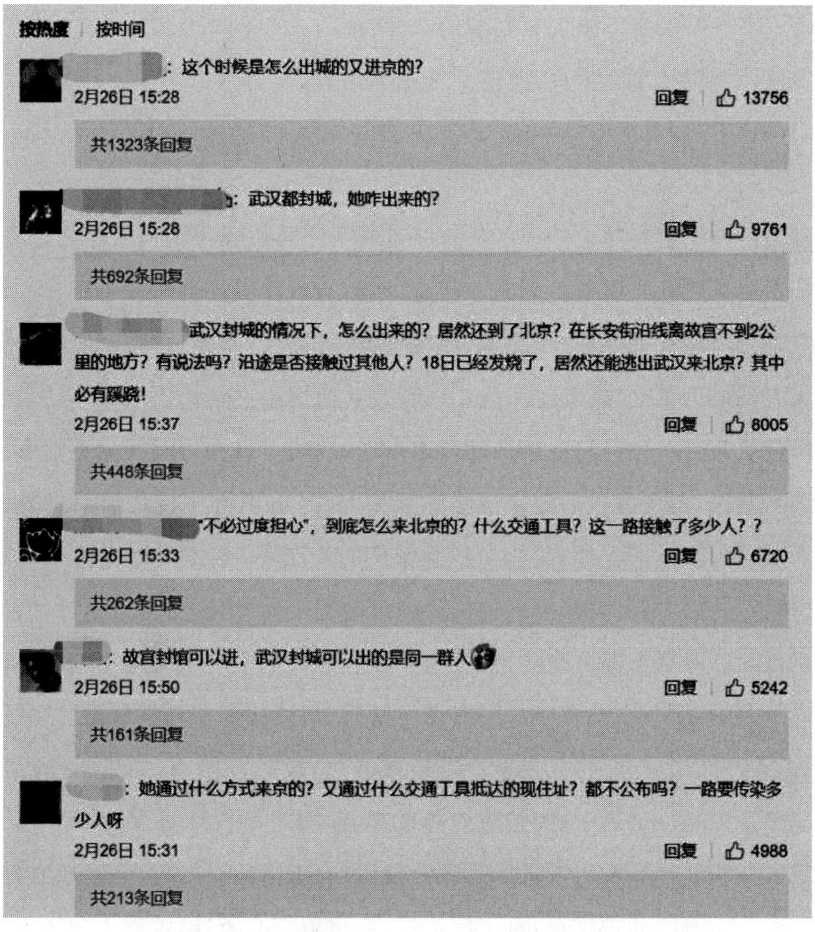

图4 “武汉刑释确诊人员抵京事件”部分微博热评

舆论聚焦于“武汉封路如何自驾来京”“黄女士身份”“中途接触人员”等核心话题。网民在意见中使用了许多“问号”,以此来表达疑问和忧虑。27 日凌晨,司法部发布消息:“中央政法委、最高人民检察院、公安部组成联合调查组,赴湖北就武汉女子监狱一名刑满释放人员感染新冠肺炎到京事件进行调查。”27 日上午,北京召开新冠肺炎疫情防控工作新闻发布会,告知公众针对黄某某事件成立调查组,并将相关情况及时通报。27 日晚,《湖北日报》发布“针对 26 日网传一名刑满释放新冠肺炎确诊人员离汉抵京的有关情况”,“湖北省已成立由省纪委监委牵头,省委政法委、省检察院、省公安厅、省司法厅组成的联合调查组,立即开展调查工作”。

4.延续和衰退阶段

2 月 28 日之后,随着事件进入调查之中,网民关注度有所回落,公众议题集中于事件的调查和处理结果等问题,3 月 22 日,北京市公安局东城分局通报“武汉刑满释放人员进京事件”,决定不追究黄某某的法律责任,此后网络舆情的信息量显著减少,逐步被其他舆情替代直至消失,舆情危机基本化解。

(二)突发性公共卫生事件网络舆情演进分析

网络舆情的生成和演化经历了从有序走向无序再由无序走向有序的过程,其一旦发生很难立刻从失衡状态调整到有序状态,在舆情事件的高潮阶段强行介入将会带来负面影响,甚至导致事件的二次爆发,使舆情走向失控。首先,从持续时间来看,“武汉刑释确诊人员抵京事件”持续时间为 10 天左右,舆情事件经历了酝酿、高潮、延续和衰退四个阶段。通过对舆情阶段的梳理可以发现,舆情可以在短时间内迅速酝酿发酵并达到高潮。其次,舆情爆发后公众情绪和意见交锋,出现群体极化现象。突发性事件直接或间接损害群体或个体利益,在利益受损的情况下,个体容易模仿或复制群体的行为,这种行为随着网民对于事件的关注和讨论程度而变化,会催生单极、两极或多极的倾向性观点。疫情期间公众心理脆弱,个体在这种情境中可能会不知所措、无所适从甚至失控,因此网民在此次事件中有许多偏激、情绪化和非理性评论。“武汉刑释确诊人员抵京事件”中,部分信息在社交媒体被聚焦、放大和扭曲,如果不进行适当引导就会造成不良影响。最后,从舆情应对角度来看,舆情危机通过媒体或者官方回应才得以消解。在舆情从高潮阶段进入延续阶段后,有关部门召开发布会、成立调查组,并在后期及时公布调查处理结果,直击舆情痛点,化解核心矛盾,消解了网络中的抵触和排斥心理,舆情事件得到妥善处理。

三、突发性公共卫生事件网络舆情的调控和治理

突发性公共卫生事件中的网络舆情治理不仅需要遏制负面舆情的产生，还需要考察突发性公共卫生事件形成的总舆情特征。由于身心受到影响和外部资源短缺，公众作为直接受灾体，其脆弱性比在正常的社会秩序下要高，①容易产生负面心理反应，如恐慌、焦虑和负罪感等。② 网络舆情中的情绪表达恰恰是公众在面对突发性公共事件时负面心理反应的外化，在进行舆情治理的时候必须考虑到公众情绪的变化，以便采取合理措施妥善处置舆情危机。

(一)舆情预警：监测舆情爆发动因，发掘危机产生源头

通过监测或识别社交媒体中舆情爆发的潜在动因，对突发性公共事件中的舆情进行预警，可有效地从根本上发现危机，阻止舆情事件的生成和爆发。网络空间中的各种矛盾都是引发舆情事件的动因，其若得不到妥善处置，将会通过社交媒体酝酿、发酵和聚合，产生巨大的能量。应运用全量思维和关联思维进行舆情治理，开发大数据挖掘等互联网信息技术，建立监测机构，完善舆情预警信息系统，捕捉社交媒体中的信息资源进行分析检测。监测系统根据事件类别分级分层次设立相应的监测体系，并配备监测仪器和工程技术人员，构建覆盖全域的社交媒体大数据平台，设立信息总量、平台分布、情感属性和情绪走势等分析指标，重点评估网络中的负面信息和消极情绪，从而追踪舆情的发展走向。舆情预警工作的顺利推进需要合理地调配和使用社会和行政资源。③ 政府相关部门可以整合官方和民间的舆情预警信息，进行专业评估，制定应对方案，从源头上遏止危机。

(二)舆情研判：纾解公众负面情绪，精准回应焦点问题

舆情研判是对公众未公开表达的意见、情绪的关注和把握，建立在全面掌握真实准确的舆情信息的基础之上，④进行舆情研判需要准确判断舆论焦点和集体关切的问题，这样才能有针对性地减少社交媒体中的负面情绪。媒体缺位、社会心理失衡和网

---

① 彭宗超，钟开斌.非典危机中的民众脆弱性分析[J].清华大学学报(哲学社会科学版)，2003(4)：25-31.

② 秦启文，周永康.公众在突发事件中的负面心理反应解构[J].西南大学学报(人文社会科学版)，2006(1)：86-91.

③ 焦俊波.突发事件舆论引导机制研究[D].武汉：华中科技大学，2013：75.

④ 丁柏铨.自媒体时代的舆论格局与舆情研判[J].天津社会科学，2013(6)：37-43.

络谣言肆虐等社会负面因子会导致公众消极情绪的升级。媒体是满足公民知情权的重要渠道,媒体的新闻源垄断、缺位和错位等行为都会加重突发性事件中的信息不对称现象,尤其在突发性公共卫生事件中个人的生命财产安全易受损害,若公众没有及时被告知相关防护措施或者接收了错误的信息,会加大突发性事件导致的损失。因此,媒体在发挥舆论监督功能的同时也应当做到相互监督,在社交媒体平台形成互动的传播矩阵,促进信息发布的准确、透明、客观和公正。社会心理失衡有着深层的社会历史原因,不健康的价值观相互碰撞容易导致社会核心价值观的迷失进而导致社会心理失衡,[①]社会心理失衡在突发性事件中通过社交网络被放大,强化了互联网空间中的负面情绪,和谐友善的行为退隐,戾气充斥着社交媒体。舆情事件中的社会心理失衡情况很难被彻底清除,我们只能通过适当的安抚疏导减少不满情绪。网络谣言也是诱发舆情升级的原因之一,网络流言和谣言有着很大的差异。网络谣言的本质是没有根据的虚假信息,而网络流言作为一种未经证实的陈述可以被传播者刻意加工后向网络谣言转化。[②] 舆情研判时需要从网络流言中甄别谣言并及时辟谣,降低网络谣言产生进一步危害的可能性。

(三)舆情引导:延续阶段再干预,最大限度地降低危机损失

网络舆情事件爆发后政府和媒体都需要给予其高度重视,而非放任事态的发展;在舆情高潮后的延续阶段进行晓之以理、动之以情的引导,可以最大限度地降低舆情危机造成的损失。舆情是社会时事的"晴雨表",舆情事件爆发后需要一段时间让舆情主体畅所欲言,给予网络秽语一定的宽容度,虽然网络秽语是不被鼓励的,但它不应当被禁止,否则就会陷入宗教激进主义式的陷阱。[③] 舆情事件爆发后是不可能立即被遏止的,这是因为在集体情绪的感染下,"乌合之众"中的个体对事件的认知来源于非理性判断甚至是错误的信源,极化的情绪具有强大的势能和爆发力,封闭遏止可能会引发二次或多次规模性爆发,因此在舆情升级阶段强行干预将会产生恶劣的影响。等待舆情态势有所缓和再干预可以最大限度地降低危机损失,从而化解舆情危机。

结　语

社交媒体为公众提供了内容生产、传播、互动、共享和合作的平台,互联网技术赋

---

① 杨林红.社会心理失衡原因探析[J].社会科学论坛(学术研究卷),2008(4):102-103.

② 顾晓燕.网络谣言与网络流言:因模糊性而凸显出审慎应对的重要性[J].新闻界,2012(8):38-41.

③ 喻国明.网络舆情治理的要素设计与操作关键[J].新闻与写作,2017(1):10-13.

予了个体话语权和行动权，个体的意见和观点可以通过社交媒体建构的关系网络传播、放大和聚合，这是“人人可言”和“人人皆言”的时代，社交媒体的发展改变了传统舆论格局，网络舆情逐渐构成社会舆情的主要内容。本文利用社交媒体数据对新冠肺炎疫情期间的舆情特点进行了梳理总结，基于社交媒体分析了突发性公共卫生事件中网络舆情的生成和演进规律，并在此基础之上提出了舆情调控和治理的方案。网络舆情治理是一项复杂的系统工程，本文只是定性地探析了舆情危机的应对方案，未来可以从定量角度研究突发性事件中的舆情治理，为舆情工作的具体实施提供数据支撑。

〔于然，中国传媒大学电视学院副教授；李小函，中国传媒大学广播电视艺术学专业电视艺术理论方向 2019 级硕士研究生〕

〔特约编辑：叶明睿〕

青年视点

数字化时代养育社区的信任文化构建*

——基于微信群的网络民族志考察

The Construction of Trust Culture of Parenting Community in Digital Age

—A Virtual Ethnography Research Based on WeChat Parenting Group

◎孙　莹　李　智

Sun Ying　Li Zhi

摘要：在数字化时代，使用微信成为人们“在世存有”的一种生存状态，微信育儿群则成了当下家庭养育的主要策源地。初为人母的养育焦虑使“新手母亲”自发组织的微信群成为她们交流分享养育经验的重要场所，因此，关注她们在微信育儿群中的个体表现与传播行为是考察数字化环境中“母职”实践的重要一环。本研究将微信育儿群“花城妈妈帮”作为研究对象，采用网络民族志的研究方法，对微信群中的“问题请教”“情感陪伴”“故事吐槽”等基于共同经验的集体叙事进行分析，考察“新手母亲”所形塑的身份认同以及人际信任和系统信任的形成和转化过程，从而揭示媒介变迁背景下养育共同体信任文化的构建机制。

关键词：养育共同体；微信群；人际信任；系统信任

Abstract: In the age of network new media, the use of WeChat has become a living state of people. Contemporary family upbringing has thus turned into digital parenting. New-mom worries made the community WeChat group, spontaneously formed by novice mothers, become a vital place for them to share parenting experiences. As a result, focusing on their individual and communication behavior is an important part of exploring the practice of mothership in digital environment. This paper, which takes the community WeChat parenting group “Huacheng Mommy Group”as the research object and adopts the virtual ethnography as the research method, analyzes the formation

* 本文系中国传媒大学中央高校基本科研业务费专项资金资助项目“新世界主义视域下‘人类命运共同体’理念对外传播研究”(项目编号：CUC2019A007)和中国传媒大学“双一流”建设支持项目“中国国际话语权提升的传播路径研究”(项目编号：YLTS180608)的阶段性成果。

and transformation of the sense of identity, personal trust and system trust so as to reveal the construction mechanism of trust culture of parenting community in the context of media change.

Keywords: parenting community, WeChat group, personal trust, system trust

一、问题的提出

当今,数字技术日新月异,各种育儿 App 和公众号层出不穷,数字化时代的养育方式已然成型,而“二胎”政策的放开更是使家庭育儿问题凸显出来。在家庭养育中,尤其是在孩子三岁前,母亲承担了重要的养育任务,其角色几乎无人可以替代。随着西方养育文化的渗透和中国近年来养育观念的变化,当曾经是“独生子女”的一代成长为父母的时候,他们注重有利于儿童身心健康的养育策略,热衷于选择他们认为的“科学合理”的养育方式。但是,在教养下一代的过程中,“传统性别意识形态并未随着社会经济的快速变迁而自动淡化,女性在大多数家庭中仍是毋庸置疑的核心养育者”①。社会身份赋予了“母亲”养育的职责,但是女性并非具备养育知识的专业人员。此外,当下她们对养育质量的追求与自身养育知识的欠缺存在冲突,这种矛盾在孩子三岁前最为尖锐。初为人母的欣喜与养育经验的匮乏,使得“好学”的她们开始向外部环境寻求支持。

近年来,“微信群作为网络群体生活的新形态,是‘微文化’的重要表现主体,加入微信群已成为网络生活的‘规定动作’,微信群聊则成为‘微生活’的重要方式”②,因此,由“新手母亲”自发组建的微信育儿群成了都市母亲获取养育信息、分享养育经验的重要渠道。“新手母亲”们在传播格局变革和媒介技术发展的过程中,顺势而为组建“养育共同体”来应对养育困惑和养育风险,这也是她们在媒介技术的赋权、赋能下对“亲子养育”方式的探索。

本研究以媒介化社会作为研究的背景,以信任理论为研究视角,以微信育儿群“花城妈妈帮”作为分析对象,尝试探寻在新媒介技术深度嵌入家庭养育的时代语境下,基于微信群的养育共同体的信任文化是如何构建的、有什么特别之处?“新手母亲”的“母职”初体验是什么,微信群聊如何构建养育共同体的人际信任,人际信任又是如何

---

① 陈蒙.城市中产阶层女性的理想母职叙事[J]. 社会科学文摘, 2018, 29(5):67-69.

② 蒋建国.微信群:议题、身份与控制[J]. 探索与争鸣, 2015(11):108-112.

向系统信任转化的。

二、理论框架与研究综述

本研究以社会学视角下的信任理论作为分析框架进行考察，并梳理微信群与信任关系的相关研究。

(一)社会学视角下的信任理论

西美尔开创了当代社会学信任研究的先河，西美尔在《货币哲学》和《社会学》中提出的信任理论是重要的社会综合理论，具有开创性的价值。他在《货币哲学》中指出："离开了人们之间的一般性信任，社会自身将变成一盘散沙，因为几乎很少有什么关系能够建立在对他人确定的认知之上。如果信任不像理性证据或个人经验那样强或更强，就很少有什么关系能够持续下来。"①他认为社会开始于人与人之间的互动，当代互动的主要形式是交换，尤其是以货币为媒介的交换，这种交换离开信任就无法进行。西美尔关于货币媒介的信任理论被后来的卢曼(N. Luhmann)、安东尼·吉登斯(Anthony Giddens)等人继承。

卢曼从系统理论和符号功能主义视角对信任做出了明确的类型区分：人际信任(personal trust)和系统信任(system trust)。卢曼将"信任界定为对某人寄以期望的信心，认为它是社会生活的基本事实，是社会运行当中的一种潜在存在的基本事实"②，他认为信任作为一种复杂的简化机制，具有降低环境复杂性的功能，同时"在熟悉的世界中，过去胜过现在和未来，过去并不包含任何'其他可能性'，复杂性一开始就得到简化，信任必须在熟悉的世界中获取"③。他还指出："谁要是想赢得信任就必须参与社会生活，而且能够把他人的期待发展成为他自己的自我表现。"④此外，卢曼明确表示除人际信任之外，还有一种信任，即系统信任。系统信任和人际信任的最大差异在于，系统信任的信任对象与个人特质无关，但却与系统的运转机制有关，并假定交换各方都会遵守特定的规范。从他的论述来看，人际信任关系的建立受系统运转的影响。

---

① 西美尔.货币哲学[M].陈戎女，耿开君，文聘元，译.北京：华夏出版社，2007：111.

② 卢曼.信任：一个社会复杂性的简化机制[M].瞿铁鹏，李强，译.上海：上海世纪出版集团，2005：3.

③ 卢曼.信任：一个社会复杂性的简化机制[M].瞿铁鹏，李强，译.上海：上海世纪出版集团，2005：25.

④ 卢曼.信任：一个社会复杂性的简化机制[M].瞿铁鹏，李强，译.上海：上海世纪出版集团，2005：82.

与卢曼观点相似的是吉登斯，吉登斯将信任视为“对一个人或一个系统之可依赖性所持有的信心，对某个人的信任在一定程度上总是与对系统的信赖有关，但是所信赖的只是这些系统的有效运转而非系统本身”①。此外，研究了文化、社会资本与信任关系的弗朗西斯·福山认为，信任是一种社会资本，文化之所以能对经济产生影响，主要依靠的是“信任”这种社会资本的力量。②显然福山理解的信任是一种基于制度的社会信任。祖克尔（Lynne G. Zucker）系统地阐明了主要的信任产生机制（ trust-producing mechanism）：一是声誉，即根据对他人过去的行为和声誉的了解而决定是否给予信任；二是社会相似性，即根据他人与自己在家庭背景、种族、价值观念等方面的相似性多少来决定是否给予信任；三是法制，即基于非个人性的社会规章制度的保证而给予信任。③

鉴于信任在所有类型的社会互动中是一个关键的要素，因此信任又会反过来促进社会互动。根据库克和他的同事的看法，“信任促进了社会互动。当其存在时，它加强了合作，提供了风险承担的基础，并且使参与者更为自由。当其不存在时，就需要多种机制来避免参与者受到伤害”④。就信任理论的适用性而言，该理论基本上产生于传统媒体时代，更适用于现实的社会生活世界。贝姆主张：我们不应该将“网络空间”看作不真实的领域，而应将其与面对面或身体对身体互动的真正的“真实世界”分离，因为“在线发生”的事情也许是更新的，但也是真实的。⑤ 从这个意义上说，信任理论同样适用于“网络空间”中“在线发生”的事情，自然也适用于探讨社区微信群的（网络）信任文化构建问题。

（二）微信群与信任研究综述

近年来，国内学者已经开始关注微信群在社会关系中的传播效应。孙信茹是较早引进和应用民族志的方法对微信展开研究的学者，其成果中以微信群作为研究对象的论文主要有：《微信的“书写”与“勾连”——对一个普米族村民微信群的考察》，该文分析了大羊普米人的微信书写、自我表达，考察了在新媒体技术普及的当下微信使用者

① 吉登斯.现代性的后果[M].田禾，译.南京：译林出版社，2000：30.

② 福山.信任：社会美德与创造经济繁荣[M].彭志华，译.海口：海南出版社，2001：35.

③ 佀传振.半熟人社会与人际信任：兼论社会信任结构变迁的路径选择[J]. 甘肃理论学刊，2007(2)：74-78.

④ 吉登斯，萨顿.社会学[M].赵旭东，等译.北京：北京大学出版社，2018：310.

⑤ 吉登斯，萨顿.社会学[M].赵旭东，等译.北京：北京大学出版社，2018：311.

自我参与式的个体和群体表达;[①]《嵌入日常的流动空间——“石龙老司机”的微信生活考察》一文考察了以“车辆”和“微信”为媒介所形成的“司机群体”的双重流动空间,透析传播科技对个体生命状态的影响,以及技术为人们生活模式和生活观念带来的变化;[②]《微信对歌中的互动、交往与意义生成——对石龙村微信山歌群的田野考察》一文并未停留于对石龙村微信群对歌的单纯文化现象的描述,而是试图揭示媒介在沟通和交流的同时,所编织的文化意义及其所形塑的“文化与社会的媒介化”。[③] 孙信茹的研究在鲜明的媒介社会学和媒介人类学的指引下,通过民族志的田野观察,聚焦日常生活实践中的细节,用“深描”反映某一群体的文化态度和精神风貌,考察人们借助微信这一网络平台展开的文化书写和社会实践。肖荣春的研究发现微信群通过“社会互助”和“故事讲述”的方式赋予了社区成员归属感,因此,微信群作为社区传播基础结构的重要部分构建了新型的网络化社区。[④] 其实无论是孙信茹的研究还是肖荣春的文章都表明,基于微信平台的群聊一定程度上能促进参与者彼此间建立信任。而且,其中的信任生成机制在由并不现身的人组成的网络空间交往中似乎同样明显,因为微信群正是由媒介技术带来的网络空间。

目前,学界以微信群为研究对象的论文以质化研究方法为主,通过系统搜集和分析资料,试图通过质性材料描写现实生活抑或进行理论的拓展,但这些研究较少涉及网络信任问题。与此同时,涉及这一主题的量化研究较少,只有少数学者如宫贺用量化的方法讨论群聊网络的大小、群聊参与程度与网络信任的相关关系。[⑤]

(三)微信群与家庭养育研究综述

相较于欧美和日韩丰富的母职实践研究,目前国内学者对这一议题的关注还十分有限。近年来,随着传播技术的发展,国内有学者开始将养育实践与媒介技术结合起来进行探索。比较具有代表性的是尤佳的博士论文《新媒体视域下中国当代育儿焦虑

① 孙信茹.微信的“书写”与“勾连”:对一个普米族村民微信群的考察[J].新闻与传播研究,2016,23(10):6-24,126.

② 孙信茹,叶星.嵌入日常的流动空间:“石龙老司机”的微信生活考察[J].当代传播,2019(5):26-29.

③ 孙信茹,王东林.微信对歌中的互动、交往与意义生成:对石龙村微信山歌群的田野考察[J].现代传播,2019,41(10):19-25.

④ 肖荣春.微信群的“社会互助”与“故事讲述”:一项基于美国华人社区微信群的探索性研究[J].新闻与传播研究,2018,25(1):66-83,127-128.

⑤ 宫贺.网络信任对信息传递与意见寻求的影响:基于微信用户与微信群的实证研究[J].新闻与传播评论,2018,71(3):86-95.

研究》，该文从传播学的视角出发，聚焦媒介技术变革对家庭养育的影响，将育儿焦虑作为问题进行考察；[①]张品和林晓珊通过对城市青年父母的微信民族志观察，讨论了来自家庭共同体的新伦理——陪伴给父母生活、工作、育儿带来的影响；[②]黄哲骎等人的研究表明"应用微信交流群可以进一步提高儿童母亲育儿知识的知晓水平"；[③]薛寅燕和刘娟主要聚焦家园共育模式中的微信实践。此外，郑杨将微信育儿群作为研究对象，考察了社会变迁过程中的养育模式与"母职"实践，[④]这在一定程度上是对本研究以微信育儿群作为研究对象的支撑和佐证；王艺昕的硕士论文聚焦"孕产妇"这一特殊的群体[⑤]，以她们组建的微信孕产妇群为研究对象，通过对群聊内容的分析，她认为网络社会支持是社交媒体时代的新型人际支持，育儿群对群体成员的支持主要体现在情感支持和信息支持上。

纵观上述研究可以发现，微信已然成为人际交往的重要平台，微信群的日常交流沟通是考察数字化时代人们生产生活状况的重要指标。在这类研究中，学者尝试采用网络民族志的方法对微信群进行观测和考察，开始探讨媒介技术与家庭养育的关系。关于微信群与信任问题的研究，目前尚存在着很大的研究空白，至于学者对数字环境下的微信群养育实践与信任文化构建问题的研究，更是付诸阙如。因此，本研究旨在在前人研究的基础上，以都市"新手母亲"所组建的微信育儿群为例，尝试探讨在媒介化社会背景下基于微信群的养育共同体的信任文化生成机制。

三、田野介绍与资料收集

罗伯特·V.库兹奈特认为网络民族志(Virtual Ethnography)作为一种方法，有时是独立的技术，有时是一个较大型研究中的一部分，该研究同时包含现场访谈、田野工作和其他研究。本研究主要采用参与式观察的方法，利用网络民族志即线上群体的民族志，研究行动者复杂的文化实践，将注意力引向大量实际和抽象的观念、意义、社会实践、关系、语言和符号系统。[⑥] 他在《如何研究网络人群和社区：网络民族志方法实

---

① 尤佳.新媒体视域下中国当代育儿焦虑研究[D].保定：河北大学，2019.

② 张品，林晓珊.陪伴的魔咒：城市青年父母的家庭生活、工作压力与育儿焦虑[J].中国青年研究，2020(4)：69-77.

③ 黄哲骎，杨潇，苏蓬，等.微信群对提高儿童母亲育儿知识知晓水平的作用[J].上海医药，2017，38(8)：58-59.

④ 郑杨.社会变迁中的育儿模式变化与"母职"重构：对微信育儿群的观察[J].贵州社会科学，2019(7)：87-95.

⑤ 王艺昕.初产妇的在线交往与社会支持：以微信孕产妇群为例[D].重庆：四川外国语大学，2019.

⑥ 库兹奈特.如何研究网络人群和社区：网络民族志方法实践指导[M].叶韦明，译.重庆：重庆大学出版社，2016：32.

践指导》一书中明确区分了“线上社区”和“社区在线”的不同。按照库兹奈特的分类方法，本研究的研究对象，即建立在现实社区基础上的微信群“花城妈妈帮”，属于“社区在线”的研究范畴。“社区在线”这类研究将特定的社会和社区现象作为核心，随后扩展开来，并且认为经由研究，研究者可以理解更广义的社区或文化的重要问题，而后推及整体。研究者之所以对“社区在线”感兴趣，是因为群体的传播与更广义的社会现象、行为、参与者、价值观或信仰相关，并渗透其中。

本研究是关于“社区在线”的研究。“花城妈妈帮”成立于 2016 年，在毛豆(2016 年 5 月 13 日)出生后，由毛豆妈创建。提到建群的初衷，毛豆妈表示：“小区大多都是刚结婚的年轻人，很多人都会面临育儿问题，生完毛豆后我就想着建个微信群方便新手妈妈们交流。”[①]毛豆妈为人热情、性格耿直，制定群规以维护群内秩序，明确规定该群不是微商群、兴趣群、交友群、“拉票集赞”群等，作为群主的毛豆妈具有其他群体成员所不具备的“特权”，例如：设置群公告@所有人、将发与养育无关的信息的人踢出群聊。该群成员关系类型如下。

第一类：群主熟悉的成员。这类群体成员与群主不仅在线上互动，而且线下交流频繁，例如大宝妈。毛豆和大宝相差几天，他们的妈妈经常在线下一起带娃，日常生活中的交流为她们提供了彼此信任的有利条件。当大宝妈发言时，群主多数时间会及时回复并且态度温和。

第二类：活跃成员。这类群体成员经常回答其他成员的问题，她们具备一定的专业素养且养育护理经验丰富。例如柒柒妈，她是一名催乳师，学护理专业，她提供的有关新生儿护理的答案多被其他妈妈认可并采用。

第三类：潜水型成员。这类群体成员通常很少回答问题，通过访谈得知，她们虽在群内很少说话，但是非常关注群内信息，有时甚至会“爬楼”(注释：使用者查询微信群的未读信息。因需向上翻动聊天页面，故这种操作被形象地称为“爬楼”)。群成员麦麦妈妈说：“我比较关注科学育儿理念，一是关于孩子身体发育方面的知识，二是培养孩子的认知、情感方面的知识。妈妈群给我提供了很多的帮助，最开始时是关注妈妈群里关于新生儿、婴儿护理方面的知识分享，之后还关注孩子的湿疹问题的解决办法、孩子服饰品牌推荐等。平时工作比较忙，有空时我会在群里爬爬楼，但不太会主动参与讨论，当然有人@的时候除外。”

该群建立之初的群公告如下：

---

① 来自访谈对象毛豆妈，2018 年 10 月 18 日。

@所有人

别再挑战我！我有我的原则!!!

群里都是宝妈,您平时卖啥我管不到,但是我知道的实惠的东西,如果有人问我,我都会推荐！借机发群里宝妈横财的趁早滚蛋！

【麻烦大家有事没事看看群里行吗！妈妈群是个交流沟通的群。你不看群你会错过啊!!!!!!!!!????】

【进群的必须是四季花城的宝妈】我只要单纯的宝妈,各位宝妈,进群第一件事改名字,麻烦改成【宝宝名字+生日】！请配合!!!! 不要男人不要男人不要男人。

妈妈群是各位讨论育儿问题、聊天说话的地方！严禁一切广告哦,不要发别的东西!!

你们有急需的东西可以问我,我看看我家有木有！有关于孩子的疑问,我解答不了的,还有群里无数的宝妈!!!

这份群公告,一方面表现出毛豆妈因群主的身份而获得了话语权,她极强的原则性也使得群内基本没有出现过与养育无关的广告信息,偶有成员“试探性”地发布广告信息,但都不同程度地受到了群主严厉的批评。因此,群公告即规则,规则一定程度上凝结了群体的共识并提高了互动效率。另一方面,“不要男人”的要求是女性的一种自我保护,在父权制度的长期影响下,“生育”的事情被认为是隐秘琐碎、不足为外人道的。但是这种略有张力的“宣言”不免将“男性(父亲)”视为与“生产”“养育”无关的“他者”,而“父亲”角色的建立同样是一个不断摸索和学习的过程。多数受访妈妈表示拒绝“丧偶式”育儿,需要正确的喂养技巧和好的月嫂,这样能轻松很多。

我觉得生完孩子最需要的是家人,尤其是配偶的支持和理解,支持包括心理层面的和行动层面的。(肉肉妈妈)

需要爸爸的帮助,我觉得爸爸很重要,既能缓解产后忧郁又能高效陪伴孩子。(十月妈妈)

此处的“不要男人”和母亲们希望的“父亲参与”存在着矛盾。

研究者于 2016 年 12 月—2019 年 12 年月对绝大多数正在养育 1—2 个婴幼儿的

微信育儿群“花城妈妈帮”（人数在495—500浮动）中的妈妈们的聊天进行观察、记录、梳理、分析。本文采用网络民族志的方法着重从她们的集体叙事中观察她们的聊天内容并进行线下深度访谈。研究者不仅可以通过该方法获得研究对象自然状态下生动的第一手资料(群聊),还可以通过线下面对面访谈观察被访对象的表情、动作等重要信息。该群的话题主要集中在婴幼儿抚育过程中的经验分享。截至2019年12月,群里共有500名成员(包括研究者),全部为女性;90%为一胎妈妈,孩子年龄为0—3岁。此外,下文中出现的群聊成员和访谈对象均以“孩子小名+妈妈”作为称呼,特此说明。

四、研究发现与讨论

通过对该微信群的群聊内容的分析以及对部分群成员的深度访谈可知,她们因“社区”和“生育”结缘,在面对“生产”和“育儿”时,或因经验缺乏、或因身体不适、或因激素失调、或因对家人的期待与现实失衡,往往找不到合适的表达方式而甚感委屈,也因此给家人和自身带来了许多的困惑和不解。因此,微信育儿群成了她们寻求养育帮助、缓解养育情绪的重要媒介。她们在育儿群中长期互相请教、吐露情绪、共享信息,在此基础上构建了养育社区的信任文化。

(一)“母职”初体验:养育焦虑中的“问题”互动

现代家庭的功能主要体现在儿童的社会化和家人情绪的安定化两个方面,女性成了这两方面功能的主要承担者。她们不仅承担了喂养孩子的工作,还需要掌握科学的教育方式,同时还要保持家庭成员间良好的人际沟通。然而很多“新手母亲”还没有接受过“岗前培训”,就开始承担“母亲”的育儿职责。史密斯的研究指出“对于女性来说成为母亲代表着一个重要的转变,意味着在个人、社会及生物意义上同时发生了巨大的变化”。[①] 多数受访成员表示,她们对新生命充满期待,希望给予新生儿“最好”的照料,但是当面对新生儿的“黄疸”“吐奶”“拍嗝”“肠绞痛”“红屁屁”等问题时,她们会感觉到力不从心、焦虑困惑,从而希望获取丰富的养育信息和社会支持。“新手母亲”面对“生产”和“养育”时会经历不同程度的担忧和焦虑。

---

① SMITH J A. Identity development during the transition to motherhood: an interpretative phenomenological analysis[J]. Journal of reproductive & infant psychology, 1999,17(3):281-299.

1.养育焦虑

第一,代际养育观念的差异导致焦虑。随着西方教育理念的深入,80后、90后等年轻的父母不再完全信奉上一代的育儿方式,他们更倾向于借助媒介技术,去网络平台寻找他们认为科学合理的养育策略。此时,上一代与年轻父母的育儿观念出现差异,在家庭养育中,代际养育观念的冲突加重了“新手母亲”的焦虑。

我们这一代跟上一代人很多观念都不一样,我自己带孩子主要是怕奶奶来了,我们意见不一致闹矛盾,到时影响的还是我俩(夫妻)的感情。自己带就是耽误了很多事情,希望这几年的付出是值得的,真的不敢想,越想越焦虑。(布丁妈妈)

第二,自我要求导致焦虑。今天的“称职”母亲不仅要煮饭、做菜,照料孩子生理上的饮食需求,还要会讲故事、会照顾家庭,甚至会治疗孩子的疾病。“精细化”“科学化”地养育孩子成了当下母亲们的主要诉求。她们希望拥有全方位的养育知识,以应对家庭养育过程中出现的问题。她们希望能够成为“全能妈妈”“超级妈妈”以迎合家庭、职场对她们的角色期待。

目前来看,比去年刚生麦麦的时候好多了。孩子在1岁前,自己感觉更力不从心和焦虑。“称职的母亲”在我看来,就是陪伴,一块儿成长,一块儿体验。最重要的,就是设身处地站在孩子的角度,从孩子现有的认知水平出发,审视他成长过程中的种种行为。同时,在引导孩子时,身体力行地为他做出榜样,包括言语上、行为举止上。(麦麦妈妈)

三年的跟踪观察表明:在孩子0—1岁这个阶段,“新手母亲”对孩子的关注度极高,但是由于她们缺乏养育知识,以及日夜照顾孩子产生的身体疲惫,她们压力剧增、倍感焦虑;在孩子1—2岁这个阶段,由于孩子频繁注射疫苗及定期进行身体检查,“新手母亲”更为关注孩子的成长发育是否达标,家庭成员间养育观念的冲突也与日俱增;在孩子2—3岁这个阶段,家庭成员间养育观念的博弈和碰撞逐渐缓和,家庭成员也逐渐适应“新成员”的到来催生的家庭组合模式(三代同住)。“新手母亲”逐渐回归职场,日常养育工作由祖父母/外祖父母承担。此时,网络平台上的各种幼儿启蒙教育

App,再一次冲击了她们的养育观念,引发了她们对孩子“教育”的担忧。孩子成长的前三年,“新手母亲”的关注点呈现了从“吃得好”“长得好”到“学得好”的转变。

“新手母亲”产后需要家人的支持理解,尤其是伴侣。女人本来就感性,产后在喂养照料孩子及自身体力睡眠等方面都面临很多新问题,伴侣的理解支持特别重要。另外,我觉得“新手母亲”本身需要一些知识技能,尤其是母乳喂养和新生儿日常养护方面的知识。可以自己有意识地去储备,也可以由有专业经验的人指导。还有,就是面对新生儿和产妇的照料问题时,希望家人们能统一战线,避免矛盾。(晴朗妈妈)

2.问题互动

辛自强等指出:居民的社区生活不仅包括参与社区的各项活动,还包括邻里之间的互动,这些均是形成邻里凝聚力的重要条件,居民参与社区活动的频次越高、邻里互动越多,其社区生活的幸福感和信任水平就越高。① “花城妈妈帮”中“新手母亲”们在遇到育儿或生活问题时会在群里主动提问,其他成员会进行回应,群聊便由此开始。群里的“问题”类型主要有:政策议题、育儿议题、婆媳关系议题、夫妻关系议题、生活议题、工作议题、自我叙事等。

2019 年 10 月 12 日以“发烧”“?”为关键词在该群聊天记录中查找到的内容摘录如下:

哆啦妈妈:宝妈们,孩子头一回发烧,幼儿急疹什么症状?

雯雯妈妈:孩子流感发烧,儿童医院开的磷酸奥司他韦,吃了两天没什么效果呐,有宝妈孩子吃过这药吗?

媞媞妈妈:宝妈们,孩子发烧,大家一般怎么处理?

静姝妈妈:这感冒发烧刚好,又轮状了,怎么办?

叮咚妈妈:孩子生病发烧,就是考验妈妈的。

云溪妈妈:发烧了,38.5 度以上,美林、泰诺林都备上。

大橙子妈妈:妈妈们,谁家有奥司他韦?

---

① 辛自强,凌喜欢.城市居民的社区认同:概念、测量及相关因素[J].心理研究,2008(5):64-72.

此外,关于养育的问题有:

多多妈:宝妈们,一岁四个月宝宝,都给宝宝吃什么牌子的油?

元宝妈妈:她们吃核桃油,法国的一个牌子。

毛豆妈:亚麻籽。

金宝妈妈:曼哈顿球和咬咬胶,有要一起买的吗?

宸宸妈妈:儿童医院的挂号是在微信上吗?还是在现场挂号?

懿懿妈妈:有邻居打四联疫苗、13价肺炎疫苗吗?这两个需要打吗?

群成员在看似琐碎的交流对话中,满足了"新手母亲"这一特定群体在特殊阶段"倾诉"和"分享"的需求。因此,她们抛出的与养育相关的"问题"不仅搭建了彼此交流的桥梁,还在某种程度上建构了群体成员对本群的一种"依赖"。原本使用搜索引擎就可以快速找到答案的问题,她们却更加乐意求助该群。这种"依赖"是复杂、多重的,不是对一种媒介单向度的依赖,更多的是对微信群背后社区邻里信任和归属感的"依赖"。① 她们在该群中共享养育信息、寻求养育帮助,微信育儿群成了她们吐露心声和相互依赖的重要媒介。在该群中"孩子"成了她们互动的纽带,她们的"问题"不一定得到了真正解决,但是她们对于育儿的压力,通过群聊得到了一定程度的缓解。

(二)集体叙事建构身份认同

群成员的受教育程度、兴趣爱好和职业存在差异,那么如何把她们整合在一个组织当中?滕尼斯在《共同体与社会》中将"人类的群体生活方式划分为血缘共同体、地缘共同体和精神共同体。凡是有人际交往的地方,总是会产生不同类型的共同体(例如:亲属、邻里和友谊)"②。"花城妈妈帮"是一种基于地缘关系的自发组织,这一养育共同体通过群体成员间的集体叙事为"新手母亲"提供育儿指导及情感陪伴。

在本研究中"新手母亲"身份认同(identity)的形成经历了从"个体对自我身份缺乏独特认知,不知道自己究竟是谁",到"个体对'自我'与'他者'的认知积极拓展到群体中,开始明确自身所属的群体",再到"个体通过社会类化和比较、文化观念和行为模

---

① 肖荣春.微信群的"社会互助"与"故事讲述":一项基于美国华人社区微信群的探索性研究[J].新闻与传播研究,2018,25(1):66-83,127-128.

② 滕尼斯.共同体与社会[M].林荣远,译.北京:商务印书馆,1999:65-66.

式更新,积极向社会主流群体转变"[1]的过程。也就是说,她们在成为"母亲"的那一刻,并没有从身体和心理上完全接受自我的"母亲"身份。之后,微信育儿群中频繁的集体叙事日渐将"母职"这一身份刻写进她们的生命体征,养育活动也逐渐地成了她们的日常操作行为。养育观念影响了她们对"生育"本身的看法。换句话说就是,个体在不同的社会环境和交往场合中表现出不同的身份属性。在育儿场域中,她们开始明确并接受"母亲"的责任和义务。因此,身份认同既是对历史情境的承继,又是现实社会结构的产物。本研究中群体间的身份认同是指在与"他者"(丈夫、家庭其他成员等)的交流互动中,来确立"自我"究竟归属哪一个群体。她们在"养育请教""吐槽陪伴"的集体叙事中逐渐构建了"新手母亲"共同的身份特征。

第一,育儿指导叙事。这是一种分享知识和经验的叙事。例如:群体成员遇到宝宝拉肚子、呕吐、咳嗽、发烧等身体问题时会向微信群求助。此时,该群能够暂时起到缓解焦虑情绪的作用,提问的成员会根据网络信息和群内意见进行综合评估,最终决定是否送医。

> 我觉得咱们小区的这个妈妈群给我带来了很大的帮助。我记得我们家孩子十个多月的时候第一次发烧,我就不知道怎么办,很焦虑。在群里向其他宝妈求助,描述了孩子的症状之后,很多妈妈告诉我,孩子第一次发烧很可能是幼儿急疹,让我不要着急,观察孩子情况,做好物理降温,38.5 度以上就给吃退烧药,实在不放心就去医院验个血,烧退疹出,就好了。后来,我们还是去医院验了血,排除了病毒性感冒,医生也是嘱咐照顾好,38.5 度以上吃退烧药。三天以后,孩子身上真出小红点了,疹子出完了,烧也退了。(糖糖妈妈)

第二,情感陪伴叙事。初为人母时她们会面对因育儿理念不同而产生的婆媳矛盾,还有因丈夫不理解产生的夫妻摩擦,这些会使她们不知所措。研究表明,社会支持对于"新手母亲"至关重要,尤其是来自家庭的理解和包容。然而事实上,"家家有本难念的经",她们无法与婆婆讲述生产的痛苦,丈夫也无法感同身受甚至会认为她们有些"矫情"。当精神需求无法在家庭生活中获得满足时,她们会在妈妈群里"吐槽解压"、交流感情。

---

① 赵迎军. 从身份漂移到市民定位:农民工城市身份认同研究[J]. 浙江社会科学,2018(4):93-102,158-189.

我刚生完孩子的时候,面对一个小家伙的吃喝拉撒有些不知所措,同时对于父母那一辈人带孩子的经验也有不认同的地方,比如说给小孩"绑腿"。当知道咱们小区有个妈妈群的时候,就想着加进来,遇到问题还能跟大家请教。后来发现,这个群真的很不错,孩子小的时候,在哄睡、哭闹、肠绞痛、奶粉、尿不湿、黄金便便、添加辅食等很多的喂养问题上确实得到了其他宝妈的帮助。群里聊的生孩子的难受、养孩子的无助,都能引起大家的共鸣。在孩子小时候,这个群是我每天必看的群。因为大家是邻居,也都刚生孩子,很容易产生一种亲近感,也愿意在群里交流。这个群确实一定程度上缓解了我带孩子的焦虑,另外,有时候在群里吐吐槽也挺解压的。(等等妈妈)

第三,生产记忆叙事。"新手母亲"在微信群中诙谐幽默地讲述生产的无奈、恐惧、尴尬和痛苦,这种情感化的分享不仅起到了相互陪伴的作用,也共同书写了她们对生产的集体记忆。由此可见,育儿经验的交流及情感陪伴的集体叙事,是她们彼此之间确认"自我"的重要桥梁和纽带。以"生孩子"为关键词在聊天记录中查找到的内容摘录如下:

音乐妈妈:早上看了那个生孩子的纪录片,更感慨了,更得对自己好点。

珑珑妈妈:生孩子真不容易,当女人真是受罪。我疼了五天,每天晚上都疼得感觉要生了,最后一天睡了半宿,一查骨缝全开了。

大宝妈妈:我现在气血虚,手脚凉得比生孩子前还厉害。

六一妈妈:生孩子太酸爽了,每次宫缩都疼得不行不行的。

抖抖妈妈:生孩子我都没骂街,缝针的时候骂了。

昕昕妈妈:我晚上八点进产房,第二天凌晨五点才出来,生孩子真是要命啊。

然然妈妈:我觉得宫缩比生孩子疼。

"从象征性的角度而言,微信群有助于建立个体对所属群体的身份认同,通过不断地进行象征性互动,包括事实的、意见的、信息的分享行为,在群体连接(bonds) 中个体获得了包括信任在内的社会资本(social capital)。"[①]"新手母亲"在面临生育导致的身体结构性巨变时产生的相同性质的焦虑以及她们有关生育、喂养、身体创伤、家庭矛盾等的问题,共同建构了"新手母亲"的一种集体叙事。这种因生育而结缘的微信群叙事建构了她们对于"母亲"身份的认同。

(三)身份认同促进人际信任

"母亲角色并非女性与生俱来的身份角色,而是具有历史性和社会建构性。"[②]上文论述了"新手母亲"在微信群的集体叙事建构了她们彼此间的身份认同,"所有信任的基础都是拥有一种社会身份的个体自我的表现,这种社会身份通过互动建立起来并与环境相符合"[③]。近年来,随着城市化进程的加快,人们的交往模式打破了传统的血缘和地域的局限,传统意义上的共同体逐步式微,而超出传统血缘共同体、地缘共同体的社区共同体概念日渐兴起。本文研究的微信育儿群是基于"新地缘"而成立的。换句话说,群体成员来自祖国各地,因选择了同一社区安家而成了邻居。在社会越来越复杂的情况下,人们能够而且也必须发展出比较有效的简化复杂性的方式,"新手母亲"在日常交往中逐渐熟悉彼此,而"熟悉是信任的前提"[④]。也就是说,"新手母亲"在面临养育风险时,会倾向于在"熟悉的世界"中选择已经被别人验证了且有效的养育信息,而解答了其困惑的个人和群体即可获得她们的信任。群里的妈妈们有些比较专业,但提供的经验大多来自个人经验的积累,有一定的主观性,不过因为是邻居,又都是新手妈妈,所以提问者还是比较相信她们的经验。

> 在鉴别他人的分享方面,一是多思考,二是做对照,三是查阅其他参考资料。在孩子的身体护理方面,我会首选妈妈群,因为我们有着共同的养育经历,或是向群里平时聊得比较好的邻居发私信询问。(麦麦妈妈)

杨中芳和彭泗清认为,在传统或结构简单的社会中,"信任更多地体现为被卢曼称

---

① 宫贺.网络信任对信息传递与意见寻求的影响:基于微信用户与微信群的实证研究[J].新闻与传播评论,2018,71(3):86-95.

② 陈蒙,陈倩.大众媒介中的科学育儿话语和母亲角色再现:基于《为了孩子》杂志(2000—2018年)的文本挖掘[J].武汉理工大学学报(社会科学版),2019,32(3):61-70.

③ 卢曼.信任:一个社会复杂性的简化机制[M].瞿铁鹏,李强,译.上海:上海世纪出版集团,2005:81.

④ 卢曼.信任:一个社会复杂性的简化机制[M].瞿铁鹏,李强,译.上海:上海世纪出版集团,2005:25.

作建立在熟悉度及人与人之间的情感联系的基础上的人际信任”①。卢曼认为“信任的问题其实就是对于现实世界的认同问题”②。而这种认同,就像是人们具有某种共同的生活经验,由这种经验带来的身份认同和熟悉感,提供了人际间相互信任的基础。就像卢曼描述的,人类能够意识到世界的复杂性及未来的多种可能性,所以提出了自我保存的基本问题。人类如何更好地进行自我保存,取决于他们在现实生活中的选择,即他们能够而且必须发展出比较有效的简化复杂性的方式。此外,“邻居”和“新手母亲”身份在不间断的经验交流和互相帮助中得到了确认。人类作为群居性的生物,组建共同体几乎是一种本能,基于微信群的养育共同体即她们自我保存的一种重要方式。本研究中“新手母亲”间人际信任的建构类似于祖克尔认为的相同或相似身份的人因为共同的集体记忆更容易产生一种亲近感和信任感。因此,作为媒介的微信群是对她们情感共鸣、身份认同和彼此信任的联系。

事实上,媒介除了具备传播信息的功能,“其重要意义在于其文化功能,即其创造维系社群及协调个人和整体社会之间关系与归属的能力”③。作为网络传播时代的一种重要的社交媒介,社区微信群发挥了重要的社群/社会的维系和协调功能。这种社群/社会的维系和协调功能主要体现在个体对社群/社会系统的信任上。譬如,溪溪妈妈表示:

> 宝妈们对群内所提供的大多数养育信息还是相信的,会将其作为一个参考。虽然每个孩子有个体差异,但大体的成长趋势是相同的,所以宝妈们觉得群里的育儿知识是有借鉴意义的。由于大多数人是同一小区中的宝妈,时间久了之后,她们会互相认识、了解,所以信任度会更高一些;对一些没有任何接触的宝妈,群成员一般只会把她的分享作为参考。我遇到养育问题的时候会考虑向这个群里的宝妈求助,求助排名在前三。(溪溪妈妈)

(四)人际信任转化为系统信任

中国人在儒家文化思想的长期影响下,“早已习惯了家本位—人际关系信任模式

---

① 杨中芳,彭泗清.中国人人际信任的概念化:一个人际关系的观点[J].社会学研究,1999(2):3-23.

② 卢曼.信任:一个社会复杂性的简化机制[M].瞿铁鹏,李强,译.上海:上海世纪出版集团,2005:5.

③ 夏瓦.文化与社会的媒介化[M].刘君,等译.上海:复旦大学出版社,2018:95.

与国本位—系统依附信任模式”[①]。改革开放以后，随着中国城市化进程的加快及数字技术的更新发展，费孝通先生提出的熟人社会逐渐式微。“……一种基于亲缘、地缘的社会关系形成的社会结构。在这个熟人社会中，人们的活动受到亲缘和地缘两大因素的影响和制约：从地缘方面来看，不同区域人们的交往少，生活相对隔离，各自生活在自我的圈子里面；从亲缘方面来看，人们接触和交往的都是自己村子或者圈子里面的人。”[②]这就是中国传统社会结构下的家本位—人际关系信任模式，也就是“个体生活于较小流动性的社会结构之中，生命图景铺展于相对封闭的地理人文边界之内”[③]。

随着现代化和城市化的发展，人们走出生长的环境，进入陌生人社会。在陌生人社会中，系统信任成了一种重要模式，人们依靠契约、法律、法规等来约束交往行为，这就是中国传统社会结构中的国本位—系统依附信任模式。因此，当原有的家本位—人际关系信任模式被打破，基于国本位的系统依附信任模式又不能随时随地地处理日常社会互动时，人们为了应对日常生活的复杂性，一种新型的信任模式就产生了，可称其为“邻本位—系统信任模式”。家本位—人际关系信任模式突出了基于原生家庭的宗族血缘和地缘基础。邻本位—系统信任模式则借鉴了“远亲不如近邻”的理念。邻本位的“邻”不再是原生家庭的邻居，而是人们走出家门，在新的城市安家后结识的新邻居。本研究中的群体成员在T市安家，她们虽然没有血缘关系，但是年轻、接受能力强，在媒介技术的介入下在线交流频繁。线上线下的互动建构了邻本位—系统信任模式下的养育共同体。这种邻本位—系统信任模式的基石是社区成员之间的关系交往，本质是对社区这一生活共同体的维护和信任。

祖克尔(Lynne G.Zucker)认为传统习俗、合法的资质、契约合同等能够成为信任双方不可逾越的且必须具备的制度化保障，那些微观个体的基于过程和特征的信任一定会被制度信任取代而成为整合社会秩序的一个长期且便捷的重要维度。[④] 这一论断同卢曼提出的关于系统信任的观点异曲同工。这种秩序可以使社会发展具有某种程度的普遍性，这种普遍性就是建立一种信任关系。也就是说，一个团体规模的扩大是和团体成员的个体化、独立化过程携手并进的。纵观“花城妈妈帮”的形成和发展过程可以发现，此微信群通过不断地吸收邻居，发展成为500人的微信群。据不完全统计，“花城妈妈帮”在三年内的成员数基本保持在500人，从无规模退群的情况发生。

---

① 周怡.信任模式的社会构建[N].光明日报，2013-08-31(11).

② 蒋典阳.“陌生人社会”背景下社会信任的困境及重构[J].甘肃理论学刊，2018，247(3)：113-118.

③ 胡百精，李由君.互联网与信任重构[J].当代传播，2015(4)：21-27.

④ 周怡.信任模式的社会构建[N].光明日报，2013-08-31(11).

社会的进化通常是从相对较小的团体开始的，小团体严格、平等地把各个成员联合在一起，接着小团体发展成一个相对较大的团体。换言之，“花城妈妈帮”是一个具有“新手母亲”特征的群体，她们基于共同的养育经验建立了彼此之间的情感联系，在此基础上逐渐产生了基于养育共同体的系统信任。

需要指出的是：系统信任与人际信任不同，它所面向的不是具体丰富的他者，而是抽象专业的原则、规范、符号、程序或契约。也就是说，“花城妈妈帮”中群体成员的养育意见、观点、方法、策略等，在她们越来越多的交往和联系中成了约定俗成的规则。由此，在群成员充满的信任的自发参与和自愿联合中，养育共同体间的人际信任逐渐转化为对这个“策源地”的系统信任，而系统性信任的最大特点就在于功能性较强，从而能够提高解决问题的效率，进而更有效地凝聚和维系该系统的存续和发展。

> 宝妈群这种平台我觉得特别好，既能讨论带娃心得、答疑解惑，还能尽情吐槽、释放心理压力，不像好多公众号都以盈利为目的。对宝妈的信任也慢慢转化为对这个群的信任。（Happy 妈妈）

结　语

本研究通过对微信育儿群“花城妈妈帮”这一特殊个案的分析，揭示了数字化时代中养育共同体的群聊文化及社会信任的构建机制。研究表明：身处当下媒介技术所形塑的数字环境中的都市“新手母亲”能够利用新技术所带来的信息资源处理遇到的养育问题。她们想要与人分享初为人母的喜怒哀乐和养育焦虑，微信育儿群恰好提供了交流的场所。这个“虚拟空间”——“微信群”中的集体叙事凝聚了她们对于自我价值的肯定，从而使其完成“母亲”的自我确认和身份认同。在此基础上，微信育儿群使群体成员彼此之间产生人际信任，并形成了养育共同体的系统信任，初为人母的养育需求和媒介技术裹挟下的母职实践，最终构建了数字化时代养育共同体的信任文化。此外，笔者经过三年的参与式观察，得出结论：“花城妈妈帮”的群成员从“陌生人”到“熟人”、建立信任的关键有三点：首先，她们生活在同一个社区，是有地缘关系的邻居；其次，她们是新手妈妈，具有共同的养育和情感需求，诉诸情感的共鸣更容易让她们彼此产生认同感和信任感；最后，频繁使用微信群是她们保持互动、建立信任的技术支撑。

综上，本项研究旨在探讨网络信任问题，从微信育儿群这个小切口观察信息传播技术对社会个体及社会关系的影响。鉴于不同性质的微信群聊或将成为研究者观测社会变迁的“晴雨表”,笔者希望能够借此引起学界对微信群聊这一新型社会交往现象的进一步关注,思考和研究数字化时代家庭养育这一当代中国社会亟须解决的人类基本问题。

〔孙莹,中国传媒大学传播研究院传播学博士研究生;李智,中国传媒大学传播研究院教授、南阳理工学院特聘教授〕

〔特约编辑:叶明睿〕

消息还是“消息”吗:互联网时代的新闻价值观念研究*

——基于中国新闻奖获奖消息作品的内容分析

Is News Still “News”: Study on News Value Concept in The Internet Era

—Based on News Award-winning Works of China News Award

◎ 涂凌波　任　英

Tu Lingbo　Ren Ying

摘要:本文以2006年至2018年间中国新闻奖获奖消息作品为研究对象,通过内容分析和文本细读,观察互联网时代新闻报道的基本形态与观念的变化。研究主要发现:十余年间获奖消息作品没有显著变化,严肃新闻仍然是新闻报道的典范;传统的消息标准没有模糊化,倒金字塔结构、新闻价值要素、新闻价值判断基本稳定;消息这一体裁作为新闻报道的“主角”,反映了其客观性特征。从新闻价值观念来看,消息仍然是“消息”,新闻职业共同体的基本共识并没有被消解。

关键词:消息;中国新闻奖;新闻价值;客观性

Abstract: This paper studies changes in basic forms and concepts of news reporting in the Internet era by content analysis and close reading, taking news award-winning works of China News Award (2006—2018) as the research objects. The study has found that, first, on the past over ten years, serious news has been the paradigm of news reporting, and there is no significant change in award-winning news work. Second, the boundary of traditional news standard haven't blurred, and the inverted pyramid structure, news value elements and news value judgement are still stable. Third, news, a form of literature, as the leading role in news reporting shows objectivity. From the point of news value concept, news is still “news”, and basic consensus of press professional community hasn't been removed.

* 本文系国家社会科学基金青年项目“新时代中国特色社会主义新闻观念结构与演进研究”(项目编号:18CXW002)、教育部人文社会科学重点研究基地中国传媒大学国家传播创新研究中心课题“中国传媒人才体系构建研究”(项目编号:19JD860001)的阶段性成果。

Keywords: news, China News Award, news value, objectivity

新媒介技术引发了新闻生产的系统变革，传统的新闻生产常规和惯习被打破，新闻从业者的专业权威被冲击和挑战。从报道内容、生产流程、生产模式到信息传播平台等方面，新媒介技术都在重新定义新闻业，新闻业的根基似乎已经动摇，新闻业的未来也充满不确定性。然而，这并非不证自明的结论，我们需要从一些基本的问题入手回应这些忧虑。

任何一个行业都有自己的“看家本领”和“基本功”，新闻业的“基本功”是新闻信息的专业传播技能及其规范。简单地说，新闻从业者的专业性首先就表现为新闻报道的本领、消息写作的功底。对于新闻业而言，基本的新闻报道可以折射职业共同体的新闻价值观念与专业认同。互联网时代，有人认为传统的消息写作结构、要素和规范正在“过时”，社交媒体的兴起更是颠覆了新闻报道的“语法”。事实果真如此吗？笔者通过对一手资料的分析，以期做出初步回答。具体而言，本文通过对 2006 年至 2018 年间的 292 篇中国新闻奖获奖消息作品进行内容分析，并结合文本细读，主要检验以下几个研究问题：(1)过去十余年间，中国新闻奖的消息写作是否有显著变化？(2)互联网时代，传统的消息标准是否已经模糊？(3)通过消息所呈现的新闻从业者的新闻价值观念是否发生了显著改变？

一、文献综述

(一)消息:新闻报道的“主角”

消息是一种新闻报道的常用和基础文体，它是关于社会新近发生或发现的重要客观变动状况的迅速及时、简明扼要的报道。消息的任务是把最重要的新闻事实以最快的速度传播给受众。学者们把消息区别于其他新闻体裁的主要特征总结为：集中报道最重要的新闻事实，简介概况、快速报道动态新闻，具有如倒金字塔结构的独特文体结构形式，正文有“消息头”的外在标志等。[①] 这些特点也被认为是衡量消息质量的主要指标。

① 消息的概念界定、特点总结及重要地位等主要参照以下文献：刘海贵，尹德刚.新闻采访写作新编[M].上海：复旦大学出版社，1998:42 45；李良荣.新闻学概论[M].上海：复旦大学出版社，2009:26-28；高钢.新闻写作精要[M].北京：首都经济贸易大学出版社，2005:119；门彻.新闻报道与写作[M].展江，等译.北京：华夏出版社，2004:74-75.

一般认为，新闻是关于新近发生的事实的报道。广义的新闻是指各种体裁的新闻报道，而狭义的新闻就是指消息。新闻媒体通过刊登大量消息来实现新闻业“沟通情况，提供信息”的功能。消息是新闻记者使用频率最高、在媒体上出现频率最高的新闻报道体裁。消息是新闻报道的主角，是新闻报道的“常规武器”①。回顾新闻传播活动的历史可以发现，消息的主角地位已延续了一个半世纪以上，消息的重要性不言而喻。

就新闻业的职业化、专业化历程而言，消息与客观性理念的诞生密不可分。李普曼指出，在客观新闻被成功建立起来之前，新闻业不可能成为一个专业，客观性是新闻媒介专业组织的意识形态。② 客观性以事实作为基础，新闻传播者据此逐步确立了自己的内容生产原则和规范。如 19 世纪 70 年代的便士报对新记者的入门启蒙，就是让他们知道事实是第一位的，除了事实就没有其他任何东西了。报道事实是新闻业的“立足根基或者说道德戒律”。米兰多也提及“倒金字塔结构、不党、不偏、据实、平衡”是客观性的主要要素。③ 而以客观叙述的方法用事实说话、采用倒金字塔的独特文体形式，正是消息这一体裁的特点。由此可见，消息是新闻业的职业根基，能够体现新闻从业者的“基本功”和专业水平。

(二)新媒介技术对新闻报道的影响

探讨新媒介技术影响新闻生产变革问题的文献汗牛充栋，本文主要从“新闻生产变革”与“新闻职业观念”两个视角切入。

第一，新媒介技术引发新闻生产的结构性变革，新闻报道也正在发生变化。数据挖掘、虚拟现实、算法推送、机器人写作、5G、人工智能等新媒介技术成为新闻生产的“变革语境”。④ 人工智能可以给新闻业带来新的传播速度、新的阅读体验、新的分发机制。⑤ 5G 技术则对新闻生产系统产生了多方面的影响，主流媒体将迎来全新的发展契机，将使未来新闻业呈现全新的样貌。⑥ 技术不仅改变了内容生产的速度、流程和模式，而且改变着新闻报道的逻辑。有学者运用“液态现代性”概念分析新闻媒体的转型

---

① 刘明华，徐泓，张征.新闻写作教程[M].北京：中国人民大学出版社，2014：143-146.

② SCHUDSON M. Discovering the news：a social history of American newspaper[M].New York：Basic Books，1978：157.

③ 黄旦.传者图像：新闻专业主义的建构与消解[M].上海：复旦大学出版社，2005：72.

④ 张志安，束开荣.新媒体与新闻生产研究：语境、范式与问题[J].新闻记者，2015(12)：29-37.

⑤ 张志安，刘杰.人工智能与新闻业：技术驱动与价值反思[J].新闻与写作，2017(11)：5-9.

⑥ 蔡雯，翁之颢.专业新闻的回归与重塑：兼论 5G 时代新型主流媒体建设的具体策略[J].编辑之友，2019(7)：5-9.

和新闻生产的变革，认为新闻生产主体多元、新闻生产流通速度加快使得新闻业正呈现出“液态状态”①。还有学者以扎根理论方法提出包括文本、机构、生产者和文化四个维度的分析框架，对新闻业在数字时代的结构转型进行归纳和分析。②

一般认为，新媒介技术对于新闻报道的影响是显而易见的。比如有学者指出，新闻内容生产的标准是随着社会环境与媒介自身的发展变化而不断调整的，在社会化媒体的包围下，传统新闻媒体在新闻内容选择、文本写作范式、报道选题策划等方面都显得不合时宜。③ 还有学者指出，今日头条等新闻聚合类媒体使用机器算法代替人工编辑，革新了传统的内容生产方式和分发渠道。④ 不过，至少从目前来看，无论媒介形态发生何种变化，新闻内容生产依然是媒体组织的核心工作，⑤是新闻生产的核心环节。在媒介技术不断迭代的社交媒体时代，作为新闻报道“主角”的消息是否有明显的变化呢？这一问题值得深入分析。

第二，新媒介技术亦冲击了新闻从业者的职业观念和职业意识，新闻生产常规和惯习正在被打破，新闻场域的边界也在模糊化。有学者担忧，新闻内容和从事新闻内容生产的知识分子在新闻传播中正日益边缘化，很多媒体已经偏离了新闻的内容生产，新闻业的变革可以被称作一种逐渐堕落的竞次传播。⑥ 新闻从业者群体逐渐从新闻标准的评判者向生产技术的使用者转型，进而导致这一职业身份中人文精神的式微和技术思维的崛起，新闻从业者群体也不可避免地出现了技工化的倾向。⑦ 在新闻媒体转型过程中，媒体的专业权威和职业道德也不断受到挑战。有关新闻从业者离职创业、身份认同和重塑、新闻权威的言说、危机话语盛行等现象都成为业界和学界热议和关注的话题。⑧

不难发现，新媒介技术引发的“短路性的颠覆”⑨对传统新闻业的新闻专业信念、

---

① 陆晔，周睿鸣.“液态”的新闻业：新传播形态与新闻专业主义再思考：以澎湃新闻“东方之星”长江沉船事故报道为个案[J].新闻与传播研究，2016(7)：126-127.

② 常江.价值重建：新闻业的结构转型与数字新闻生产理论建构[J].编辑之友，2019(3)：88-94.

③ 蔡雯.需要重新定义的“专业化”：对新闻媒体内容生产的思考和建议[J].新闻记者，2012(5)：17-21.

④ 陈昌凤，王宇琦.新闻聚合语境下新闻生产、分发渠道与内容消费的变革[J].中国出版，2017(12)：3-7.

⑤ 蔡雯.“全媒体战略”中的内容生产创新：对新形势下传统媒体转型的思考[J].新闻战线，2013(1)：86-88.

⑥ 王维佳.专业主义的挽歌：理解数字化时代的新闻生产变革[J].新闻记者，2016(10)：34-40.

⑦ 陆晔，周睿鸣.“液态”的新闻业：新传播形态与新闻专业主义再思考：以澎湃新闻“东方之星”长江沉船事故报道为个案[J].新闻与传播研究，2016(7)：126-127.

⑧ 此类论文如：常江.身份重塑：数字时代的新闻从业者职业认同[J].编辑之友，2019(4)：91-97；白红义.边界、权威与合法性：中国语境下的新闻职业话语研究[J].新闻与传播研究，2018(8)：25-48，126；陈楚洁.“从前有一个记者，后来他去创业了”：媒体创业叙事与创业者的身份认同建构[J].新闻记者，2018(3)：4-22.

⑨ 德布雷.媒介学引论[M].刘文玲，译.北京：中国传媒大学出版社，2014：49.

行业边界、文化权威等造成了强烈的冲击。同时,以精英媒体人为主体、以专业化的意识形态为基础、以机构化的运作为空间、以建制化的组织文化为依托的传统新闻生产正在发生结构性的变迁。[①] 本文要进一步追问的问题是:新闻职业观念的变化是否体现在新闻产品中?具体来说,即从消息这一基本文体中是否能够看出这些变化。如果这一假设不成立,那么我们则需要重新评估这些冲击和“颠覆”。

(三)新闻价值及新闻价值观念

如果说互联网技术和新媒体赋权使得新闻业原有的生产模式、传受者关系、价值体系、形象定位都遭到了侵蚀,[②]那么回归与重塑新闻的专业基础,则成为摆在新闻业面前的紧迫命题。若专业媒体不能提供有公信力的高质量的内容,组织化、制度化的新闻生产就会逐渐凋零或缺位。[③] 实际上,在新媒介技术变革的背景下,新闻媒体“传播什么,怎样传播,为谁传播”,仍然不可避免地会受到新闻价值观念的深刻影响。[④] 本文因而进一步追问新闻内容背后的新闻价值观念变化。

新闻价值观念是一个十分多义的概念。讨论新闻价值观念,先要对新闻价值和新闻价值观做出简要的界定。普遍认为,新闻价值是选择和衡量新闻事实的客观标准,即事实本身所具有的足以构成新闻的特殊素质的总和。[⑤] 在早期,庞德就在《新闻学概论》中把新闻价值的要素概括为“时效、距离、事件的大小、重要性”,同时他还强调“读者的兴趣是新闻价值的试金石”[⑥]。在我国的学者中,陈力丹总结出十大新闻价值要素。[⑦] 一般认为,“时新性、重要性、显著性、接近性、趣味性”是得到中西方新闻学界和业界认可的新闻价值的五要素。

新闻价值观,是指人们对什么是新闻价值或什么样的关系才是新闻价值关系的看法,是人们对什么样的客体才有新闻价值这一问题的一系列比较稳定的观念。[⑧] 从逻辑上讲,新闻价值的客观来源和原始的物质承担者是自然信息,新闻信息是认识论层

---

① 张志安,章震.重审语境与重新出发:新闻生产社会学的本土化脉络和反思[J].新闻记者,2018(9):44-57.

② 王侠.液态社会中新闻生产的变革与延续:基于对新闻客户端 M 的分层访谈[J].国际新闻界,2019,41(5):62-81.

③ 蔡雯,杜华敏.从一次“新闻反转”看新闻业的“危”与“机”:以“瑞典警察殴打中国人”事件为例[J].新闻记者,2018(11):34-41.

④ 杨保军.新闻价值观念与新闻价值创造[J].国际新闻界,2003(3):45-50.

⑤ 余家宏,等.新闻学词典[M].杭州:浙江人民出版社,1988:62.

⑥ 吴兴华,李松晨.新闻价值及真实性、指导性[M].北京:人民日报出版社,1984:128-190.

⑦ 陈力丹.新闻理论十讲[M].上海:复旦大学出版社,2008:35-47.

⑧ 杨保军.新闻价值论[M].北京:中国人民大学出版社,2003:127-128.

次的信息，来自对自然信息的采集。具体地讲，记者在新闻实践活动中的首要任务是复原本体论意义上的信息，而不是事实(事实无法复原)；其次是从中挖掘、选择出具有真实性、时效性、价值性的信息，形成报道，从而形成另外一种承载新闻价值的信息——新闻报道中的新闻信息。① 报纸以及其他新闻媒体，主要靠消息来增加信息量，媒体刊登的消息越多，其总体上传递的信息量就越大。②

由此可见，新闻信息是新闻价值的物质承担者，消息作为新闻信息的主要载体之一，则是能够体现新闻价值的新闻报道形式。新闻报道的聚光、追光、放大、凸显或相反功能作用的发挥，本质上都是新闻报道主体及其背后控制主体的新闻价值观的体现。③ 可以说，新闻活动主体有什么样的新闻价值观，就会呈现出什么样的新闻报道。据此，本文主要以消息作为研究对象，通过分析消息这一载体背后的新闻报道的价值选择和价值判断，以讨论其所呈现的新闻从业者的新闻价值观念。

二、研究方法与设计

本研究选取消息作为研究对象，既考虑了消息样本在质与量上的代表性，又观照了消息作为时代产物的时空跨度。面对报纸、广播、电视、互联网、社交媒体、融合媒体等多种新旧媒体形态，以及浩如烟海的消息报道，本研究选取中国新闻奖的获奖消息作品作为研究样本，主要有以下三点考虑。

第一，中国新闻奖是我国新闻从业者职业荣誉的重要来源之一，获奖作品是得到新闻从业者广泛认同的新闻佳作，其具有定义“何为优秀”的社会控制功能。④ 第二，中国新闻奖创办于 1990 年，自 1991 年开始评选，每年评选一次，至 2019 年已经评选出 29 届获奖作品。这恰好呈现了我国媒介技术变革、互联网兴起与普及、传统媒体转型的历史向度，可以作为历时性地考察不同阶段消息报道的重要参照。第三，作为中央批准常设的全国优秀新闻作品最高奖，中国新闻奖的评选集中体现了国家主流价值观、文化观，成为媒体和记者衡量新闻价值的指挥棒。⑤ 中国新闻奖评奖也是新闻行

① 杨保军.新闻价值论[M].北京：中国人民大学出版社，2003：137-138.

② 刘明华，徐泓，张征.新闻写作教程[M].北京：中国人民大学出版社，2014：143-146.

③ 杨保军.统一性：当代中国马克思主义新闻真实观的典型特征[J].新闻大学，2018(1)：27-34.

④ 黄顺铭.官方职业荣誉的机会结构：对全国好新闻奖和中国新闻奖的比较研究[J].新闻记者，2013(4)：45-50.

⑤ 顾广欣.从中国新闻奖评选看我国主流新闻价值观：中国新闻奖十年综述[J].东南传播，2008(3)：6-8.

业“价值共识”形成的途径,[①]获奖作品可以反映新闻行业普遍的新闻价值观,因而样本具有代表性。

在抽样时间上,本研究选取2006—2018年间的中国新闻奖获奖消息作品。主要原因是,从2006年第十六届中国新闻奖开始,评选中增设了“互联网”类别[②],因此2006年是研究互联网时代消息变化的重要时间节点。通过检索和筛选,我们共得到292篇消息作品作为研究样本。需要说明的是,鉴于广播消息和电视消息的主导性传播介质为音视频,难以在文本符号上进行对比分析,而且由于时间跨度较大,获奖广播消息和电视消息样本获取不全,因此本文不做相应分析。

在编码上,本研究的分析单位和观测单位均为“文章”。为了系统地分析获奖消息作品的基本面貌,笔者设计了“获奖消息作品概况”“获奖消息的文本特征”“获奖消息的客观性特征”“获奖消息的新闻价值要素”等四个一级观测指标。一级指标“获奖消息作品概况”下设“获奖年份、获奖等级、消息报道主题、消息刊播单位”等四个二级观测指标;“获奖消息的文本特征”下设“消息篇幅、消息段落、消息结构的组合方式是否是倒金字塔型(0/1)”等三个二级指标;“消息的客观性特征”下设“消息核心内容所用形容词数量统计、所用副词数量统计、消息来源个数及类型、消息引语的数量及类型、消息中是否有作者的个人评价、情感倾向”等九个二级观测指标;“获奖消息的新闻价值要素”下设“时新性、重要性、显著性、接近性、趣味性”等五个二级观测指标。

本文在数据分析上,通过解读“获奖消息作品概况”以了解中国新闻奖获奖作品的整体情况;分析“消息文本特征”与“消息的客观性特征”两个变量,以期对“中国新闻奖的获奖消息作品是否发生了变化”做出回答;通过对“消息的新闻价值要素”变量的分析,以探析新闻从业者的新闻价值观念是否发生了变化。

三、研究发现

(一)获奖消息作品概况

中国新闻奖的奖项设置,一直延续着“特、一、二、三等奖”的四级评价体系。“特等奖”是每年评选出的最优质的作品,数量较少,且获奖作品类型不一,其中消息作品获

---

① 阴卫芝.“软制度”塑造职业价值共识与规范共识:第二十八届中国新闻奖电视获奖作品评析[J].新闻战线,2018(21):25-27.

② 黄顺铭.加冕:新闻评奖制度与实践[M].北京:中国传媒大学出版社,2017:90.

特等奖的数量极少，所以本研究主要分析获“一、二、三等奖”的消息作品。整体而言，各奖项的获奖作品数量呈“金字塔”状，三等奖获奖作品数量最多，二等奖次之，一等奖最少。获奖作品的基本公示信息中包含题目、项目、作者、刊播单位与报送单位等，其中刊播单位指各媒体单位，报送单位由省级记协、少数中央级新闻机构、高等院校等组成。本研究统计了全部 292 篇消息的刊播单位及报送单位，并按照消息内容进行了主题分类，研究发现：

就获奖消息的刊播单位而言，中央级媒体机构得到超一半(52%)的一等奖，近四成(37%)的二等奖，约三分之一(31.7%)的三等奖；省级媒体机构得到了四成(40%)的一等奖，超一半(51%)的二等奖，近半数(46.7%)的三等奖。总体上，中央级媒体机构刊播的作品获得一等奖的比例最高(52%)，省级媒体机构刊播的作品获奖数量最多(139 个)。卡方检验显示，不同的媒体机构在所得奖项的等级构成上存在一定的差异($X^2=8.287$，$df=6$，$p<0.05$)。从分析结果可以得出，中央级媒体机构的获奖作品在“质量”上占优势，而省级媒体机构的获奖作品则在“数量”上最多(见表 1)。

表 1　获奖消息作品刊播单位在各奖项的分布状况(2006—2018)

奖项单位	中央级媒体机构	省级媒体机构	地市级媒体机构	县级媒体机构	其他*
一等奖	52%(13)	40% (10)	8% (2)	0	0
二等奖	37% (37)	51% (51)	11% (11)	0	1% (1)
三等奖	31.7% (53)	46.7% (78)	18.6% (31)	0	3% (5)
总计	35.3%(103)	47.6%(139)	15.1%(44)	0	2%(6)

注：* 指的是行业类媒体

笔者通过数据分析发现(见表 2)，获奖消息的主题侧重于经济、社会、科技和时政，其中经济类新闻得到近四成(36%)的一等奖。不同主题的消息在获奖机会上存在差距，也从侧面反映了中国新闻奖定义“优秀”的标准。[①] 总体上，软新闻的获奖机会大大低于硬新闻，娱乐消息则没有一条获奖。可见，监测环境、守望社会的严肃新闻仍然是新闻报道的典范，这一评奖标准和实践看中新闻报道所发挥的政治、经济、社会等功能。

体育消息获奖极少。2006 年冬奥会期间的《中国双人滑选手的悲壮演出震撼都灵》与 2008 年日本大阪世锦赛期间的《刘翔夺金创造世界高栏史传奇》是抽样中仅有

① 黄顺铭.官方职业荣誉的机会结构：对全国好新闻奖和中国新闻奖的比较研究[J].新闻记者，2013(4)：45-50.

的两篇获奖体育消息。[①] 获奖的灾难消息主要集中在2009年，因为2008年初我国南方发生了特大冰雪灾害，5月12日又发生了汶川大地震，新闻媒体报道并记录了这些重大灾难事件，如《河北日报》的《唐山13位农民兄弟惜别郴州市民》、《解放军报》的《全军和武警部队近十万大军投入抗震救灾 在所有重灾乡镇展开救援》、《海南日报》的《海南的救命恩人，让我摸摸你们的脸》。笔者分析发现，获奖消息作品与当年国内国际重大新闻事件之间有相关性，后文将详细分析。

表2 获奖消息作品主题在各奖项上的分布状况(2006—2018)

	时政消息	经济消息	社会消息	灾难消息	体育消息	娱乐消息	科技消息	法制消息	教育消息	医疗消息	环境消息	军事消息
一等奖	20% (5)	36% (9)	12% (3)	4% (1)	0	0	8% (2)	4% (1)	4% (1)	4% (1)	0	8% (2)
二等奖	10% (10)	27% (27)	20% (4)	4% (4)	0	0	16% (16)	5% (5)	5% (5)	2% (2)	4% (4)	7% (7)
三等奖	8.4% (14)	26.3% (44)	26.3% (44)	0	1.2% (2)	0	12.6% (21)	4.8% (8)	4.2% (7)	2.4% (4)	10.2% (17)	3.6% (6)
合计	9.9% (29)	27.4% (80)	23.0% (67)	1.7% (5)	0.7% (2)	0	13.4% (39)	4.8% (14)	4.5% (13)	2.4% (7)	7.1% (21)	5.1% (15)

(二)倒金字塔结构：获奖消息的主要文本特征

基于文献，本研究的一个预设是：社交媒体时代诸如140字的微博、几十字的客户端消息推送、十余字的移动端屏幕消息提示、一句话自成一个段落的微信推文等消息形式，正在改变传统的消息写作模式，比如消息的篇幅、段落、倒金字塔结构等都有所改变。然而，笔者分析文本后发现，十余年来中国新闻奖获奖消息作品的文本结构特征并没有发生显著变化。

数据显示(详见图1)，获奖消息平均篇幅的各年度分布相对均衡(均值811.58，标准差27.8)，消息大多在700—1000字这一范围内。假设H_0为获奖消息作品的篇幅十余年来没有显著差异，根据单样本T检验结果显示，95%的置信区间为(-16.22，17.38)，T值为0.075，P值为0.9，因此不能拒绝原假设H_0，可以认为获奖消息篇幅十余年来没有出现显著改变。获奖消息作品的年平均段落数为7段(均值7.23，标准差

① 需要指出的是，2008年北京奥运会是重大国际事件，新华社社评《永恒的经典历史的丰碑——写在北京第29届奥林匹克运动会闭幕前夕》获得2009年中国新闻奖特别奖。

0.6)，整体年份分布差距不大。假设 H_1 为获奖消息作品的平均段落没有显著差异，在95%的置信区间为(-0.13，0.59)，T 值为 1.39，由于相伴概率大于 α 值，不能拒绝原假设 H_1，所以获奖消息作品的年平均段落没有显著差异。

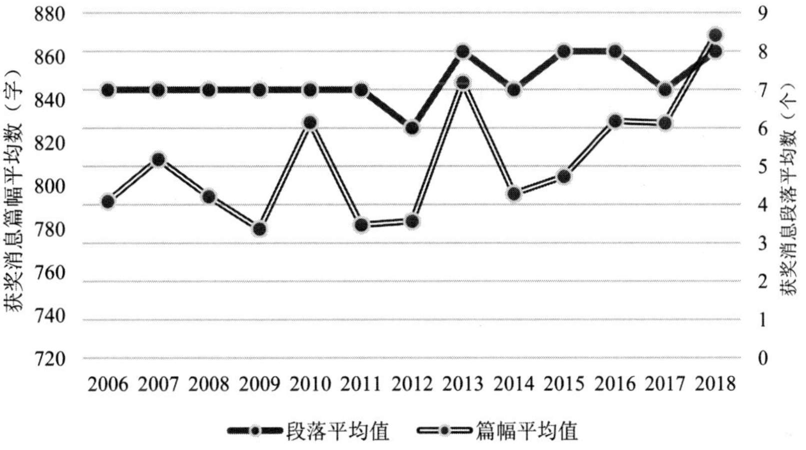

图 1　获奖消息篇幅与段落的变化趋势图(2006—2018)

倒金字塔结构是消息这一体裁的典型文本结构特征。分析结果显示，获奖消息作品中属于倒金字塔结构的多达 282 篇，占比达 96.6%，年均分布没有显著差别。按中国新闻奖评奖标准，消息要新闻要素完整，角度新颖，内容充实，信息量大，结构清晰，语言文字精炼。[①] 评选标准只强调了结构清晰，但是绝大多数获奖消息仍采用经典的倒金字塔结构，这意味着新闻业传统的写作结构仍被广泛认同。当我们讨论机器人写作、算法推送、人工智能可以帮助甚至取代人工写稿的问题时，显然不能忽略以记者作为主体的逻辑思维、文本结构方式以及对新闻价值的判断。以 2018 年获一等奖的消息作品《创造港珠澳大桥的"极致"》为例，这篇《珠海晚报》2017 年 5 月 11 日刊发的消息稿，全文 914 字，9 个自然段，按照"间接导语——重要事实——次要事实——新闻背景——最次要事实"的倒金字塔结构行文。导语部分如下：

本报讯(记者 陈新年 廖明山)港珠澳大桥海底隧道工程近日完成"最终接头"的安装，已经可以步行穿越了。昨天，记者来到这条世界最长的海底隧道采访，除了兴奋之外，还得到了一个令人震惊的消息：在"最终接头"成功安

---

① 中国新闻奖评选办法[EB/OL].(2019-02-12)[2019-10-30].http://www.xinhuanet.com/zgjx/2019v/2019-02/12/c_138099915_3.htm.

装后,还进行了一次耗时 34 小时“返工”式的精密调整,最终误差缩小到了“毫米”,建设者们说:“我们没留遗憾。”

该篇消息以间接导语开头,在叙述完“最终接头”完成安装的核心事实后,由记者的采访引出 34 小时“二次精调”这一重要事实,突出了本篇消息的新闻价值。评选推荐理由写道:“在港珠澳大桥海底隧道最终接头的海量报道中,该消息另辟蹊径,以记者现场穿越海底隧道的最新事实为由头,引出‘二次精调’这一鲜为人知而又惊心动魄的创举。”[①]在获奖消息作品中,用间接导语形式的较多。记者将引语前置或者以场景开头,进而引出核心事实,也是一种典型的传统消息写作结构,如 2016 年一等奖获奖消息作品——《四川日报》刊发的《629 户人的藏乡走出 359 名大学生》:

本报讯(记者 徐中成) “这两年,别人想在我们村寨娶走个媳妇都难。”3 月 25 日,记者在阿坝州若尔盖县求吉乡采访时,噶哇村村委会主任仁卓的一句感慨引起了记者的注意。为何难?原来,村里年轻人不少都出门上大学去了。全乡共 629 户人,近 7 年间已有 235 人从大学毕业,还有 124 名大学生在读。

重大新闻事件的报道仍然主要采用直接导语形式,简明扼要地报道核心事实,如 2018 年一等奖获奖消息作品《习近平首次沙场阅兵 号令解放军向世界一流军队进发》,就采用倒金字塔结构,配有标准的消息头,用直接导语凝练地表达了最重要的信息:

新华社内蒙古朱日和 7 月 30 日电(记者 李宣良 王玉山) 7 月 30 日上午,在庆祝中国人民解放军建军 90 周年阅兵中,中共中央总书记、国家主席、中央军委主席习近平发出新形势下的强军号令——把英雄的人民军队建设成为世界一流军队。

笔者分析发现,少数非倒金字塔结构的消息作品,因为满足角度新颖、内容充实等要求获得中国新闻奖,例如,2018 年二等奖获奖消息作品《收养脑瘫儿 14 年 环卫工夫妇感动众人》。《三秦都市报》记者以散文式写法,通过故事性叙述,讲述了一对环卫工夫妇收

---

① 第二十八届中国新闻奖获奖作品参评表格[EB/OL].(2019-01-01)[2019-06-01].http://www.pingjiang.zgjx.cn/NewsAwardingSys/WksPublicsubmittedAction/todetails.do? id=8a899010635f85ea016361c493d8019f.

养脑瘫儿童的故事。评选推荐理由是:“以小人物传播大能量、用生动故事塑造可信典型的及时报道。”①该消息的导语以对话式结构引入,具有一定的文学性色彩,并未叙述核心事实。

> 那是今年夏天的一天,冯亚宁下班回家,屋子里闷热极了。儿子飞飞坐在床上,先是冲她摆手,接着吃力地喊了一句话:“妈,你累了。”冯亚宁的心颤抖了,愣了老半天,两眼一热,泪就流下来了:“妈不累,妈给你做饭。”

少数获奖消息作品中大量采用对话式结构,以增强现场感。例如,2017 年二等奖获奖消息作品《深夜挨户敲门寻找 救下昏迷夫妇》,文本中引用记者与医生的对话:“记者:如果没找到患者,这么晚了,你们还会继续找吗? 李良义:一旦接报,决不言放弃,否则对不起自己的良心。”简短精悍的对话,现场感强,树立了“爱岗敬业典范”这一形象。再如,2014 年三等奖获奖消息作品《藏族连长拉巴次仁的 3 次人生跨越》则采用并列式结构,文章主体部分的 3 个自然段并列叙述了拉巴次仁这一报道人物的 3 次人生转折,通过矛盾树立人物形象。评选推荐理由是:“其以小切口反映大主题,是打破传统典型宣传模式的精品之作。”

(三)“用事实描述事实”:获奖消息的客观性特征

新闻客观性作为新闻报道的原则之一,被比喻成“不死之神”。客观性体制是一种理念、假设、实践及制度的集合体,已经变成固有的公共哲学和自我调节的一种假设形式。② 客观性报道则是一种用公正、超然及不含成见的态度来报道的新闻。③ 换言之,新闻客观性是新闻业报道实践的准则,是新闻记者“用事实说话”的职业理想,也是受众对新闻报道的一种共识和期望。2009 年修订的《中国新闻工作者职业道德准则》重申了新闻从业者要坚持的核心原则,即报道新闻不夸大、不缩小、不歪曲事实;要把真实作为新闻的生命,坚持深入调查研究,报道做到真实、准确、全面、客观。④

---

① 第二十八届中国新闻奖获奖作品参评表格[EB/OL].(2019-01-01)[2019-06-01].http://www.pingjiang.zgjx.cn/NewsAwardingSys/WksPublicsubmittedAction/todetails.do? id=8a899010636315a40163668e235c0205.

② 哈克特,赵月枝.维系民主?——西方政治与新闻客观性[M].沈荟,周雨,译.北京:清华大学出版社,2005:9.

③ 吴飞.新闻专业主义研究[M].北京:中国人民大学出版社,2009:40.

④ 中国新闻工作者职业道德准则修订版全文[EB/OL].(2009-11-27)[2019-06-01].http://www.chinanews.com/gn/news/2009/11-27/1988722.shtml.

长久以来的客观性实践离不开新闻工作者的主体性。新闻工作者进行客观性新闻写作的原则包括:忠于事实、具有正确与可靠的消息来源、平衡处理资讯、去除偏见及保证完整性等。① 盖伊·塔奇曼也指出,新闻工作者可以通过遵循如查证事实、展现争议双方、适当地使用引语、出示支持性证据、按特定的顺序组织信息(如倒金字塔结构)等客观性程序——也被称为"策略性仪式"——来增强新闻报道的客观性。② 有些学者尝试归纳出客观性新闻报道在写作上的一些形式条件,包括:以倒金字塔结构,在首段(导言)摘述基本事实;以第三人称(语气)来报道;不设立场等。③ 消息被认为是记者陈述客观事实且不表达自己意图的报道,因此获奖消息作品的客观性是否发生改变,是衡量消息文体及其背后的新闻观念是否发生变化的重要指标。

为了更具体地检验消息"客观性"这一变量,我们在其下设了 9 个二级观测指标。经检验,9 个指标的 KMO 值为 0.615,经巴特利特球度检验后的显著性水平为 0,小于 0.05,因此较适合采用因子分析。经过因子分析发现,方差最大正交旋转得出的因子载荷矩阵中的元素绝对值更倾向于 0 或 1,按特征值大于 1 可提取出 3 个因子,旋转后累计方差解释率为 62.763%。依据因子载荷矩阵可将三个主成分分别命名为"消息源""消息引语""消息用词与作者态度"(见表 3)。

表 3 消息客观性特征的因子分析表

原始指标	因子载荷系数		
	消息源因子	消息引语因子	消息用词与作者态度因子
消息来源类型	.835	-.283	-.133
消息是否指出消息源	.696	.430	.107
消息引用引语数量	-.089	.879	.005
消息来源个数	.098	.801	-.023
消息引述他人观点的类型	-.021	.771	-.089
个人情感倾向	.084	.022	.842
评价和观点	.118	-.001	.724
消息核心内容所用形容词数量	-.102	-.092	.653
消息核心内容所用副词数量	-.132	-.013	.648

① 彭家发.新闻客观性原理[M].台北:三民书局股份有限公司,1994:160-164.

② TUCHMAN G. Objectivity as strategic ritual: an examination of newspaper's nations of objectivity[J]. American journal of society, 1972,77(4):660-678.

③ 彭家发.新闻客观性原理[M].台北:三民书局股份有限公司,1994:160-164.

消息源因子包含两项指标：消息是否指出消息源与消息来源类型。具体来看，全部 292 篇样本中，97.2％的消息作品均指出消息源，其中超八成（83％）的消息源是具体的人物，引用其他媒体报道和从网络获取消息的消息非常少（见图 2）。按照梅尔文·门彻的说法，消息来源是维持记者生命之血液。[①] 数据显示，十余年来新闻记者在消息采写的过程中始终重视对一手消息的采集，采访是消息写作中不可或缺的环节，这可以保证事实的准确性与新闻客观性。

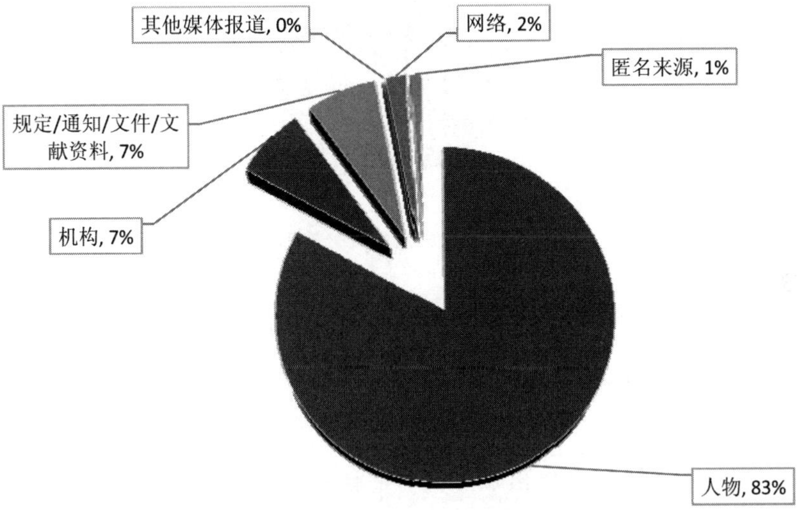

图 2　消息来源类型分布状况

消息引语因子包含三项指标：消息来源个数、消息引用引语数量、消息引述他人观点的类型。数据显示：近九成（88％）的消息作品包含引语，且平均引用近三个消息来源（均值 2.8）；近一半（48％）采用混合引语，使用直接引语（26％）的消息作品多于使用间接引语（14％）的作品（见图 3）。其中，2010 年获奖消息作品《检讨材料就是弄虚作假的证据！》共引述了 10 条直接引语，以直接引语“到底是关闭矿井还是标准化建设矿井”作为开篇，文章主体部分采用对话式结构：

> “羊场乡副乡长请站起来，羊场煤矿是不是属于正常生产矿井?”……“你不回答是不是?”……“那你说说，今年安全生产执法的主要任务是什么?”……“是安全生产隐患治理年……”……“胡说，是严厉打击非法违法生产经营行为!”

① 门彻.新闻报道与写作[M].展江，等译.北京：华夏出版社，2004：342.

在这篇消息中,大量的直接引语真实还原了贵州省煤矿安全生产紧急会议的现场,节奏紧张,现场感强,记者不做评判,“用事实描述事实”,将事实客观地、直接地呈现在读者面前。这篇消息也被评为舆论监督类消息报道的典范。

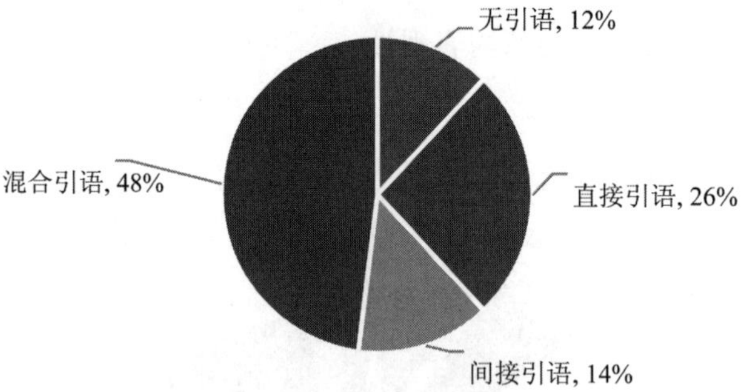

图 3　消息引用引语分布状况

消息用词与作者态度因子包含四项指标:消息核心内容所用形容词数量、消息核心内容所用副词数量、个人情感倾向、评价和观点。统计数据显示,获奖消息核心内容使用形容词与副词的数量相对较少,每篇消息平均使用 2—3 个形容词、1 个副词。只有近一成(8.9%)的消息作品中出现了记者的评价和观点,超一成(11.9%)的作品中有记者的个人情感倾向。

笔者细读文本发现,在较多使用形容词与副词的消息文本中,记者常用形容词修饰人物或周围环境,目的在于展现更加立体饱满的人物形象、真实的环境背景,记者并未直接表明自己的立场和判断。例如,2017 年三等奖获奖消息作品《面对喧嚣的社会,巴中拾荒老人坚持做“傻”事 36 年“捡”出一座图书馆》,其标题和导语中均使用了多个形容词:

> 69 岁的巴中老人陈光伟再次摸摸手中的古籍,脸上满是欣慰的笑容。……这些包括字典、医书等珍贵文献的泛黄图书,饱含着他的心血,也承载着他的心愿。……戴着眼镜的陈光伟是巴中市恩阳区的一名拾荒老人,他做了怎样的“傻”事?

总体来看,获奖消息均重视依靠消息来源获取信息,多使用直接引语及混合引语以增强报道真实性,文章使用形容词和副词的数量较少,少数消息作品呈现了记者个人的观点和情感。十余年来，新闻消息报道的客观性原则没有发生显著变化，“用事实描述事实”是马克思主义新闻观的基本要求，也是我国新闻从业者坚持新闻真实性和客观性的重要原则。

(四)时新性、重要性与接近性：获奖消息的主要新闻价值要素

数据显示(见图4)，获奖消息的新闻价值要素排名前三的依次为：时新性(249，占比85.3%)，重要性(249，占比85.3%)，接近性(232，占比79.5%)。需要说明的是，笔者对消息文本进行编码分析时，对时新性与重要性两个元素分别设计了标准。在获奖消息作品中，时新性、重要性、接近性是最被看重的新闻价值要素，评奖标准在一定程度上也体现了新闻行业在新闻价值观念上的共识。① 从年份分布来看，并未发现显著差异。

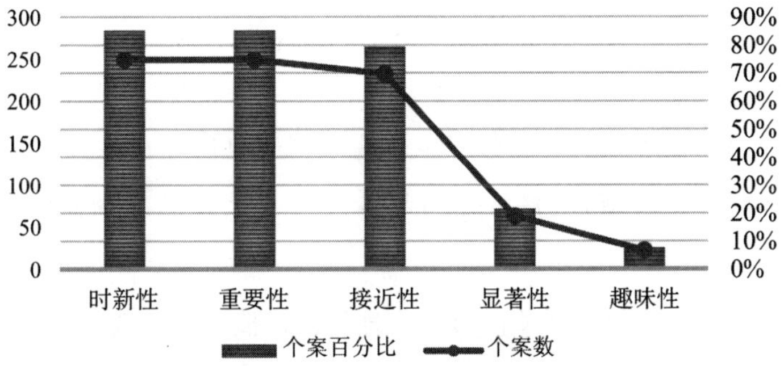

图4　新闻价值要素分布图

自现代新闻业诞生以来，新闻作为一种社会信息系统的生成方式，发挥着监测社会最新的重大变动的功能，即“社会监测”功能，因而产生了一种普遍的新闻价值观念，即新闻要报道的是最新的、值得叙述的重大变动，新闻价值是能够满足接受者需求的一种特殊的即时性信息效用。② 社交媒体时代，这一普遍的新闻价值观念尽管遭到了一定的冲击，但并未如一些论者所言那样“瓦解”，娱乐化、碎片化、情感化的信息并不能反映当前新闻价值观念的“主流”。

分析消息时新性的具体表现可知(见表4)：六成文章(60%)的时效为“今天或昨天”；近两成消息(17%)没有明确标明时间；写明“近日或日前”的消息占比达13%。消息是对时效性要求极强的新闻报道，通过分析数据笔者发现，时新性仍然是衡量新闻价值的首要标准。

① 刘明华，徐泓，张征.新闻写作教程[M].北京：中国人民大学出版社，2014：60.

② 陈力丹.新闻理论十讲[M].上海：复旦大学出版社，2008：34.

表 4　消息时新性的具体表现的分布状况

类型	今天/昨天	一周以内	一周以上	近日/日前	未标明时间
频数	176	21	8	38	49
百分比	60%	7%	3%	13%	17%

除了比较新闻价值要素的重要程度外,笔者也对影响新闻价值要素分布的主要因素进行了分析(见表5)。通过对新闻价值各要素与其他自变量的交互分析发现,刊播单位与消息所涉新闻价值要素分布的交互关系最为明显。

首先,消息重要性要素与刊播单位的交互关系情况为:九成五(95.1%)的中央级媒体机构刊播的消息满足重要性要求,七成五(75%)的地市级媒体机构刊播的消息满足重要性要求。卡方检验显示,消息的重要性与刊播单位存在显著关系(p=0.000)。其次,消息显著性要素与刊播单位的交互关系为:超过三成(33%)的中央级媒体机构报送的消息满足显著性要求,而仅有超一成(15.9%)的地市级媒体机构报送的文章满足显著性要求。卡方检验显示,消息的显著性与刊播单位存在显著关系(p=0.006)。经过检验发现,消息的时新性、接近性与趣味性与获奖作品的刊播单位均没有显著关系。

不难发现,获奖作品的刊播单位影响消息新闻价值要素的选取。地市级媒体机构刊播的消息中满足重要性要求和显著性要求的文章明显少于中央级和省级媒体机构。中央级媒体机构在新闻报道时占据一定的资源优势,因此更容易创作出含有新闻价值要素的优秀作品。

表 5　消息的新闻价值要素与获奖消息刊播单位交互表

<table>
<tr><th colspan="2" rowspan="2"></th><th colspan="4">获奖作品刊播单位</th><th rowspan="2">总计</th></tr>
<tr><th>中央级媒体机构</th><th>省级媒体机构</th><th>地市级媒体机构</th><th>其他</th></tr>
<tr><td rowspan="2">消息是否满足重要性</td><td>否</td><td>5(4.9%)</td><td>24(17.3%)</td><td>11(25%)</td><td>3(50%)</td><td>43</td></tr>
<tr><td>是</td><td>98(95.1%)</td><td>115(82.7%)</td><td>33(75%)</td><td>3(50%)</td><td>249</td></tr>
<tr><td colspan="2">总计</td><td>103</td><td>139</td><td>44</td><td>6</td><td>292</td></tr>
<tr><td rowspan="2">消息是否满足显著性</td><td>否</td><td>69(67.0%)</td><td>118(84.9%)</td><td>37(84.1%)</td><td>5</td><td>229</td></tr>
<tr><td>是</td><td>34(33.0%)</td><td>21(15.1%)</td><td>7(15.9%)</td><td>1</td><td>63</td></tr>
<tr><td colspan="2">总计</td><td>103</td><td>139</td><td>44</td><td>6</td><td>292</td></tr>
</table>

注:消息是否满足重要性 * 获奖作品刊播单位:$X^2=18.351$, df=3, p=0.000;消息是否满足显著性 * 获奖作品刊播单位:$X^2=12.315$, df=3, p=0.006。

四、结论与探讨

普遍认为，新媒介技术引发了新闻生产的结构性变革，进而改变着新闻报道的基本形态及其背后的新闻价值观念。一方面，新媒介技术的冲击与影响是显而易见的。比如，传统新闻工作的流程已经引入了剧烈变革的技术，这些技术对传统的职业意识形态和新闻生产惯习都造成了强烈的冲击，[①]以今日头条为典型代表的新闻聚合生产模式改变了新闻的呈现与表达方式，如倒金字塔结构、事实与意见分开等操作规范[②]。另一方面，互联网时代传统的新闻报道“内核”是否发生改变，传统的消息写作结构、要素和规范是否“过时”，严肃的新闻报道以及新闻价值观念是否都得到了职业共同体的认可等重要问题值得深入探讨。

本文通过研究得出以下几个初步结论：

第一，十余年间获奖消息作品没有显著变化。这些作品依然侧重于经济、社会、科技和时政等报道主题，尽管不同层级的媒体机构在获奖机会方面存在差距，但是严肃新闻仍然是新闻报道的典范。

第二，传统意义上的消息标准并没有模糊。十余年间获奖消息作品仍主要采用倒金字塔结构，获奖消息平均篇幅和段落基本稳定，传统新闻价值要素中的时新性、重要性和接近性仍是“好新闻”的重要评判标准。

第三，对新闻价值的判断和运用仍然依赖新闻从业者。消息中大量采用的间接导语、对话式结构等特点表明，在新闻价值的判断和新闻报道的采写过程中，新闻从业者的主体性不容忽视，这是目前机器写作、算法、人工智能暂时还无法取代的。

第四，获奖消息作品具有新闻客观性特征。笔者通过分析消息源、消息引语、消息用词与作者态度等指标发现，新闻从业者注重对一手消息的采集和使用，较多使用直接引语，使用的形容词和副词数量较少，较少表达个人的观点和情感。获奖消息作品比较鲜明地体现了“用事实描述事实”这一特征。

近年来，对严肃新闻被娱乐化、情感化新闻“消解”的担忧不绝于耳，对“后真相”时代的讨论更引发了人们对于新闻专业性的疑虑。总体来说，本文认为互联网时代严肃的新闻报道仍然是新闻专业的“内核”，消息写作依然是新闻专业的“基本功”；从消息

---

① VOBIC L.What we do is not actually journalism: role negotiations in online departments of two newspaper in Slovenia and Serbia[J].Journalism, 2014,15(8):1023-1040.

② 刘双庆.从排斥到分化：基于今日头条的新闻边界工作研究[J].新闻记者，2019(7):75-84.

作品所呈现的新闻价值观念来看,消息仍然是“消息”,新闻职业共同体的基本共识并没有被消解。本文的不足之处在于,资料的收集和分析范围有限,并未结合对新闻从业者的访谈。在进一步的研究中,我们还可以比较自媒体与主流媒体消息特征之间的差别,以期能够更好地理解新闻业的变革与新闻从业者的新闻价值观念。

〔涂凌波,中国传媒大学电视学院教授、硕士生导师;任英,中国传媒大学电视学院硕士研究生〕

〔特约编辑:叶明睿〕

卓越国际新闻传播人才培养背景下外语课程思政建设的路径探索*

Major-Tailored English Language Courses for Cultivating Outstanding Chinese International Journalism and Communication Talents

◎ 李艾珂
Li Aike

摘要:本文旨在讨论新时代卓越国际新闻传播人才培养中课程思政建设的创新路径,以国际新闻传播专业的定制式外语类课程为例,从课程教学内容和案例、课内外教学实践活动、课程考核评价及任课教师发展四个方面讨论课程思政建设的经验和启示。外语教师需要不断提升自身思政水平,积极发挥主动性和创造性,将思政育人与外语课程的教学内容、课内外实践和课程考核有机融合,实现全程、全方位育人,以落实立德树人的根本任务。

关键词:国际新闻传播;人才培养;专业定制式英语课程;课程思政

Abstract: Following the "Outstanding Media Talents Initiative" proposed by the Chinese Ministry of Education, this paper explores some innovative and creative ways of developing specially tailored English language courses to cultivate Chinese university students majoring in international journalism and communication. Four aspects are discussed, including selection of language teaching materials, in-class and extracurricular language practice activities, course assessment methods as well as teacher development.

Keywords: international journalism and communication, cultivate outstanding media talents, major-tailored English language course

* 本文系教育部人文社会科学重点研究基地重大项目"中国传媒人才体系构建研究"(项目编号:19JJD860001)的阶段性成果。

一、中国国际新闻传播人才培养的历史与发展

四十多年前开始的改革开放直接催生了国际新闻专业。为了给我国的新闻机构培养合格的驻外记者,在政府的支持下,中宣部、教委(教育部的前身)、新华社和广播电影电视部(广播电视部的前身)联合从1982年起在北京广播学院(现中国传媒大学)、厦门大学、复旦大学等高校陆续开设国际新闻专业本科和国际新闻双学士学位,我国的国际新闻专业化教育正式开始了。①

改革开放30年后,中国媒体于2009年开始积极实施"走出去"战略。② 例如,2009年2月23日,《中国日报》在北美地区的子报《中国日报·美国版》创刊;4月20日,隶属于人民日报社的《环球时报·英文版》创刊;7月1日,新华网英语电视新闻线路开始试运行;9月30日,中共中央机关刊《求是》杂志英文版创刊并面向海内外公开发行。③ 与此同时,为了给国家传播能力建设战略提供人才保障,2009年,中宣部和教育部联合六大主流媒体在清华大学、中国人民大学、中国传媒大学等五所高校(2011年起变为三所)设立"国际新闻传播后备人才班",招收国际新闻传播专业硕士研究生。

2015年,高晓虹等在《中国特色国际新闻传播人才培养模式与创新》一文中指出,中国的国际传播人才培养要走中国化的道路,应该使用一套在马克思主义新闻观指导下的国际化培养体系。文章梳理总结了中国特色国际新闻传播人才培养的创新手段:强化国情教育,增强传播使命感;坚持海外实践,培养全球传播视野;把握媒介融合变势,提升跨界传播能力。④ 经过多年的探索和努力,我国新闻传播类高等院校已基本形成了一套较为完整的国际新闻传播人才培养体系,并不断与时俱进,坚持培养理念和培养手段的创新。国际新闻传播人才的培养经历了早期的"外语+新闻"复合培养模式,逐步形成了现阶段的"国情教育+融合新闻业务+外语+媒体实践"的培养模式。⑤

---

① 张毓强,尚京华,唐艾华.我国国际传播人才培养的历史沿革[J].新闻教育研究,2010(4):97-103.

② HU Z, JI D. Ambiguities in communicating with the world: the "Going-out" policy of China's media and its multilayered contexts [J]. Chinese journal of communication, 2012, 5(1):32-37.

③ 中国媒体"走出去"2009大事回顾[N/OL].中国社会科学报,2010-02-04 [2020-04-20]. http://www.cssn.cn/ddzg/ddzg_zt/201002/t20100204_814805.shtml.

④ 高晓虹,赵晨,赵希婧.中国特色国际新闻传播人才培养模式与创新[J].对外传播,2015(6):48-51.

⑤ 于波."一带一路"背景下高校国际传播人才文化传播能力培养[J].东南传播,2016(10):54-56.

二、新时代卓越国际新闻传播人才培养的探索与创新

2017 年 1 月，习近平在联合国日内瓦总部发表了题为《共同构建人类命运共同体》的主旨演讲，向世界阐释了“构建人类命运共同体”的重大国际倡议。他提出，构建人类命运共同体，建设一个持久和平、普遍安全、共同繁荣、开放包容、清洁美丽的世界。① 2017 年 2 月，联合国社会发展委员会第 55 届会议一致通过“非洲发展新伙伴关系的社会层面”决议，“构建人类命运共同体”理念首次被写入联合国决议；3 月 17 日，联合国安理会通过关于阿富汗问题的第 2344 号决议，“构建人类命运共同体”理念首次载入联合国安理会决议；3 月 23 日，联合国人权理事会第 34 次会议通过关于“经济、社会、文化权利”和“粮食权”两个决议，“构建人类命运共同体”理念首次载入联合国人权理事会决议。② 联合国决议频频写入这一理念，说明人类命运共同体理念已获得全球广泛认同。

在得到国际广泛认同的同时，人类命运共同体理念频频出现在中国人民的视野中。2017 年 10 月 18 日，习近平在党的十九大报告中明确提出，“坚持推动构建人类命运共同体”是新时代坚持和发展中国特色社会主义的基本方略之一。③ 党的十九大通过关于《中国共产党章程(修正案)》的决议，把“推动构建人类命运共同体”写入了党章。2018 年 3 月 11 日，第十三届全国人大一次会议高票通过了宪法修正案，宪法序言第十二自然段中增加了“推动构建人类命运共同体”内容，人类命运共同体理念正式入宪，被确立为全党和全国人民的集体意志和奋斗目标。

于是，我国的国际传播事业也在新时代背景下承载了“推动构建人类命运共同体”的新使命。④ 2016 年 12 月 31 日，在中国国际电视台(CGTN)开播之际，习近平在贺信中强调，中国国际电视台要“讲好中国故事、传播好中国声音，让世界认识一个立体多彩的中国，展示中国作为世界和平的建设者、全球发展的贡献者、国际秩序的维护者

---

① 习近平．共同构建人类命运共同体：在联合国日内瓦总部的演讲[EB/OL]．(2017-01-19)[2020-04-20]．http://www.xinhuanet.com/world/2017-01/19/c_1120340081.htm.

② 常红，姚雪．特稿：人类命运共同体何以获得全球认同[EB/OL]．(2018-01-23) [2020-04-20]．http://world.people.com.cn/n1/2018/0123/c1002-29781137.html.

③ 习近平．决胜全面建成小康社会 夺取新时代中国特色社会主义伟大胜利：在中国共产党第十九次全国代表大会上的报告[EB/OL]．(2017-10-27) [2020-04-20]．http://www.xinhuanet.com/2017-10/27/c_1121867529.htm.

④ LI A，WU M. “See the difference”：what difference? The new missions of Chinese international communication [J]. Westminster papers in communication and culture，2018，13(1)：41-47.

良好形象,为推动建设人类命运共同体作出贡献”[①]。2018 年 4 月 19 日,中央电视台(中国国际电视台)、中央人民广播电台、中国国际广播电台正式整合成为中央广播电视总台,对外统一呼号“中国之声”,为加快我国国际传播能力建设、推动构建人类命运共同体作出了进一步努力。

在新时代背景下,中国国际新闻传播人才培养也进入了 2.0 时代。2018 年 9 月,教育部、中宣部发布《关于提高高校新闻传播人才培养能力 实施卓越新闻传播人才教育培养计划 2.0 的意见》,提出要打造新闻传播人才德育新模式,并构建国际新闻传播人才培养新范式。[②] 培养新时代的卓越新闻传播人才,首先要坚持党性原则、立足国家战略,引导学生坚定政治方向、熟悉国情世情,树立正确的世界观、人生观、价值观、新闻观。[③] 在国际新闻传播教育中,要坚持以马克思主义新闻观为指导,主动适应新时代的发展变化,站在为党和国家的国际传播事业培养合格建设者和可靠接班人的时代高度,增强新闻学子的国情认知,提升他们的国际化水平和融合创新能力。[④]

的确,新时代卓越的中国国际新闻传播人才,首先应具备过硬的政治素养,须坚持正确政治立场和方向,坚持马克思主义新闻观。人类命运共同体理念源自马克思主义哲学思想,继承和发展了马克思主义共同体思想,是马克思主义中国化在国际理念层面的体现;同时,该理念也汲取了中华传统文化中大同思想、天下为公、“和合文化”等思想精髓,旨在建立“万物并育而不相害,道并行而不相悖”的共存秩序,是对中华优秀传统文化的当代弘扬和发展[⑤]。植根于马克思主义理论与中华传统文化的人类命运共同体理念,是马克思主义新闻观的重要组成部分。国际新闻传播专业学子只有具备过硬的政治素养、深刻理解并努力践行人类命运共同体理念,才能服务国家战略,为加强中国国际传播能力建设、增强国家软实力、讲好中国故事、推动构建人类命运共同体贡献力量。

---

① 新华社.习近平致信祝贺中国国际电视台(中国环球电视网)开播[EB/OL].(2016-12-31)[2020-04-20].http://www.xinhuanet.com/politics/2016-12/31/c_1120226953.htm.

② 教育部,中共中央宣传部.关于提高高校新闻传播人才培养能力 实施卓越新闻传播人才教育培养计划 2.0 的意见[EB/OL].(2018-10-17)[2020-04-20]. http://www.moe.gov.cn/srcsite/A08/s7056/201810/t20181017_351893.html.

③ 高晓虹,赵希婧.立足新时代发展方向 培养卓越新闻传播人才[J].中国大学教育,2018(4):10-13.

④ 高晓虹,赵希婧.国际新闻传播人才培养的经验与启示[J].对外传播,2019(1):15-17.

⑤ 王丹,孙敬鑫.做好人类命运共同体理念的对外传播[J].当代世界,2018(6):8-11.

三、国际新闻与传播专业定制式外语课程思政建设的经验与启示

习近平在2016年12月召开的全国高校思想政治工作会议中强调，要坚持把立德树人作为中心环节，把思想政治工作贯穿教育教学全过程，实现全程育人、全方位育人，努力开创我国高等教育事业发展新局面。[①] 课程思政是以习近平新时代中国特色社会主义思想为指导的高等教育的理念创新、制度创新和实践创新，对全面贯彻党的教育方针、完善立德树人体制机制具有重要意义。[②] 要培养政治素养过硬的卓越国际新闻传播人才，探索如何通过课程思政建设将思想政治教育和国际新闻与传播专业知识教育有机融为一体，尤为重要和必要。

在国际新闻传播人才培养的专业知识教育中，外语教学一直是培养体系里的重要模块。然而，传统的外语教学并不能完全满足培养卓越国际新闻传播人才的要求。以英语教学为例，传统的英语课程和教学专注于语言教学本身，通过英语语音、英语报刊阅读和高级英语等专业课，培养学生的英语听、说、读、写、译能力。本文以中国传媒大学近几年国际新闻传播人才培养的探索实践为例，探讨如何将思政教育与英语教学有机融合，以课程思政建设助推国际新闻与传播专业定制式英语课程的改革创新，为培养新时代卓越的中国国际新闻传播人才献计献策。

（一）精选时新教学内容，将课内语言教学与思政育人相融合

卓越的中国国际新闻传播人才，要做到“联接中外、沟通世界”[③]，首先需要全面认识了解中国和世界。而国际新闻与传播专业的外语教师可通过创新课程内容和案例，打破传统英语教材的限制，选取时新的与中外新闻和文化相关的英语材料作为学习内容和案例，使学生学习语言的同时了解中外时事和文化知识，加深学生对国情、世情的了解，将课内语言教学与思政育人融合在一起。

例如，中国传媒大学近几年培养国际新闻传播本科人才时，探索着对该专业的英语类课程进行专业定制式改革，其中包括英语报刊阅读课程。改革开放以后，教育部

---

① 吴晶，胡浩. 习近平：把思想政治工作贯穿教育教学全过程[EB/OL].（2016-12-08）[2020-04-20]. http://www.xinhuanet.com/politics/2016-12/08/c_1120082577.htm.

② 韩宪洲. 论课程思政建设中的几个基本问题：课程思政是什么、为什么、怎么干、怎么看[J]. 北京教育（高教），2020(5)：48-50.

③ 张昆，吴金伟. “联接中外、沟通世界”：打造具有影响力、公信力、感召力的外宣旗舰媒体[J]. 对外传播，2016(4)：4-6.

对高校英语报刊教学给予了高度关注,其颁布的《大学英语课程教学要求》十分明确地将报刊阅读能力列为评定阅读技能的标准之一。[①] 该课程也是提升国际新闻传播人才英语能力的重要课程之一。然而目前,我国的英语报刊阅读课程所使用的教材基本都是从英语纸媒中摘录文章,但报刊文章有明显的时效性,于是很多教材在出版不久(甚至出版之前)内容就已过时。因此,为了使学生在提升英语报刊阅读能力的同时加强对国情世情的了解,中国传媒大学近几年坚持在英语报刊阅读课中引入最新的英语新闻素材,如每年两会期间组织学生双语学两会[②]。

除英语报刊阅读课以外,中国传媒大学也对国际新闻与传播本科专业的英语语音课程进行了专业定制式课程思政改革创新,精选教材以外的时新训练材料,提升学生英语发音水平与播音能力的同时,也提升了学生的思政素养。例如,在 2019 年国庆期间,选取 CGTN 的中华人民共和国成立 70 周年系列报道(《70 年“电”亮中国美好生活》[③]和《70 年“桥”见中国历史变迁》[④]等)作为教学案例,学生通过模仿背诵播报内容,不仅提升了英语发音和播音水平,更加深了对祖国 70 年发展成就的认识,增强了文化自信和爱国情感。

(二)创新教学实践活动,将语言实践与思政育人相融合

除了精选语言教学内容和案例,中国传媒大学还通过精心设计课内外教学实践活动,使学生在增强语言应用能力的同时提升思政素养。

例如,中国传媒大学国际新闻与传播本科专业师生结合 2020 年全民国家安全教育背景,开展了一次特别的英语语音课内教学实践活动:线上合作“云录制”,诵读英国诗人约翰·多恩的名作《没有人是一座孤岛》(*No Man Is an Island*)。通过参加此次教学实践活动,学生不仅提升了英语应用能力,体验了团队合作的快乐感和成就感,还更深刻地认识到“国家安全面前,没有人是一座孤岛;疫情防控当下,没有国家是一座

---

① 教育部. 大学英语课程教学要求[EB/OL].(2007-07-27)[2020-04-30]. http://old.moe.gov.cn/publicfiles/business/htmlfiles/moe/moe_1846/200711/28924.html.

② 中国传媒大学国新本科专业“英语报刊阅读”课程双语学两会成果示例[EB/OL].(2019-04-17)[2020-04-05]. https://mp.weixin.qq.com/s/8Y3indao1a4CJhTF6mCxew.

③ CGTN. 70 年“电”亮中国美好生活[EB/OL].(2019-09-19)[2020-04-20]. https://mp.weixin.qq.com/s/pkUuySO__BK65s4CC_vwug.

④ CGTN. 70 年“桥”见中国历史变迁[EB/OL].(2019-09-19)[2020-04-20]. https://mp.weixin.qq.com/s/82U7xKECgPuq4IgqCWuajg.

孤岛。维护国家安全，人人有责；构建人类命运同体，人人有责”[①]。

除了课内教学实践活动，学校还在精心设计的课后语言应用实践活动中融入思政育人元素。例如，中国传媒大学国际新闻与传播本科专业结合2019年中华人民共和国成立70周年的背景，组织学生开展高级英语课程的暑期延展语言实践活动——拍摄制作“我眼中的中国”系列双语Vlog，以实际行动献礼祖国。[②] 通过此次实践活动，学生在锻炼语言应用能力的同时，加深了对祖国的认识和了解，也进一步坚定了爱国之志、增强了爱国情怀。

（三）创新评价手段，在课程考核中融入思政育人元素

考试是教学中的重要环节，课程考核是促进学生进步发展的重要手段。培养新时代卓越的中国国际新闻传播人才，还可在外语课程考核中融入思政育人元素，充分发挥课程考核评价的“引导作用”[③]和“教育功能”[④]。

例如，中国传媒大学尝试在为国际新闻与传播本科专业定制“高级英语”课时，在传统的笔试考核方式的基础上嵌入创新课程考核手段，将思政育人元素融入课程考核中。将“中国文化英语讲”系列演说作为课程考核的组成部分，在锻炼学生英语表达能力的同时，有效引导学生深入学习中国文化，使学生对中国文化有了更深入透彻的认知和理解，增强了学生的文化自信，也为学生未来在国际舞台上讲好中国故事、促进中外文明交流互鉴打下良好基础。[⑤]

（四）加强全员师资队伍建设，提升教师的思政水平和全程、全方位育人能力

要想做到以上三点，落实好立德树人的根本任务，外语课教师不能只顾自己的专业领域知识和业务，必须注重提高自身思政素养。因此，开展外语教师全员思政理论学习尤为必要。外语教师努力提升自身思政水平，对于学生来说有“身教”的作用，而“身教”往往比言传更能达到润物细无声的育人目的。培养国际新闻传播人才的外语

---

① 中国传媒大学国新本科专业“英语语音”课内实践活动成果示例[EB/OL].(2020-04-28)[2020-04-30]. https://mp.weixin.qq.com/s/1C2hTrXV9OiZ1SiMTnDEKw.

② 中国传媒大学国新本科专业“高级英语”课外实践活动成果示例[EB/OL].(2020-04-28)[2020-04-30]. https://mp.weixin.qq.com/s/rgut58VIg4gFKW-oR69pYQ.

③ 张成立. 谈应用型人才培养模式下的考试作用与功能[J].中国校外教育，2019(10):68-71.

④ 周霖. 发挥评价的教育功能[J].北京教育(普教版)，2018(1):93.

⑤ 中国传媒大学国新本科专业“高级英语”创新课程考核成果示例[EB/OL].(2019-09-12)[2020-04-20]. https://mp.weixin.qq.com/s/KCwfmNsFum_1VsSecUWF6w.

教师只有全面了解国情世情、把握好时代大势,积极发挥育人主体的主动性和创造性,才能更好地将思政育人与外语课程的教学内容和案例、课内外实践活动和课程考核评价有机融合,获得全程育人、全方位育人的效果。

结　语

本文旨在讨论新时代卓越国际新闻传播人才培养中课程思政建设的创新路径,以中国传媒大学国际新闻与传播专业定制式外语课程为例总结了课程思政建设的经验和启示。本文指出,课程思政建设可从以下几方面着手。第一,打破教材限制,精选时新教学内容和案例,使学生学习语言的同时了解中外时事和文化知识,加深对国情世情的了解,进而将课内语言教学与思政育人融合在一起。第二,结合时事背景精心设计课内外教学实践活动,在实践中嵌入思政育人元素,使学生在增强语言应用能力的同时提升思政素养。第三,创新课程评价手段,将思政育人元素融入课程考核体系中,发挥考核的引导作用和育人功能。此外,要做到以上三点,需加强师资队伍建设,提升教师的思政水平,培养教师的主动性、创造性和全程、全方位育人能力。

〔李艾珂,中国传媒大学电视学院副教授〕

〔特约编辑:叶明睿〕

行动者网络理论视角下微博舆情框架转义建构研究

——以“易拉罐自制爆米花”事件为例

Research on the Mediation and Construction of Public Opinion Frame of Weibo from the Perspective of Actor-Network Theory

◎ 李建刚　谷雨微

Li Jiangang　Gu Yuwei

摘要：本文围绕“易拉罐自制爆米花”事件形成的行动者网络及其数字足迹，从转义系统层面对舆情框架的建构机制与互动关系进行研究，在强化行动者网络理论本土化观照的同时，也对该理论视角下将转义建构与数据分析相结合的研究方法进行了有意义的探索。转译不仅刻画框架，同时也影响框架。行动者所界定的问题成为必经之点，浅层议题吸引更多的参与者并使行动者在代言人身份的争夺中获得优势，深层议题的设定影响转译的方向、最终的结果和社群观念的发展。新闻媒体转译活动的连续性容易被忽略，事实上只有连续的转译才能为舆情框架提供整体的真实，并且对某些不合理的行动者角色及其社会动员产生积极的校正作用。

关键词：行动者网络理论；舆情框架；代言者；强行动者；弱行动者

Abstract: Based on the actor-network and its digital footprint formed by the “homemade popcorn with cans” incident, this paper studies the construction mechanism and interactive relationship of the public opinion frame in the level of the mediator system, while strengthening the localization of ANT, it also makes an exploration on the research method with data analysis. Translation not only characterizes the frame, but also shapes the frame. Actors set the obligatory passage points with defined issues, the shallow issues enroll more participants and give the actors more advantage in the competition for agent identity, the deep issues affect the direction of translation, the final result and the development of community cognition. The continuous construction of media organization’s translation is usually overlooked, in fact, it could provide the overall truth for the public opinion frame and has a positive correction function on some unreasonable actant and their social mobilization.

Keywords: actor-network theory, public opinion frame, agent, strong actant, weak actant

2019 年 8 月 22 日,中国山东枣庄市市中区永安乡的两名儿童因模仿用酒精加热易拉罐自制爆米花的网络短视频引发了爆炸,两名女孩被不同程度烧伤。该事件经网络传播后引发众多新闻媒体、互联网科技公司和网友的关注,新闻报道与网络话题的跟进不断推动相关舆情的变化和发展。9 月 5 日,其中一名被特重度烧伤的女孩不幸离世。9 月 17 日,涉事博主办公室小野①与儿童家属签订和解协议。9 月下旬,该事件的网络传播逐渐平息。"易拉罐自制爆米花"事件的舆情框架在近一个月的时间内被不断重构,原本处于传播优势地位的受伤害儿童及家庭,逐步失去了网络上的话语权,并成为部分网友网络暴力的对象。

围绕该事件产生的行动者网络的数据足迹,本文主要尝试从转义系统层面对舆情框架的建构进行深入和系统的研究,着重观察媒体行动者的身份设定、事件的问题化、网络成员招募及社会动员。本研究为行动者网络理论的本土化观照提供了新的视角与路径,为重新认识舆情框架、社交媒体与新闻媒体在当下的深层动力机制提供了新的范式与参考。

一、媒介化背景下行动者网络理论的传播转向

在信息技术变革背景下,社交媒体不仅颠覆了传统的大众传播模式,而且通过网络效应在舆情的产生和扩散方面形成了较为复杂的新机制。数字社会的媒介化色彩日渐加深,新闻与舆情的关系研究已不能局限在组织内部,而应与技术和社会融合,并扩展至整个社会技术网络中进行观察和探索。20 世纪 80 年代,法国社会学家布鲁诺·拉图尔(Bruno Latour)在米歇尔·卡龙(Michel Callon)和约翰·劳(John Law)的理论成果基础上提出了行动者网络理论(Actor-Network Theory,简称 ANT)。拉图尔认为,行动者网络理论的真正价值即对"联盟的描绘",因为这使"社会的运动得以显现于读者面前"②。行动者网络理论在哲学意义上消解了社会与自然、主体与客体关系

① 办公室小野在新浪微博的认证为"美食视频自媒体",所发布的内容主要是在办公室场景内使用新奇手段制作食物的短视频。

② 盖恩,比尔. 新媒介:关键概念[M],刘君,周竞南,译.上海:复旦大学出版社,2015:30.

的绝对区分。行动者(actant)"将空间集聚在自身周围、使其他关联性要素依赖自身，并将他们的意志转译为自己语言的任意元素"①。人与技术等多种要素都应包含在内，从而为行动者的能动性与异质性提供更贴近现实的解释。行动者只能在与其他行动者的联结中行动，并通过其所处的网络确定身份。拉图尔认为任何行动者都是转义者(mediator②)，行动者主要强调自身的网络节点意义，转义者更强调行动者能动性的转译(translation)作用。转义者有别于中介者，中介者的实践目的是转运信息和转达意义，而转义者则会"改变、转译、扭曲和修改它们本应表达的意义或元素"③，从而实现转义的过程。

行动者网络理论带有技术社会学的视角特征，与媒介化研究存在理论上的亲缘关系。后者认为媒介不再是单一的和互动的渠道，正在摆脱传统传播研究中的中介性角色，开始以形塑的方式与他者互动。采用 ANT 的视角来理解社会事件的舆情发展，就意味着必须将媒介视为有能力通过转译的方式实施互动的社会行动者，与此同时，技术、伦理、规范等作为"物"的行动者也必须通过代言人(agent)才能获得主体的地位、资格和权利。这有益于通过理解与媒介相连的行动者网络来考察媒介的社会形塑作用，进而摆脱技术决定论和技术反映论的机械二分法的束缚。

转译是构成行动者网络的根本原因，亦是使其稳固的动态机制。拉图尔认为转译"是由事实建构者给出的、关于他们自己的兴趣和他们所吸收的人的兴趣的解释"④，"没有社会、社会领域以及社会关系，但是存在着转义者之间的转译，这些转义者可能会产生可追踪的联结"⑤。转译机制分为问题化(problematization)、引起兴趣(interestement)、招募成员(enrollment)和动员(mobilization)四个阶段。问题化即将事件对象问题化，使某个行动者的问题成为其他行动者要达到目标的必经之点⑥。转

① 戴宇辰."旧相识"和"新重逢"：行动者网络理论与媒介(化)研究的未来：一个理论史视角[J].国际新闻界，2019,41(4):68-88.

② 英语中的"mediator"一词可以追溯到晚期拉丁语，最初应用于基督教神学，指在上帝与人之间进行调解的人。14 世纪中期，其"为实现和解，在有争论的两方之间进行调解的人"的含义第一次被确立下来。

③ 吴莹，卢雨霞，陈家建，王一鸽.跟随行动者重组社会：读拉图尔的《重组社会：行动者网络理论》[J].社会学研究，2008(2):218-234.

④ 拉图尔. 科学在行动：怎样在社会中跟随科学家和工程师[M].北京：东方出版社，2005:77.

⑤ LATOUR B. Reassembling the social: an introduction to actor-network-theory [M]. New York: Oxford University Press, 2005:108.

⑥ 必经之点(Obligatory Passage Points)这一概念由米歇尔·卡龙(Michel Callon)提出，用来指关键行动者(代言者)使自身处于不可或缺的位置(其他行动者必须通过该位置被转译并进行角色定义)并使其他行动者的利益通过自身来实现的过程。

译成功的标志是被转译者加入相应行动者网络并成为其成员。网络系统内转译权的平等是抽象的和理想化的,它并不能反映行动者网络的真正动力。这就说明该理论除了可作为重要的研究视角,还具有社会分析与机制描述的方法价值。

二、舆情框架的动力追溯与转译特征

新闻事件所引发的舆情建构,即一个新的行动者网络逐步形成并稳定的过程。在信息源有限、传播渠道单一的传统媒体时代,新闻媒体垄断了生产和发布新闻的权利。新闻媒体是围绕新闻报道所建构起来的行动者网络中的关键的行动者和代言者。传统新闻报道以媒介公信力为社会资本,通过线性化和点对多的传播模式进行信息扩散,所建构的行动者网络也反映出中心化的、发散式的、高度稳定的结构关系。社交媒体的典型特征是去中心化和用户生产内容,用户与终端的可移动性提高了网络信息节点的互动效率,同时带来了信息的流动性与碎片化。传统新闻媒体要努力适应新的信息传播机制,不断增强为其他行动者定义问题的能力。一成不变的主导者和代言者都已不复存在,反之,在社会化技术网络的驱动下,个体、社会组织和新闻媒体都存在被招募和被转化为行动者的可能。

在"易拉罐自制爆米花"事件的舆情演化过程中,社交媒体上留下诸多行动者参与舆情建构的数字足迹,通过数据采集和分析,可以挖掘并呈现其中对于舆情转译产生关键作用的代言人角色,包括个体、新闻媒体、短视频聚合平台和自媒体等。其中,短视频聚合平台和娱乐自媒体不断表露拒绝被主流媒体代言的意愿,同时分阶段地将自身塑造成新的代言者。在行动者自塑与他塑的碰撞过程中,舆情的发展表现出基于技术机制自身的转译权分配和基于舆情框架的转译权导向之间的矛盾、冲突与和解。

由"易拉罐自制爆米花"事件的微博热度走势图(见图 1)可以看出,该事件的舆情演化可分为起始期、波动期、爆发期和消散期。微博转发行为是其他行动者被招募进由关键行动者主导的行动者网络中的主要表现,微博话题的发起可以视为行动者为了影响公众认知而采取的试图引导舆论的网络动员。通过数据分析发现,转发微博相较于原创微博表现更为突出。微博转发量和微博话题热度可作为舆情演化过程中对重要的代言者进行筛选、观察和分析的主要评判标准。

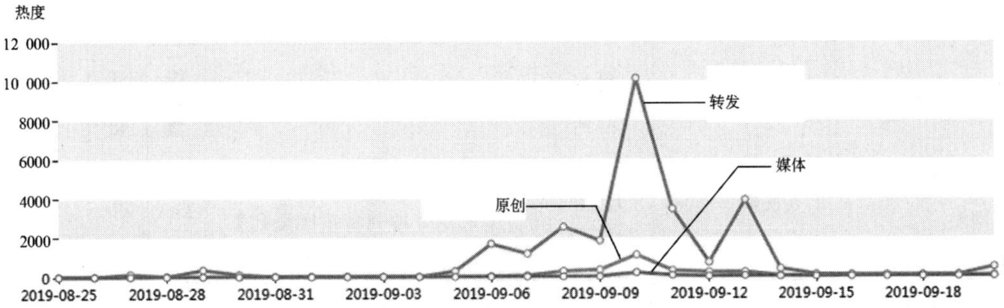

图 1 “易拉罐自制爆米花”事件的微博热度走势

对舆情演化四个阶段的代言者和必经之点的分析如下。

(一)舆情起始期

2019 年 8 月 25 日至 9 月 4 日为舆情起始期,新闻媒体、短视频平台和娱乐自媒体对于事件的关注推动舆情快速发展(见表 1)。国家重点新闻网站人民网、山东省新闻媒体《齐鲁晚报》在陈述基本事实之外增加了“切勿模仿!”“不要模仿!”的提醒,二者的转译都加入了基于新闻事实的观点和判断。澎湃新闻的微博文本中出现“疑模仿网红点燃高浓度酒精炸玉米,14 岁女孩全身 96%烧伤”,“疑”字的使用反映出时效性竞争压力下澎湃新闻转发和报道网络信息时坚持新闻真实性的媒介特质。相比之下,娱乐自媒体的微博文本突出强调“网红”二字,其转译倾向于将事件与网红博主或是与网红有关的高危直播事件进行关联。

8 月 26 日,资讯类短视频平台梨视频在微博发起#模仿易拉罐自制爆米花致爆炸#话题,微博文本中嵌入了短视频,该话题快速达到较高的阅读量和讨论量。梨视频采用“全民拍客”的聚合模式,追求时效性,让用户可以快速、直接地记录、创作和分享,内容具有“新、短、快”特征,时效性强,但是内容多停留在事件浅层议题。梨视频播放的短片在未采访当事人的情况下使用剪辑过的网络视频,尽管画面打上了马赛克,但依然被网友认出素材来自办公室小野的账号。短片字幕也带有一定引导性,易使网友认为受害儿童是因为模仿该博主视频而引发事故的。剪辑技术强化了转译的效果,将更多行动者招募进梨视频就话题构建的行动者网络,梨视频成为舆情起始期的代言者,该话题成为舆情起始阶段行动者网络的必经之点。

表 1　舆情起始期媒体行动者对问题的界定

舆情起始期:事件最初被报道						
定位	对象	发帖时间	微博文本	转发量	评论量	点赞数
国家重点新闻网站	人民网	8 月 26 日	【切勿模仿！女孩#用易拉罐自制爆米花#被酒精重度烧伤】	136	307	1613
上海报业集团网络新闻平台	澎湃新闻	8 月 28 日	#模仿网红高浓度酒精炸玉米被烧伤#【疑模仿网红点燃高浓度酒精炸玉米,14 岁女孩全身96%烧伤】	38	132	867
山东省新闻媒体	《齐鲁晚报》	8 月 27 日	#枣庄爆料#【不要模仿！女孩#用易拉罐自制爆米花#,被酒精重度烧伤】	5	12	7
资讯类短视频平台	梨视频	8 月 26 日	【两名少女#模仿易拉罐自制爆米花致爆炸#,其中一人特重度烧伤】	460	511	2319
搞笑视频自媒体	简直笑哭了	8 月 28 日	【模仿网红做爆米花不料引起爆炸着火,枣庄女孩被重度烧伤】	225	1511	12,448
搞笑幽默自媒体	最全奇闻趣事	8 月 29 日	【模仿网红做爆米花不料引起爆炸着火,枣庄女孩被重度烧伤】	3	18	16

(二)舆情波动期

9 月 5 日至 9 日舆情进入波动期,围绕特重度烧伤的 14 岁女孩离世及其家属欲起诉短视频平台两个议题,舆情形成两次小高峰(见表 2)。新闻媒体将“离世议题”放置在必经之点,掌控了转译的主导权,成为舆情波动阶段的关键行动者。

9 月 5 日,澎湃新闻最先发起#模仿短视频被烧重伤女孩离世#话题,该议题热度快速上升。以人民网、《中国青年报》为代表的中央级新闻媒体,一方面在陈述新闻事实的基础上加入“不幸”“心痛”等词语,凸显新闻媒体的人文关怀,另一方面沿用“切勿模仿!”的判断,树立起理性的、有温度的报道者形象。《齐鲁晚报》和《Vista 看天下》的微博文本增加的话题是#爸爸回应女儿模仿视频去世#,关注其父欲状告博主和平台,凸显双方矛盾冲突,并带动其他行动者转发和跟进。

在 9 月 6 日梨视频发布的短视频中,叙事文本包括《齐鲁晚报》报道、对受伤较轻的女孩的采访和采访女孩家属的音频。梨视频这一阶段带话题跟进澎湃新闻,成为被新闻媒体招募的行动者，其转译角度更是从“离世议题”转向“起诉议题”，显示出家长与平台及视频制作方的对立。在涉事博主尚未回应、责任归属模糊的情况下，部分娱乐自媒体直接在微博文本中表明“模仿办公室小野用易拉罐制作爆米花被烧成重伤的 14 岁小女孩因感染过重，抢救无效，不幸离世”，给发展中的状况下了“定论”，这是不负责任的表现。此类自媒体不受新闻专业主义的约束，其转译行为带有很强的主观倾向性，造成了新闻事实的扭曲和舆情框架的偏移。

表 2　舆情波动期媒体行动者对问题的界定

舆情波动期：哲哲离世，哲哲父亲欲状告博主和平台						
定位	对象	发帖时间	微博文本	转发量	评论量	点赞数
国家重点新闻网站	人民网	9 月 6 日	【切勿模仿！女孩模仿用易拉罐制爆米花被严重烧伤 不幸离世】	301	776	4158
共青团中央机关报	《中国青年报》	9 月 6 日	【心痛！模仿短视频被烧伤女孩离世】	13	49	227
上海报业集团网络新闻平台	澎湃新闻	9 月 5 日	＃模仿短视频被烧重伤女孩离世＃【山东一女孩模仿易拉罐制爆米花被烧重伤，今日不幸离世】	803	3068	52,585
山东省新闻媒体	《齐鲁晚报》	9 月 7 日	＃枣庄爆料＃ ＃模仿易拉罐制爆米花女孩离世＃【＃爸爸回应女儿模仿视频去世＃：欲状告视频博主和平台】	3	24	58
新闻故事类文摘杂志	《Vista 看天下》	9 月 7 日	【＃模仿易拉罐制爆米花女孩离世＃其父欲状告博主和平台】	229	1242	8765
			【＃爸爸回应女儿模仿视频去世＃：视频应有提示】	1110	7098	138,713
资讯类短视频平台	梨视频	9 月 6 日	【＃模仿短视频被烧重伤女孩离世＃姐姐：先处理后事，或将起诉】	80	351	3203
搞笑视频自媒体	简直笑哭了	9 月 5 日	【痛心！女孩模仿网红“易拉罐制爆米花”被烧成重伤不幸离世】	23	106	338
娱乐资讯自媒体	爱爆料的小仙女	9 月 6 日	模仿办公室小野用易拉罐制作爆米花被烧成重伤的 14 岁小女孩因感染过重，抢救无效，不幸离世。＃女孩学网络视频自制爆米花伤重离世＃	53	617	4583

(三)舆情爆发期

9月10日，办公室小野在微博的首次回应引发了网友的大量讨论。梨视频最先发起#办公室小野回应女孩自制爆米花去世#微博话题，很快就引发了5.7亿的阅读量和3.1万的讨论量，这成为舆情演化过程中热度最高的话题。不仅娱乐自媒体带话题追踪此事件，新闻媒体也纷纷跟进和转发，推动舆情进入爆发期(见表3)。梨视频发布的单条微博“绝不是模仿我的视频”进一步强化涉事博主办公室小野的观点，极端的和强硬风格的标题配合原创短视频在网络上较为醒目，梨视频成为舆情爆发期的代言人，其发起的热门话题成为这个阶段其他行动者的必经之点。

在推动舆论聚焦方面，行动者对关键问题的界定发挥着重要作用。我们同时也要看到，社交媒体背景下的聚焦机制是网络共同作用的结果，并不完全以新闻媒体的意愿为转移。孩子受伤的责任归属，究竟是家长没有尽到监护之责，还是涉事博主的视频有违规范？面对家长确定女儿是模仿办公室小野的坚定说法，梨视频并未引用另一名受害者小雨(化名)及其家属的证词作为多方信源，但是其剪辑的办公室小野的声明视频，条理清晰地展示了小野提出的“女孩绝对不是模仿她的视频”的证据。可以看出，剪辑以视频化的“观点事实”提供了某种论证的力量。由于梨视频平台具有网络聚合性，播放的短视频也并不代表平台立场，但是平台针对双方的主观叙事在客观上形成了非平衡的转译结果。自媒体“简直笑哭了”在微博文本中强调“小野短视频一直有标注请勿模仿，对于这件事你们怎么看”，这是站在博主立场上的带有倾向性的表述。自媒体的转译表现出对网友心理的准确拿捏，他们善于将观点隐于事实之中并辅以对话口吻，以影响更多网友的参与行为。

表3　舆情爆发期媒体行动者对问题的界定

舆情爆发期:办公室小野回应						
定位	对象	发帖时间	微博文本	转发量	评论量	点赞数
国家重点新闻网站	人民网舆情数据中心	9月10日	【#办公室小野回应女孩自制爆米花去世#:绝不是模仿我的视频,愿提供帮助并配合调查】	1	3	1
共青团中央机关报	《中国青年报》	9月10日	【#办公室小野回应女孩自制爆米花去世#:不是模仿我的视频,愿提供帮助并配合调查】	254	2586	18,000

续表

定位	对象	发帖时间	微博文本	转发量	评论量	点赞数
山东省新闻媒体	《齐鲁晚报》	9月10日	#枣庄爆料#【#办公室小野回应女孩自制爆米花去世#:绝不是模仿我的视频,愿提供帮助并配合调查】	10	22	47
			【#离世女孩父亲回怼办公室小野#:小孩曾确认是模仿她】	4	70	183
新闻故事类文摘杂志	《Vista 看天下》	9月10日	【#办公室小野回应女孩自制爆米花去世#:绝不是模仿我的视频,愿提供帮助】	44	335	2643
资讯类短视频平台	梨视频	9月10日	【#办公室小野回应女孩自制爆米花去世#:绝不是模仿我的视频,愿提供帮助并配合调查】	2390	18,148	430,560
搞笑视频自媒体	简直笑哭了	9月10日	#办公室小野回应女孩自制爆米花去世# 小野短视频一直有标注请勿模仿,对于这件事你们怎么看?	5	30	52
搞笑幽默自媒体	最全奇闻趣事	9月10日	#女孩儿模仿视频致离世谁负责#目前该网红原视频已删除,其父称将状告网红博主和平台,你们觉得网红博主和平台应该为此负责吗?	5	61	52

(四)舆情消散期

自办公室小野9月10日回应之后,第二日舆情热度便大幅下降,9月12日降到最低点。随着#律师谈女孩模仿短视频制爆米花离世#话题的发起,关于责任主体的认定再次引发广泛讨论,9月13日舆情出现了一次小高峰。涉事博主和女孩家属和解后,该事件的舆论热度便持续走低(见表4)。

9月11日,《齐鲁晚报》的文章《“玩火”的短视频该管管了》一语双关,口语化的评论风格也符合公众对于观点的需求。《齐鲁晚报》在舆情消散期将问题界定为“短视频的模仿风险”,推动舆情进行更深层次的议题挖掘。相比之下,梨视频在9月17日发起的热门话题#办公室小野与去世女孩家属和解#,其问题界定依然停留在“涉事双方的责任划分”这一层面。这种做法一定程度上也规避了网络上关于短视频平台内容风险的讨论。9月18日,《Vista看天下》在微博上突出强调“支付救助金”,将事件的结果界定为涉事双方和解,吸引了较多网民互动和参与。娱乐自媒体的话题具有跳跃性,不利于网友了解事件全貌。就转发量和评论量来看,娱乐自媒体的转译并未影响舆情走向,网友更倾向于从主流新闻媒体和梨视频等短视频聚合平台获取信息。

在舆情消散期,关键行动者的身份变得较为模糊,代言人逐渐退场。可以看出,行动者之间的异质性决定了其采取不同的转译方式,关键行动者通过强化所界定的问题的传播价值来形成其他行动者的必经之点,而问题的界定能够反映出其背后的传播观念与转译导向。在舆情的不同阶段中,新闻媒体能够有力推动话题从“责任划分”向“模仿风险及治理”发展,而社会化媒体、娱乐自媒体则基本处于扁平化的议题设置层面。虽然社会化媒体设置的浅层议题能够吸引更多的行动者参与,以使自身在代言者身份的话语争夺中处于有利地位,但是社会化媒体依然无法代替专业新闻媒体的进行议题深度挖掘并引领公众进行理性思考的社会功能。

从舆情演化的整个过程来看,参与舆情建构的行动者带有不断变化的特征,代言者的身份是不固定的。以梨视频为代表的社会化媒体的代言者身份的持续发展,一定程度上反映出当下网络媒介生态中主流媒体影响力的弱化。娱乐自媒体的转译带有更多的戏剧化效果,其属于较为边缘的行动者角色,所界定的问题也难以成为新闻媒体的必经之点,在代言者身份的竞争中不具优势。

表4　舆情消散期媒体行动者对问题的界定

舆情消散期:办公室小野与女孩家属和解						
定位	对象	发帖时间	微博文本	转发量	评论量	点赞数
国家重点新闻网站	人民网舆情数据中心	9月20日	【女孩儿模仿“自制爆米花”离世,应多方合力肃清短视频乱象】	3	7	7
共青团中央机关报	《中国青年报》	9月19日	【一次性给予救助金!办公室小野与烧伤女孩儿家属和解】	21	150	829
上海报业集团网络新闻平台	澎湃新闻	9月13日	【#办公室小野联系烧伤离世女童父亲#:想把问题解决】	98	558	3960

续表

定位	对象	发帖时间	微博文本	转发量	评论量	点赞数
山东省新闻媒体	《齐鲁晚报》	9月11日	＃一版壹眼＃ ＃办公室小野没联系过女孩家＃【“玩火”的短视频该管管了】	5	59	280
新闻故事类文摘杂志	《Vista 看天下》	9月18日	【＃办公室小野方支付救助金＃双方同意不再考虑责任划分】	701	5374	88,471
资讯类短视频平台	梨视频	9月12日	【＃律师谈女孩模仿短视频制爆米花离世＃：视频制作者和平台难免责，监护人也有责任［话筒］】	55	512	4382
		9月17日	【＃办公室小野与去世女孩家属和解＃：让两家人以后过得好点，补偿金额保密】	2179	18,238	523,608
搞笑视频自媒体	简直笑哭了	9月13日	＃如何看待教学短视频＃【自制爆米花离世女孩父亲承认有责任，就是模仿小野的视频，那些视频很危险】	3	9	12
搞笑幽默自媒体	最全奇闻趣事	9月21日	【“女孩模仿自制爆米花离世”事件：办公室小野团队“停工整改”】	0	4	5

三、短视频平台对于代言者身份的争夺

由上述分析可以看出，短视频平台成了代言者身份的有力争夺者，这一定程度上削弱了主流媒体在事实建构中的超然作用，其代言者主体内容的不确定性客观上推动公众将兴趣从以往追求符合事实的真相转为“探寻符合自身情感和本社群认知的真相”[①]，这个变化同以往新闻媒体的社会影响与导向完全不同。为了进一步揭示梨视频背后的框架意愿，本文选取其在舆情四个阶段的典型微博评论进行分析归类。

2019年8月26日，梨视频发布的短视频共引发511条评论，选取有代表性的208条热评进行分析后发现，舆情起始期网友倾向于批评平台及视频制作方（见图2），此

① 徐天博．“后真相”时代的真相建构：基于行动者网络理论的分析[J]．安徽大学学报（哲学社会科学版），2019，43(2)：135-140．

时被烧伤女孩及其家属更多是以受害者的形象出现的。

舆情起始期的责任归属	
家长监管不力	26
女孩自身缺乏生活常识	23
平台及视频制作方	60
都有责任	6
其他	93
总计	208

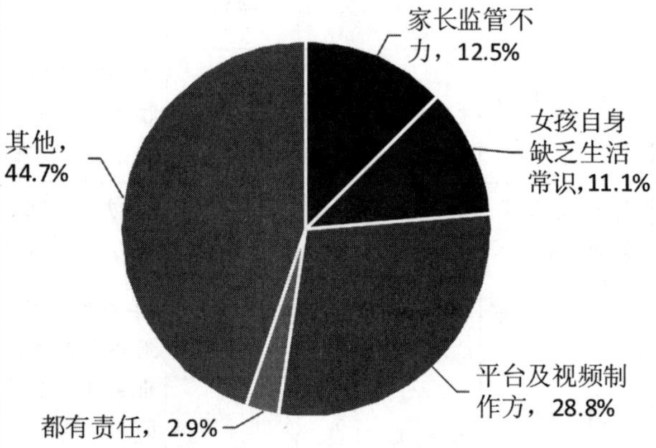

图 2　舆情起始期的责任归属占比

9 月 5 日和 6 日,梨视频发布的短视频主要是关于“被烧重伤女孩离世”以及“家属起诉”议题的,此时处于舆情波动阶段。两条短视频的网络评论共 759 条,选取其中 304 条热评作为代表性评论分析后发现,短视频平台及视频制作方的责任归属占比为 27.3%,家长监管不力的责任归属占比 18.4%(见图 3)。网友将责任归咎于家长的占比开始上升,并且针对“起诉”二字表达了质疑。

舆情波动期的责任归属	
家长监管不力	56
女孩自身缺乏生活常识	44
平台及视频制作方	83
都有责任	11
其他	110
总计	304

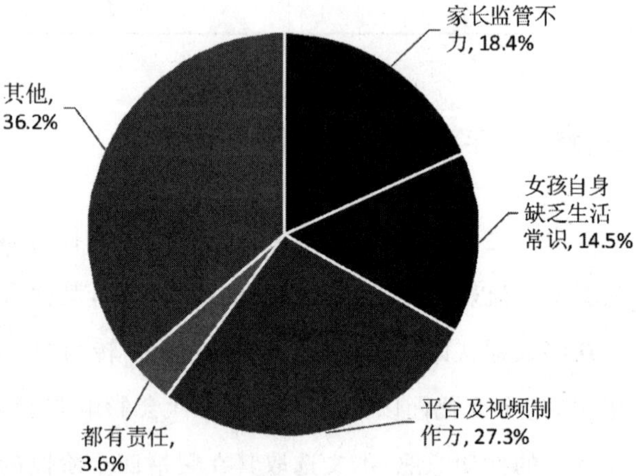

图 3　舆情波动期的责任归属占比

在舆情爆发期,事实真相和细节进一步被挖掘。舆情在 9 月 10 日出现反转。分析选取的 1027 条代表性评论发现,关于家长监管不力的责任归属占比上升至37.1%,而平台及视频制作方的责任归属占比则下降至 17.1%(见图 4)。

舆情爆发期的责任归属	
家长监管不力	381
女孩自身缺乏生活常识	129
平台及视频制作方	176
都有责任	79
其他	262
总计	1027

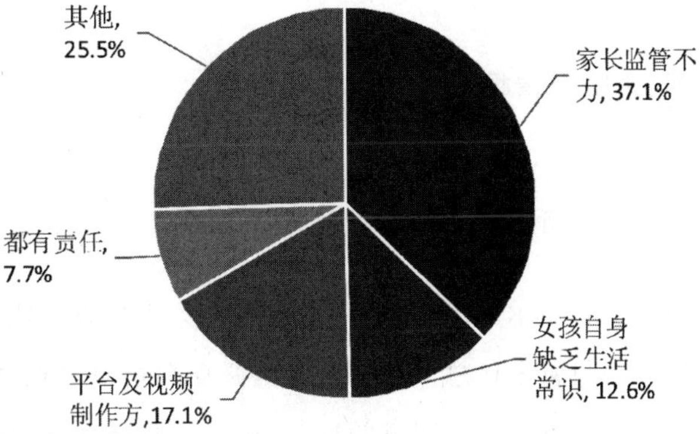

图 4　舆情爆发期的责任归属占比

在最后的舆情消散期,可以发现家长监管不力的责任归属占比仍高于平台及视频制作方(见图 5)。梨视频对“补偿金额”的强调助推了网络质疑的声音,网友开始以“讹钱”“碰瓷”“甩锅”等词语批评家长一方。尽管该事件最后以私下和解结束,但是可以从数据分析看出,从舆情的爆发期到消散期,涉事博主获得了更大的能动性,而家长的说辞和动机则被进一步质疑和污名化。

舆情消散期的责任归属	
家长监管不力	336
女孩自身缺乏生活常识	113
平台及视频制作方	145
都有责任	83
其他	634
总计	1311

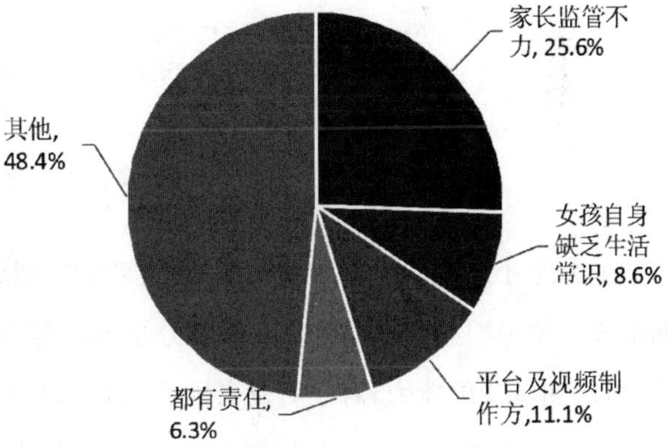

图 5　舆情消散期的责任归属占比

对四个阶段的舆情信息进行合并统计,可以看到,认为“多方都有责任”的责任归属占比呈缓慢上升趋势,但是占比始终较小,理性旁观者的声音在舆情发展中影响有限。梨视频博文下的网友评论也可以体现代言者身份的变化走向。需要注意的是,梨视频网友评论的观点转变与事件整体的舆情走向在趋势和关键时间点上较为一致,这间接证明了事件结果的"合理性"。社会化视频平台凭借剪辑式的、拼接式的转译营造出与真实情况不尽相符的媒介景观，这对于舆情框架的转义反转产生了明显的影响。

四、影响舆情框架的三个重要因素

（一）行动者转义能力的不对等

图6显示，平台及视频制作方的责任归属占比总体呈下降趋势，而家长监管不力的责任归属占比总体呈上升趋势并在舆情爆发期达到顶峰。该事件的责任认定在舆情爆发期也出现了明显的反转，这一阶段网友更倾向于将女孩家属认定为事故唯一责任人，并对其进行了网络暴力。

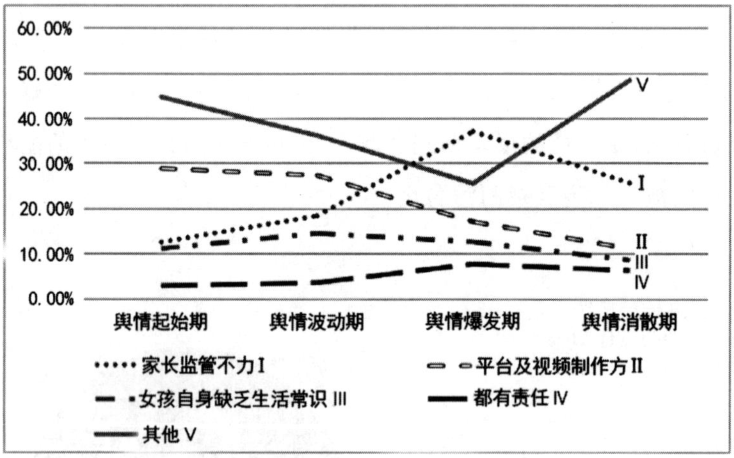

图6 责任归属占比的变化趋势

办公室小野展现出作为强行动者的能力与特质，这与作为弱行动者的女孩及其家属形成了明显对比，两者的行动者能力是不对等的。这里的行动者能力指行动者联结、组织和转义的能力，对于行动者能力强弱的界定取决于行动者对议题的界定能力和网络动员能力的大小。办公室小野9月10日在微博发布声明"哲哲和小雨的意外绝对不是模仿我的视频"，撇清责任，在对先前其他行动者的转译进行阻断的同时重新界定问题，其声明涵盖了证明女孩不是模仿她的视频的"证据"，对之前网友的质疑也逐一进行了回应，有效消除了自身转译的不确定性并带来了8000多的转发量和4万多的评论量，也借此顺利实现了成员招募。在最后的动员阶段，办公室小野的粉丝以及受其吸引的新参与者通过网络聚合为具有强行动力的社群，博主的意见获得了强大的支持力。与此同时,被烧伤女孩及其家属既没有建立独立的网络信源,也没有通过新闻媒体进行连续的诉求表达,无法与网络进行直接而广泛的连接,其行动者能力没有借助社会技术网络进行放大。

(二)网友与新闻转义文本的对抗

在舆情消散阶段,双方的和解上升为主要议题。办公室小野对问题的界定延伸为"不再讨论责任划分,愿为女孩家属提供人道主义救助",梨视频等平台对"补偿金额""支付救助金""一次性给予救助金"的强调被部分网友解读为家属的恶意欺诈,这引发了次生舆情。

网友作为身份模糊的个体代言者,所建构的大多也是意见模糊的框架。其中有言论给人留下了"熊孩子"等不良印象,带动了对女孩及其家属的网络攻击。部分网友没有从符合客观事实的真相出发,而是诉诸情感进行宣泄,这一方面表现出其自身理性思考的缺失,另一方面折射出对抗新闻转译文本的受者心态。如果新闻媒体能够提供更加充分的报道,就会大幅增强基于事实的建构力量,从而抑制网络上不负责任言论的传播。这一类网络行动者的转译对于舆情框架不是最重要的影响因素,但是起到了分流和消解观点的作用,不容忽视。

(三)新闻媒体的非连续性转义

随着舆情进入消散期,网友过度聚焦于"责任划分""和解"此类浅层议题,而"模仿短视频的风险认知"以及"未成年人的网络保护"等深层议题游离在焦点之外。虽然部分新闻媒体推出"应多方合力肃清短视频乱象""'玩火'的短视频该管管了"等带有导向性和监督性的观点鲜明的言论,并试图对这一阶段的重要问题重新进行界定,但是实际上并未吸引足够多的行动者,因此围绕这一事件也就难以实施相应的社会动员。

部分媒体没有给予弱行动者一方以应有的支持,在舆情波动期以"起诉议题"过度强化离世女孩家属和涉事博主之间的矛盾,忽略了另一名当事女孩及其家属的状况与诉求。新闻媒体对于新闻事实的非连续性转译,致使其在整个舆情发展过程中的代言者角色缺少一定的稳定性。

五、微博转义系统的结构与关系

通过对"易拉罐自制爆米花"这一事件的观察与研究,本文尝试对舆情框架、新闻媒体与社交媒体相互作用的深层机制做出梳理和判断,如图 7 所示。

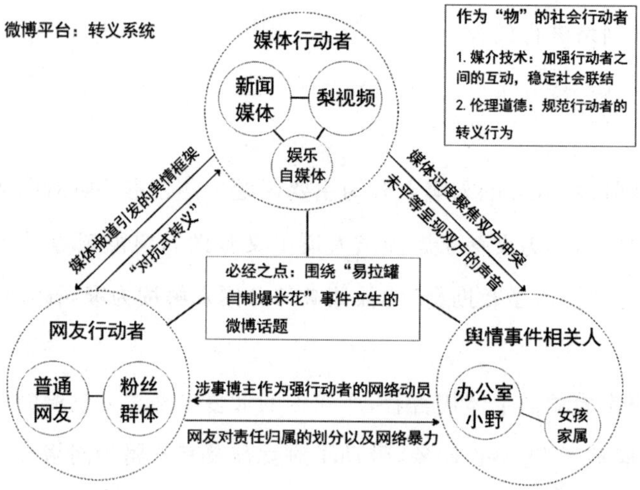

图 7 "易拉罐自制爆米花"事件的行动者网络结构

技术可以加强行动者之间的关联,稳固行动者之间的联结,并对异质行动者进行"共时化"协同。本研究选取行动者以及网友热评,是为了将看似无限的行动者简化为有限的行动者,获取可追溯的行动者足迹,并使这些有限的行动者只为所界定的问题服务,然后通过并置"将简化的行动者联结起来,合成不同种类的关系"①,进而对社交媒体的转义系统做出判断。

微博形成了一个庞大而复杂的转义系统(Mediator System),每个节点都是行动者,是主体,亦是客体。虽然网络赋予行动者以技术平权,但是行动者的网络能力存在差异,社会关系也不尽协调。同质与异质行动者在信息传播的社会化场域中进行竞争,彼此间的关系也在改变着自身。高质量的转义应以新闻事实为基础,这对形成导向正确、观点均衡、结果公正的舆情框架至关重要。新闻媒体的参与实际上是以公信力推动舆情建构的社会责任的外化,我们同时也要看到,新闻媒体的转义行为需要保持一定的连续性,否则新闻媒体也会失去问题界定的主动权和社会动员的主导权。

结　语

网络作为技术物与行动者的统一体,包含了大量可追溯、可联结和可解析的数字足迹。"易拉罐自制爆米花"事件在各类行动者的转义中最终形成了失衡的舆情框架,

---

① 王增鹏.巴黎学派的行动者网络理论解析[J].科学与社会,2012,2(4):28-43.

除了对不同行动者的角色和功能进行反思，我们还应在实证研究中对其作用机制进行进一步观察。我们同时也要看到，当前社交媒体在呈现事件的真实性与完整性方面“先天不足”，以新闻流、信息流和事件流推动的网络舆情，最终形成的有可能是被定义和被拼接的碎片化景观。如果没有新闻媒体强有力的并且是持续的转义介入，其他行动者是难以对事实及价值做出客观衡量和准确判断的。

在国家治理体系和治理能力现代化的背景下，行动者网络理论的研究视角与其所推动的新的研究方式具有积极的建设性意义。由于在社交网络中以新闻媒体为代表的关键行动者与重要事件之间缺乏稳定的联系，应通过嵌入问题化解过程的方式来履行职能，推动舆情向理性、客观和公正的更高认知层面发展。考虑到异质行动者的表现方式受到社会技术网络的持续影响，新闻媒体应通过强有力地设定必经之点影响舆情进程与走向，努力连接更为广泛的其他行动者以实现最大限度的社会动员。

〔李建刚，中国传媒大学新闻学院副教授，新闻系副主任；谷雨微，中国传媒大学新闻学专业硕士研究生〕

〔特约编辑：叶明睿〕

从场景赋能到生态构建:短视频的移动传播*

From Scenario Engergization to Ecological Construction: Mobile Communication-oriented Online Short Video

◎黄　艳

Huang Yan

摘要:本文从莱文森的媒介进化理论视域介入,结合中国移动互联网传播语境下的场景概念厘清短视频的三个演进取向:迭代"新奇之物"、延伸"实用装置"与融合"审美标尺",进一步确立媒介环境学以人为中心的研究立场,具体从接纳技术——融入技术——改造技术的推进路径延伸短视频生态的系统构建进路,对理解我国短视频的未来发展具有积极的探索意义。

关键词:媒介进化论;场景;媒介环境;生态位

Abstract: From the perspective of Levinson's theory of Media Evolution, and combining with the concept of Scenario in the context of Chinese mobile Internet communication, this paper clarifies three evolution orientations of online short video: iteration of "novelty", extension of "practical device" and integration of "aesthetic ruler". Based on the human-centered claims of media ecology, this paper presents a solution adapted to systematic construction of online short video ecology is extended from the path of accepting technology, applying technology and integrating technology, which has positive significance on exploration of understanding the development of China's online short video in the future.

Keywords: theory of media evolution, scenario, media ecology, ecological niche

在互联网时代,信息成为商品,更好地迎合用户心理、提供更多的信息服务成为运营商们遵循的原则。这导致了文字越来越少、链接越来越多,视频越来越短、片段越来

* 本文系国家社会科学基金青年项目"中国网络视频产业生态创新系统与融合成长路径研究"(项目编号:18CXW010)的阶段性成果。

越多的现象。[①] 2019 年 QuestMobile 发布的数据显示，短视频用户已经超过 8.2 亿，同比增长 32%，每 10 个移动互联网用户中有 7.2 个正在使用短视频产品。[②] 不容忽视的是，短视频用户的迅速扩容推动着用户结构的变化，第七届中国网络视听大会发布的《2019 年中国网络视听发展研究报告》显示，一方面，中高收入、高学历群体的短视频使用率明显提升，正迅速成为市场新的增长点；另一方面，短视频在中老年群体中的加速渗透，也为市场带来了新的发展机遇。更为重要的是，作为移动传播应用的补充，短视频的传播形态适时嵌入了当下以移动传播为导向的媒介环境中，通过多样化的场景连接，提升单位信息密度的价值，不断延展人们的需求图谱，短视频成为重构传播生态的重要力量。那么，如何系统梳理短视频的媒介进化逻辑？如何据此进一步构建短视频生态？本文将从莱文森的媒介进化理论视域介入，结合中国移动互联网传播语境下的场景概念厘清短视频的演进取向，并阐释与之对应的短视频生态构建进路。

一、场景赋能的短视频演进取向

在技术朝着重现人类环境发展的进化过程中，传播技术充当了先锋的角色，并且也因此成为最容易被观察到的部分。[③] 在莱文森看来，人的需求先于技术，技术进化的选择是人、经济、文化等社会合力的一种发展结果，经由《玩具、镜子和艺术：技术文化之变迁》一文的系统化梳理，他将媒介技术演进的辩证逻辑凝练成“玩具——镜子——艺术”，或是“前现实——现实——后现实”三个阶段(见图 1)。[④]

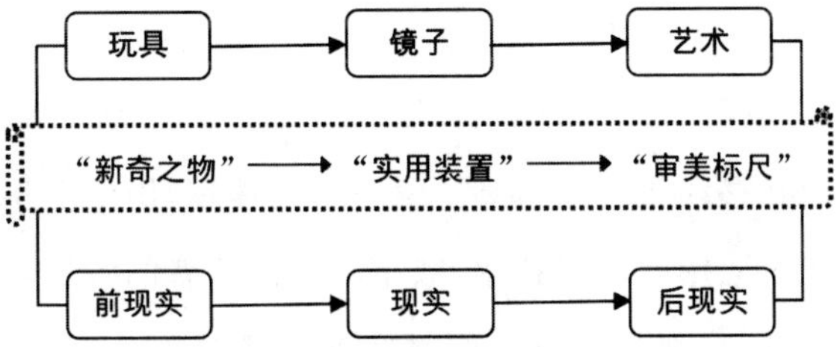

图 1　媒介演进的三个阶段划分逻辑及其特征呈现[⑤]

---

① 《互联网时代》主创团队.互联网时代[M].北京：北京联合出版公司，2015：228.

② QuestMobile.中国移动互联网 2019 半年大报告[EB/OL].(2019-07-28)[2019-08-10].https://www.sohu.com/a/329931565_470608.

③ 莱文森.人类历程回放：媒介进化论[M].邬建中，译.重庆：西南师范大学出版社，2017：13.

④ 莱文森.莱文森精粹[M].何道宽，译.北京：中国人民大学出版社，2007：11.

⑤ 莱文森.莱文森精粹[M].何道宽，译.北京：中国人民大学出版社，2007：14-15.

首先，新媒介问世之初通常扮演的是侧重技术功能的“玩具”角色：从贝尔电话公司在专利售卖中曾遭遇的“不过是一个小小的‘电气玩具’”论断，到留声机一度被当作“‘新奇’的音乐盒子”难入主流视野，[①]再到收音机、电视等后生媒介在出现后的很长一段时间内都难以逾越“玩具”的印象鸿沟。诚如莱文森结合早期有声片做出的经典比喻：人们关心的是耳闻目睹歌者在电影里唱歌，而不是他在唱什么歌，这里，情节、人物刻画、少得可怜的内容都扮演辅助角色，只是作为被遮蔽的新媒介“婴儿期”为技术服务的“新奇之物”。[②]

其次，在社会、经济等辅助技术发展的外部条件与媒介环境自我革新的内部机制的合力支持下，媒介迈入由内容交互技术生成的“作为现实的镜子”这一进化阶段，其更多呈现为表现现实、与现实互动的一个“实用装置”，如莱文森在《莱文森精粹》1985年版补记中提到的：个人电脑越来越多地用于文字处理、数据管理和通讯节目，我们可以说，电脑已经在发挥“镜子”阶段的作用，[③]日新月异的媒介技术不断拓展我们对现实世界的控制边界，这些技术实际上已经代理并将继续代理我们的手臂、腿脚和身体。[④]

最后，当媒介作为人们享受更加美好的生活的“人类生态位”[⑤]与经济社会协同演进时，正如爱迪生发明留声机的目的是完善电话机，发明电影工艺的目的是提升留声机的水平，[⑥]融合早期的前端功能性设计和后期的超现实想象，立足于面向更多受众的角度与面向未来的媒介观，使隐蔽于技术性能背后的媒介不再囿于重述现实的层次，而是通过重塑人们的感知体验提供一把超越现实的“审美标尺”，如同生物进化一样进入“作为艺术的接生婆”[⑦]阶段。

循此考察经由大规模技术创新驱动而不断进化更迭的场景概念，这一发端于台式电脑的场景革命已经在移动设备上得到了最充分的体现，历史上从未出现过像智能手机这样能够被如此快速应用的消费技术，数字时代消费者的各种生活场景都可以在指尖点滑的触摸屏上呈现。[⑧] 随着移动互联网在连接社会要素、重构社会生活中所扮演

① 莱文森. 莱文森精粹[M].何道宽，译.北京：中国人民大学出版社，2007：7.

② 莱文森. 莱文森精粹[M].何道宽，译.北京：中国人民大学出版社，2007：5.

③ 莱文森. 莱文森精粹[M].何道宽，译.北京：中国人民大学出版社，2007：8.

④ 莱文森. 莱文森精粹[M].何道宽，译.北京：中国人民大学出版社，2007：9.

⑤ 莱文森.人类历程回放：媒介进化论[M].邬建中，译.重庆：西南师范大学出版社，2017：117.

⑥ 莱文森. 莱文森精粹[M].何道宽，译.北京：中国人民大学出版社，2007：13.

⑦ 莱文森. 数字麦克卢汉：信息化新纪元指南[M].何道宽，译.北京：社会科学出版社，2001：324.

⑧ 瓦克斯曼，斯图兹曼.整合：实现商业转型的 7 大法则[M].于超，译.北京：中信出版社，2016：57.

的角色越来越重要、越来越主流，尤其是移动传播对内容生产和传播流程的再造已经深刻地影响了媒介环境的深层变革，有研究进一步指出以情境感知与信息适配为基础的服务构成移动传播的本质存在，场景成为一个以人为中心连接信息、关系与服务等的重要纽带。[①] 结合莱文森提出的媒介技术演化的三个阶段的特征来看，基于移动传播导向的场景意义趋向，为了适应5G驱动重构的媒介环境，崛起于智能化算法技术生态的短视频依托庞大的用户群体和平台优势，在场景赋能的演进历程中形成了迭代—延伸—融合的趋势。

(一)迭代"新奇之物"：满足个性内容

短视频以内容生产门槛低、互动参与性强的特点，为人们打造了一个满足表现自我、追求个性的需要的社交空间，在发展初期运用人工智能算法推荐沉淀了大量用户，并以理解用户偏好和需求为基础，在视频分发的同时融合个性化广告信息流投放，实现了信息的精确推送，提高了用户获取信息的效率，增强了以智能手机的器官化对社交场景的泛媒介嵌入，这成为短视频价值创造的一个重要增长点。

从媒介演进的历程来看，每一次媒介技术的革命都离不开人的需求的提升。与信息技术革命及技术替代脑力劳动的发展同步，传播智能化成为媒介变迁的潮流。借助人工智能，通过算法分析用户习惯、基于用户兴趣图谱做精准的内容推送，建立在网络化和信息化基础上的智能化，必须以平台的方式来满足人的各种需求。[②] 如今，在短视频越发成为人们的一种数字化生活方式时，在内容供给侧需要重点考虑基于趣缘、社群与个性的用户分层基准，在注重内容生产实用性的基础之上，加注主流价值理念以提升内容供给侧的文化品位，实现内容品质黏合用户情感平台的价值迭代。未来，对用户的需求和兴趣的识别，将会演进到颗粒度更细、维度更立体的"集束"时代，让用户每一个显性和隐性的内容需求都可以被识别，并在合适的场景下得到高效率满足。[③]

(二)延伸"实用装置"：激活社交应用

在当代数字媒体的背景下，人们依旧希望新型传播技术能够让家庭成员和爱人彼

---

① 彭兰.场景：移动时代媒体的新要素[EB/OL].(2015-05-20)[2020-04-02].http://media.people.com.cn/n/2015/0520/c396321-27030969.html.

② 陈接峰.有用才是王道：媒介融合时代的媒体生存法则[M].北京：科学出版社，2016：103-104.

③ 全媒派.2019—2020内容产业趋势报告：详解七大黄金拐点[EB/OL].(2019-12-07)[2020-04-02].https://o.xw.qq.com/cmsid/20191207A05COK00.

此相连。[①] 2019年新年伊始,一则由网友原创并上传至抖音的"四世同堂"短视频,经由 *Buzzfeed* 栏目编辑转发到推特后,迅速获得全球范围内的分享与点赞,其简洁明了的创作理念也引来国外网友的纷纷效仿。其中,短视频逐秒更新带来的临场感与社交媒体折叠的生活时空无缝对接,为我们理解媒介技术如何形塑日常生活方式提供了一个务实视点:媒介正在以不断变换的方式将世界置入我们的日常事务中,[②]媒介传递的真正"信息"是它本身对受传者的刺激,是媒介本身的特性,传播媒介决定并限制了人类进行联系与活动的规模和形式。越来越多的人使用电脑和智能手机,虚拟信息空间的整个概念都在退化。我们的社会化媒体工具不是现实生活的一个选项,而是它的一部分。[③] 诚如麦克卢汉等学者的观点,衣服是皮肤的延伸,相机和望远镜是眼睛的延伸,科技媒体则是人身体的延伸。同时,媒介对器官功能的延伸至少涉及运动、感觉和神经三大系统,依赖的是不断产生的新技术及应用新场景正在成为与用户建立连接的关键。

相较于上述"四世同堂"传播现象分析中的"实然"之义,短视频演进中暗含的"应然"方向同样不容忽视,那就是我们通过网络视频与家庭以外更为广阔的社会网络联系起来。未来短视频将深度融合技术、内容与社交,在更多由现实生活衍生的垂直场景与圈层兴趣应用方面,寻求对现有社交场景的细分突破与多元适配。同时,基于高速移动网络的更迭换代,与以往基于图文社交虚拟关系链的网络信任壁垒高筑的情况相比,更为真实高效、广泛丰富的短视频传播使得社交渠道再度拓展,这将进一步激活社交网络化对短视频用户碎片时间的深度重组。

(三)融合"审美标尺":缔造美好生活

如前所述,短视频传播受惠于场景赋能嵌入媒介技术的进化逻辑。与根植于日常生活场景的UGC(User Generated Content,用户生产内容)表达方式传递出的美好生活诉求相一致的是,按照PGC(Professional Generated Content,专业生产内容)标准艺术化编排的"媒介事件"[④],融通拟剧场景,赋能短视频传播场域形成嵌入网络社会实践的"审美标尺",在更广泛意义上连接不同群体以实现超越国族边界的文化认同与情感凝聚。如2020年4月全球新冠肺炎疫情蔓延之际,剧院、乐团全线停摆,谭盾领

① 拜厄姆.交往在云端:数字时代的人际关系[M].董晨宇,唐悦哲,译,北京:中国人民大学出版社,2020:38-39.
② 库尔德利.媒介、社会与实践:社会理论与数字媒介实践[M].何道宽,译.南京:译林出版社,2016:1.
③ 舍基.认知盈余[M].胡泳,哈丽丝,译.北京:中国人民大学出版社,2012:43.
④ 戴杨,卡茨.媒介事件:历史的现场直播[M].麻争旗,译.北京:北京广播学院出版社,2000:10.

衔15国音乐家共同进行“武汉十二锣”云直播(12: Prayer and Blessing Live Streaming),通过5G技术和3D超高清视频与武汉编钟博物馆同步在线演奏,为全球观众倾力呈现了一场“云交响”视听盛宴,引发全球各地民众对武汉疫情的牵挂与关注。这不仅是以移动传播技术革新音乐生产传播模式的媒介实践,也是依托网络视频媒介重组人类对美好生活“仪式化”向往的现实需求。

美国网络媒介学者乔纳森·斯特尔曾提出一个准确把握所有人类开发和使用过的媒介实质的可靠视角:人类媒介需求获得满足的机会如何,在很大程度上取决于个人或群体的时空定位,假定时间预算相对稳定,能传播更多特定类型的内容或能进行更多互动的媒介拥有更多满足受众需求的机会。① 众所周知,5G移动传播阶段很重要的应用就是虚拟现实和增强现实,当下此类应用集中在体育赛事、演唱会、网络游戏等直播应用场景,方便用户同时接入更多终端设备;通过设计交互式的全景沉浸式情境,可实现多屏分享、多人互动的虚拟仿真效果,提供身临其境的临场感体验,因为它在解决网络视频数据高效传输和实时传递的技术问题之外,能对基于虚拟现实和增强现实的超高清视频在内容生产数据层与场景消费实体层的叠加维度上极大赋能,进一步丰富网络视频消费不断进阶这一情况下的用户体验。以此观之,能够提供更多满足机会的媒介对消费者应该更具吸引力,我们应该更多关注这类媒介表现为超越人类时空经验所呈现的临场感效果,它意味着为传统行业或领域的创新带来一种新思维和理念正在成为可能。②

二、技术驱动的短视频生态构建

从西塞罗和古罗马的莎草纸,到法国大革命期间的宣传小册子,再到新闻报纸、广播、电视、互联网,古往今来,人类对信息传播的需求持续深刻地影响着现代社会的历史走向。任何技术都会逐渐创造出一种全新的人的环境,环境并非消极的包装用品,而是积极的作用机制。③ 循此回应本文开篇提出的第二个问题暗含的媒介进化基本语境,即每一种新媒介都会产生与之对应的媒介圈,形成基于媒介技术与价值特征的传播生态,④这也引出了我们基于移动传播导向的关于短视频发展方向的进一步思

---

① 迪米克.媒介竞争与共存:生态位理论[M].王春枝,译.北京:清华大学出版社,2013:53-54.

② JONATHAN S.Communication in the age of virtual reality[M]. New Jersey: Lawrence Erlbaum Associates, 1995:33.

③ 麦克卢汉.理解媒介:论人的延伸 [M].何道宽,译.南京:译林出版社,2011:10.

④ 德布雷.媒介学引论[M].刘文玲,译.北京:中国传媒大学出版社,2014:48.

考:技术将在何种程度上朝着形塑短视频生态的方向进化?当前各领域对短视频演进逻辑的认知因领域分殊而不同,但对技术驱动短视频生态构建的必然性存在共识。对应于上文提出的场景赋能的三个短视频演进取向,进一步站在媒介环境学以人为中心的研究立场,下文将从接纳技术——应用技术——融合技术的推进路径延展针对短视频生态的系统构建思路。

(一)接纳技术:移动传播迭代的短视频生产力

2019年政府工作报告明确提出,持续推动网络提速降费与移动网络扩容升级,加强互联网内容建设,是进一步落实坚持移动优先策略、推动媒体融合向纵深发展的重要基础。从底层技术作为关键基础设施的视角出发,来解读这一策略释放出的重要信号,即围绕移动通信系统不断构建"以人为本、开放共享"的媒介环境——助推移动互联网的普及,拓宽网络虚拟空间的边界,加快万物互联的实现,不断刷新用户的体验上限。在这一宏观背景下,得益于以大数据、云计算、人工智能、物联网、区块链等为核心的智能技术集群向各行各业的深度扩散,凭借对用户需求与生活方式的高度匹配,从外卖餐饮到共享出行再到生活团购等的数字商业平台不断涌现,在聚集海量用户资源、开拓共享经济边界的同时,也实现了社会闲置资源的优化配置,在惠及民生的现实意义上满足了人们对美好生活的向往与追求。不难预见,以5G为代表的创新性移动传播技术必将成为推动人类社会经济前行的强大动力。

熊彼特(J. A. Schunpeter)在其《经济发展理论》一书中提出了"创新"概念,并将其定义为"企业家对生产要素的重新组合",随后"创新"概念不断被细化,后辈学者们进一步以"科技进步"作为延展"创新"逻辑的研究进路。以2019年世界移动通信大会(MWC)上5G和折叠屏幕等新技术的出现为里程碑,未来5G将如神经系统一样遍布各个角落,人类社会将进入一个"信息随心至,万物触手及"的新阶段。这其中,5G商用带来的低时延、高速率、大容量将极大地提升用户体验,如:可以仅用10秒就完成一部电影的传输,并且将人与人之间的通信过渡到人与人、人与物、物与物之间的通信,实现真正的"万物互联"。随着5G技术在网络视听领域的进一步落地推广,视频传播将与相关行业深度融合发展,颠覆原有的行业形态。爱立信发布的2018移动报告显示,预计从2018年到2023年,视频流量将以每年45%的幅度增加。更值得注意的是,据Ovum公布的《5G娱乐经济报告》预测,未来10年内5G用户的平均流量将增长7倍，而整体移动数据流量的90%将被视频传播消耗，[①]视频流服务据此将显示出非常强劲的上升势头。与之前的1G—4G完全不同的是，国际电信联盟ITU确定的5G三大具体使用情景中，增强型移动宽带(eMBB)意味着可以进行超高清视频传输，也为超高清视频技术在行业规范层面提供了标准。随着50Mbit/s的4K视频对人们日常生活的不断覆盖，由5G极大赋能的超高清智能视频将迎来爆发式发展，给人们带来与以往截然不同的互动传播与消费体验，全面重构网络视听领域现有的内容生产、传播方式与运营效率。

目前，在推进全球形成5G统一标准的关键时期，中国已适当领先于国际电信联盟工作时间表，相信中国在5G标准化过程中发挥的作用将比4G时期进一步提高，[②]并为网络视听领域对接5G业务模式奠定良好基础。有研究表明，5G将支撑未来10年(2020—2030)移动传播网络的无线通信需求，成为推动社会治理、文娱消费和公共服务等社会结构变革的重要驱动力。实际上，每一次技术变革都会影响泛娱乐体验和内容创作形态，从而真正颠覆网络视听领域这一与用户最为贴近的行业，短视频更将直接受益于此，尤其是5G驱动的新一轮信息分发技术发展蓝图浮现，这将为短视频带来远超移动互联网时代的巨大红利。5G技术特性在物联网及相关垂直行业应用场景的多元结合，将不断拓宽短视频的行业边界，释放连接优势，并在向社会生活加速渗透的过程中促进生产力迭代，将人类社会带入万物互联的全息体验阶段。

(二)应用技术:人机互动延伸的短视频生态位

作为一个综合计算机科学、心理学、工业设计等多种学科的跨学科概念，依照美国计算机协会首届人机交互特别兴趣小组1983年度会议发布的定义，人机互动(human-computer interaction，简称HCI)是一种以人为中心的人机交互技术，从广义上可被理解为用户体验。随着移动传播技术的更迭换代，这一研究领域发生了两个重要转向：一方面，在传统的键盘、鼠标和显示器输入信息的机制基础上，增加了手势、触控、感应、声控、人脸识别、生理多指标监测等移动化、传感化辅助导入数据机制；另一方面，主动搜索信息的多媒体用户界面向算法推送信息的智能媒体用户界面加速过渡，从用户与计算机设备的公共性交互关系偏向用户与计算系统的个性化交互关系的

---

① 199IT中文互联网数据咨询中心.Intel&Ovum：5G娱乐经济报告[EB/OL].(2018-10-14)[2020-01-10].http://www.199it.com/archives/783034.html.

② 新浪科技.5G的前世今生：究竟因何而来，因何而起[EB/OL].(2018-06-21)[2020-01-10].https://tech.sina.com.cn/mobile/n/n/2018-06-21/doc-ihefphqk6240050.shtml.

全新的可移动交互系统转变的趋势正在形成,如科幻电影《阿凡达》《钢铁侠2》等所展示的自然交互界面就是一个理想场景,即通过视觉信号、手势动作、感官命令预设计算系统高度模拟现实人际互动中的自然交互界面,以满足用户感官体验的心理需求为导向实现无缝的人机交互体验。纵观短视频这一轮的迅速崛起,以移动为先的大规模技术创新在移动智能终端的多元结合运用,通过泛娱乐场景融合的乘数效应赋能人们的生活方式,这是移动传播基于底层技术更迭逻辑的演进结果,同时也源于人机互动越发成为现代生活方式,旨在缓解信息的无限膨胀与人们的有限注意力之间的矛盾。

生态位(ecological niche)最早出现在R.H.约翰逊的生态学论述中,J.格林尔内从生物分布角度将其概念化后,C.埃尔顿将研究重点进一步延伸至生物群落"基础生态位"的功能探讨领域,此概念经由G.E.哈钦森和R.H.惠特克等人的创新形成了一个基于种群密度和资源维度的"实际生态位"概念,生态位的概念框架已基本完善并被引入诸多学科领域。约翰·W.迪米克将生态位理论应用于传媒产业研究时,将其在媒体行业间的概念化竞争中所承担的功能简要概括为:一个行业的生态位是它在以资源维度定义的空间中的位置。[①] 生态位作为构成创新生态系统的基本单元,为我们研究网络视听领域相关问题提供了一个分析视角。如今,短视频的同业竞争已经演变为平台的关键要素和组织原则之间的竞争,短视频越发依赖其平台化发展所占据的生态位,其生存和发展也都源自身处的大视频生态系统发生的颠覆性改变。

其中值得我们关注的一个现象是,视频传播的可视化、互动化、移动化、便捷化趋势成为当下的潮流,集图文、音频、视频于一体的传播方式也正在不断颠覆传统传播方式。面对海量信息与碎片时间,人们开始进行短视频交流互动。自Viddy 2011年在美国推出全球首个移动短视频社交应用软件之后,从美国的Instagram到日本的Line微片再到中国的腾讯微视、新浪秒拍、美拍等,引发了一股嵌入社交应用的短视频传播风潮。基于中国2012年移动互联网用户超过PC用户的整体市场背景,2013年中国大批移动短视频应用密集上线,受当时网络技术、资费成本和终端设备等多重因素的影响,其中大部分垂直领域的短视频应用旋生旋灭,仅剩下快手、美拍等强工具属性短视频应用艰难探索;之后,随着4G移动无线网络技术环境的不断优化,2016年自媒体"papi酱"爆红并将短视频推向"风口",其裹挟的是人机互动崛起中流动的视频信息流因子,其间有一个很重要的变量,就是在长视频用户增量放缓的时候,延续一个人机互动的基础生态位上长视频的资源优势,实现以传播技术创新与用户体验迭代同频共

① 迪米克.媒介竞争与共存:生态位理论[M].王春枝,译.北京:清华大学出版社,2013:70.

振,以及对短视频实际生态位的科学布局。

(三)融合技术:价值共创融合的短视频生活圈

近年,围绕数据这一新兴生产要素产生的新媒体,正在迅速填补以媒介用户为中心的信息消费市场的空白,在全社会范围内形成了依托平台经济效应的产业融合推进之势。因应凯文·凯利 2016 年提出的观点,在虚拟世界中用户和服务商对彼此的数据跟踪会比在现实世界中对彼此的关注更多,这些数据将来会包括人们的日常行动轨迹、浏览内容、健康数据甚至大脑中的无意识活动,它们都能被服务商提供给广告商、保险公司、健康和医疗保健公司、旅游产品供应商等。[①] 此种背景之下,短视频正在打破单一产业组织形态边界,逐步介入社会生活、连接分属于不同领域的资源,为用户提供更多服务,成为平台生态价值创造、传递与分享的关键。

从经济社会的发展来看,短视频这一现象级媒介形态的发展态势已经超越了单纯的内容生产工具属性,越来越多的社会资源正在通过短视频的业务整合深刻影响社会发展进程。在个体生活方面,短视频让内容生产的门槛进一步降低,为普通个体创造了一个开放包容的表达渠道与连接平台,通过展现人间百态与人们关注喜欢的内容的高度契合,打破以往的圈层沟通场景隔阂,让更多更容易被忽略的普通大多数进入公众视野,改变他们的成就机遇和选择机会,也让个体之间的社会结构更加扁平化,个体的社会流动机会更多;在社会经济领域,尤其在具有推动专业消费性质的实践中,MCN(Multi-channel Network)作为短视频平台分发的枢纽,正在取代品牌影响力成为电商平台内容化的重要抓手,网红达人的新零售场景与短视频娱乐场景的双向打通给消费者带来的临场感,大幅提升与优化了生产供给与消费需求之间的连通效率与营销链路。

鉴于当前短视频在娱乐、旅游、营销等领域融合较好,在未来传播环境下,其有望向生态治理、健康医疗、教育普惠等公共服务相关场景加速渗透,尤其是短视频与虚拟现实和增强现实技术的结合,可以突破屏幕的区域限制优化短视频应用场景,为全面提升短视频的沉浸体验打开新的维度。将满足欠发达地区低端消费市场的社会需求的行动纳入核心活动,通过协同创新促进市场连接并获得社会价值和经济价值,打造短视频平台生态化纵深发展格局,在这一过程中,短视频有望成为社会资源整合的连

---

① 新浪科技.凯文·凯利:你的工作追求效率? 那是机器人应该取代你[EB/OL].(2016-12-12)[2020-01-10]. https://tech.sina.com.cn/i/2016-12-12/doc-ifxypipu7712764.shtml.

接器，通过协同创新实现平台社会价值与经济价值的共振。

没有摄影机的发明，就没有电影业；没有留声机的技术成就，就没有通俗的录音文化，追究这种显而易见的事实，似乎没有意义。[①] 然而，参照传播技术发展的历史性节点突破，全球第一部有声电影《爵士歌手》(1927)正式推出后，声音才正式成为电影行业的一个重要价值创造参与方，技术创新融合影像创意引发的不只是电影艺术的快速发展，还有整个电影行业创作和消费链路的变化，也为之后广播、电视和互联网的发展铺平了道路。传播学巨擘麦克卢汉曾预见："工业人"和"印刷人"正在被新传播媒介所塑造的"电子人"取代，而这势必带来经济、政治、文化、社会结构乃至人类优势感官等方面的深刻变化。[②]当下从物质到精神、从安全到情感正经历快速更迭，以信息消费升级为指向的短视频与社会生活加深融合将成为一个必然的发展趋势，其中蕴含的超越技术层面的从场景赋能到生态构建的趋向正在形成一个更加显性的维度，成为推动经济增长与社会进步的重要力量。

〔黄艳，复旦大学新闻传播学流动站博士后，池州学院文学与传媒学院副教授〕

〔特约编辑：叶明睿〕

① 莱文森. 莱文森精粹[M].何道宽，译.北京：中国人民大学出版社，2007：3.

② 王红勇，等.网络文艺论纲[M].济南：山东教育出版社，2014：1.

学术随笔

有关改革新闻教育的五点思考

Five Thoughts about China's Journalism Education

◎ 李希光

Li Xiguang

摘要:面对中国的新闻教育与新闻人才培养事业中存在的一定程度的脱节问题,本文围绕以下五个问题展开论述:(1)新闻学是人文学科,不是社会科学;(2)新闻学是承载人类文明和价值观的学科;(3)新闻学有自己的"学"和"术";(4)新闻教育改革与"一带一路"书写;(5)有关改革中国新闻与传播学院学科设置的建议。

关键词:新闻教育;新闻人才;新闻学

Abstract: Facing a disconnection between journalism education and journalist talents training in China, this paper puts forward five viewpoints: (1)Journalism belongs to the academic home of humanities and is not social sciences; (2) Journalism education carries human civilization and values; (3) Journalism has its own "learning" and "art"; (4) Journalism education reform in the context of writing "One Belt and One Road Initiative"; (5) Suggestions on the reform of the teaching plan of Chinese journalism and communication education.

Keywords: journalism education, journalist talents, journalism

一、新闻学是人文学科,不是社会科学

关于新闻学到底是属于人文学科还是社会科学一直有争论。实际上,西方主流媒体的名记者多是学历史的或是学语言文学的,很少有学习传播学的。西方的一流大学,如哈佛大学、麻省理工学院、普林斯顿大学、耶鲁大学、牛津大学、剑桥大学等都不设传播学院,也不设新闻学院,唯有哥伦比亚大学设立了新闻学院。我在《华盛顿邮报》工作时的美国同事,多是英语语言文学专业、历史专业、医学专业毕业的本科生,也

有博士生。当时,我在这家报纸的科学新闻部工作,负责科技报道的两个记者中,苏珊·欧姬是哈佛大学医学院的博士,大卫·布朗是约翰·霍普金斯大学医学院的博士。他们俩当记者,纯属个人爱好和兴趣。

我认为,新闻教育的目标是培养至少具有媒体水平的知识生产者和传播学者。什么是媒体水平?就是跨界向不同知识背景的人传播陌生的知识的水平。知识就是力量,知识的力量源自对知识的学习、普及和生产。我们今天特别需要向中国和亚洲其他国家的精英普及关于中国和亚洲的真实的历史文化和地理知识。2019 年秋天,我读到一篇报道:习近平主席会见巴基斯坦总理伊姆拉汉时说,中巴全天候的友谊是独一无二的。但是这种独一无二的基础是什么?在意识形态、政治制度、民族宗教、文化习俗和语言上,两国几乎没有任何相同之处。为什么巴基斯坦会成为我国独一无二的最亲密的朋友?我们企业、学界和媒体的精英对中国最亲密的睦邻巴基斯坦的历史、文化、宗教和习俗知道多少?坦率地说,如果跟中国精英所掌握的有关欧美的文化知识相比,中国精英关于巴基斯坦的知识几乎为零。我们今天的"一带一路"研究,对亚洲人文历史地理,甚至中国周边国家人文历史地理的研究都不够。

走进中国的书店,很少看到关于亚洲或中国周边国家的书籍。在中国、亚洲其他国家或者欧美国家的书店里,如果能看到关于中国、中国周边国家和亚洲其他国家的书,会发现这些书很少是由中国的作者撰写的,基本上都是欧美作者写的。

曾经,一个美国学者发现,清政府理藩院编撰的 68 卷周边地区档案中,只有 2 卷是关于西藏事务的,1 卷是关于俄国的。维多利亚女皇时代,英政府和东印度公司印刷了数以百计的关于中国边疆和周边的人文、地理、宗教的一手调研书籍。"一带一路"倡议提出七年多了,还是鲜少看到针对中国周边国家的普及性调研报告。因此,中国精英不仅需要填补亚洲知识空白,更要填补对亚洲的情感空白。

为什么中国人要写出自己的关于亚洲的学术普及性读物?西方的民族国家理论在大一统的中国面前是苍白无力的,无法解释中国与边地、中国与周边和亚洲的关系,无论是古代中国和古代亚洲,还是现代中国和现代亚洲,都需要一种超越西方民族主义和西方现代性的新理论和新意识形态去解释中华民族的大一统,并进一步理解中国与周边国家的关系。好的理论会成为中国团结周边国家的力量,甚至是凝聚亚洲的力量。

因此,今天的学术界亟须面向中外精英生产关于真实的中国和真实的亚洲的普及性学术读物或者学术性畅销书。学术性畅销书需要具备这样几个要素：主题性（面向时代）、前沿性（学术界关心的话题）、知识性（为不同领域的人提供新知识）、信息性（一手采集的、别人不知道的、真正有含金量的事实性材料）、政策性（影响国家政策和社会发展）、可读性（有故事、有人物、有人愿意读）。

但是，我们今天的新闻传播学院课程设置、师资结构无法培养满足上述要求的人才。不过，从这一点出发，新闻学实际上呈现出更多人文学科的内在要求。

二、新闻学是承载人类文明和价值观的学科

2019 年 10 月，我在浙江大学与北京大学的马戎教授、芝加哥大学的赵鼎新教授、复旦大学的葛兆光教授等讨论亚洲文明这个议题。大家的发言对我思考新闻学未来的学科建设有很大的启发。

究竟有没有亚洲？亚洲是不是一个错误命题？从媒体语言和媒体水平看，媒体总是把亚洲捏成一团，不假思索地讨论或报道“亚洲文明”。但是，从文明上看，欧洲是一个纯粹的基督教大陆，拥有一个共同的欧洲价值。亚洲既不是伊斯兰大陆，也不是佛教大陆、儒教大陆、道教大陆，更不是印度教大陆。究竟什么是亚洲价值？到底有没有亚洲价值？同样，到底什么是中国？但是，我们从媒体上看不到亚洲文明的真相，我们学新闻的学生，从本科到博士毕业都不会学到这方面的知识。

不久前，我在一所寺庙里和一位僧人谈中国的国际话语权建设问题。

> “为什么中国在当今世界还缺乏话语权？”我问。
>
> “因为在文化价值观上中国人是弱势群体。”僧人说。
>
> “中国学界和媒体不是每天都在会议上、课堂上和媒体上大谈中国话语权吗？”
>
> “那些空喊中国话语权的人，他们本身不仅不是孔子、老子和释迦牟尼思想的载体，他们中的一些人对中国和东方的伟大的思想家甚至是无知的。上下五千年的中华文明与这些人无缘。”僧人说。
>
> “以物质和名利为目标的价值观、人生观、信仰观和世界观不会得到别人的尊重，更不会形成有国际竞争力的中国话语体系。”僧人说。
>
> “但是中国学界和媒体不能总是弱势群体，不能总是没有自己的话语权呀？”

因此,中国学界和传媒界人士必须继承中国和亚洲伟大思想家早已为我们建设好的东方话语体系。同时,像佛经所说,远离恶知识,远离诸恶道。从历史上看,玄奘的《佛国记》《大唐西域记》不仅是伟大的新闻作品,更承载着人类需要传承的文化和价值观。

三、新闻学有自己的“学”和“术”

我已经记不清上一次参加新闻传播学的学术会议是哪年了。我参加更多的是考古学、藏学、蒙古学或佛学的研讨会,但我不是在侵入考古学家的领地,也不是放弃了新闻学的研究、写作和教学。我是力图在更深和更宽的层面上提升自己和这个学科的水平。仅仅在2019年,我就3次作为报告人参加藏学和考古学的学术讨论会。

2019年秋天,我参加了浙江大学藏传佛教艺术中心与法国多学科佛教研究中心联合举行的“高原与丝路9至13世纪喜马拉雅、于阗与敦煌佛教艺术交流国际学术研讨会”。在大会开幕式后,主办方安排我做第一个报告人,报告的题目是《隐藏在斯瓦特山谷里的乌仗那》。我认为,在中国的佛教文献中,乌仗那被认为是进入佛国的第一站。在中国家喻户晓的小说《西游记》里,西天是玉皇大帝和神仙们生活的圣地。在藏传佛教中,乌仗那被认为是佛和空行母(dakinis)的住所,也是莲花生大师的出生地。尽管有欧洲人尝试进入这个“西方极乐世界”,而且还写了一本关于“香巴拉”(香格里拉)的冒险小说,但是,对于俗人来说,乌仗那好像是无法进入的,乌仗那的位置是遥远和不确定的。结合中国的文献和考古学家的研究,我先后7次进入兴都库什山和喀喇昆仑山,深入斯瓦特山谷考察,通过观察那里丰富的佛寺、佛塔、佛像发现,乌仗那无论作为古代汉地僧人记载的西天佛国,还是藏地僧人记载的莲花生大师的出生地,在地理上和现实中都是可以访问的。乌仗那是进入佛教世界的第一站,并且是重要的一站。

听完我的有关“西天朝圣”的真实故事,有朋友问我:“既然传播学已经跟新闻学无关,是不是应该把新闻学归类到考古学或者档案学?”这是个开玩笑的问题。但是,我不仅自己认真思考了这个问题,还在清华的课堂上跟学生讨论了“为什么考古学是新闻学天然的学术家园”这个富有挑战性的问题。

“简单讲,新闻学与考古学都是用证据来讲述故事。”我说。

新闻学围绕事实采访和写作,考古学围绕证据进行发掘与写作;新闻学是在庞杂混乱的社会里通过一个细节寻找新闻线索和故事人物，考古学是在废墟甚至垃圾堆里寻找历史证据，讲述今人所不知的故事；优秀的新闻作品都是在历史的背景中写出来的，而考古本身就是为了搞清楚历史疑点，把历史梳理得更清楚。好的新闻作品离不开新闻现场采访以及深入的田野调查和资料采集，考古学家离开故事发生地的发掘考证将一无所获。新闻学跟考古学一样，是好奇心驱动的，它们都是在貌似枯燥的材料中发现令人兴奋的人和故事。

新闻学与考古学是互补的。新闻学视野开阔，在研究文献过程中，记者必须具备其他学科学者少有的综合跨学科文献的能力。在实地采访中，好记者需要具备独到的眼力和听力，去捕捉常人听不进的细节和人物故事。当然，优秀的考古学家和记者也必须具备脚力。除了具备超人的脑力、眼力和笔力外，法显和玄奘他们最值得今天新闻专业学生学习的就是边走边看边听边记的能力——无论是爬雪山、走沙漠、遇强盗，他们都能心记笔录，把历史的瞬间准确地、没有个人观点地记录下来。

所以，我认为，新闻专业的学生应该去考古学家的发掘现场实习，通过一块砖、一缕头发丝、一个钱币、一尊佛像……采写出一个个真实美妙的故事。

有人说，自古以来，研究考古的都是吃饱了撑的，作为一个新闻学者参加考古会议更是吃饱了撑的。其实，美国和英国的大报记者多是学历史的，他们转向记者行业，毫无疑问，也是吃饱了撑的。但是，在当今国际社会上，他们已经在某种程度上控制了国际话语权。几年前，我问我的老朋友、美国哥伦比亚大学荣退教授西蒙·托平："您作为新闻学教授，您发表过新闻学或传播学的学术论文吗？"

"学术论文？我从来没写过，也不会写。"托平说。

"那您平时写啥？"

"写小说，写历史纪实。"

说罢，他把刚刚出版的《站在冷战的前线——一个美国记者的日记》送给了我。

四、新闻教育改革与"一带一路"书写

如果新闻教育不进行课程改革，培养的学生不能成为各行各业的准专家、准学者或普及性读物作者，那么中国未来最需要的书写人才——"一带一路"写作者或传播者，包括中国所需要的应对国际舆论的新闻人才将与中国的新闻学院无关。

2019 年秋天的一个晚上，印度著名作家、已故总理瓦杰帕伊的秘书库尔噶尼来我

家做客。他望着我客厅里和书房里满墙的图书,眼睛发亮。那些多是有关“喜马拉雅”“西藏”“克什米尔”“喀喇昆仑”“兴都库什”“阿富汗”“达旺”“锡金”“不丹”“拉达克”“叶尔羌”“新疆”“突厥”“阿富汗”“普什图人”“中亚”“伊朗”“俾路支斯坦”“伊斯兰教法”“犍陀罗佛教艺术”“木斯塘”的书籍。这些研究亚洲和“一带一路”必读的经典著作大部分是三百年来传教士、记者、间谍、军官、外交官和探险家们写的。没有一本是新闻学院的老师或者毕业生写的。

库尔噶尼说:“看到您收藏的亚洲文明和亚洲历史地理,特别是丝绸之路的图书,我深受感动。从您每天看的书来看,我相信,您培养的新闻学院学生是真正有知识的人。您收藏了许多关于中国、印度和巴基斯坦的三角地带的历史古籍和珍本书籍。您对我们共同的文化和文明遗产的爱与关怀对于‘一带一路’名义下的欧亚大陆东西南北之间文化交流的研究写作,不是局限于线路和道路的关注,而是‘点’‘线’结合,既研究丝绸之路的条条线路,又关注丝绸之路的边边角角,最终构成一个由‘点’和‘线’构成的‘一带一路’文化全景图。”

早在一百多年前,英国建立了从中亚腹地喀布尔到南亚最大港口加尔各答的环绕中国新疆和西藏的喜马拉雅英式丝绸之路“大干道”(Grand Trunk Road)。当时,英国政府派出了大量的写作者沿着这条大干道的两侧国家和地区进行深入采访调研,用日记和笔记等新闻纪实写作手法撰写了大量公开出版的或作为内部参考的图书。这些图书对我们今天研究“一带一路”仍有重要价值。2018 年,我在伊斯兰堡的一家旧书店意外地买到一本马克斯韦尔亲笔签名的名著《印度的对华战争》。十年前,我和当时在科技部工作的胡钰联合在上海浦东组织了一个科技会议,邀请杨振宁先生演讲。他没有谈科技,谈的是马克斯韦尔的这本书。

五年前,我在网上发现了一家名为“被遗忘的古书”的付费阅读和下载书店,里面珍藏了近百万种世界各地大学收藏的一百多年前的英文古书,这些书都已经不再受版权保护。我通过精读、泛读和快速浏览,选购了近三百本我认为新闻专业学生必读的人文古籍。我请清华大学图书馆的两位同事,帮我把这三百本书复制了两套,一套送给清华大学图书馆,另一套自己收藏。

作为新闻工作者,记者与历史学家不同的地方是,记者既要有历史的眼光,把“一带一路”写作放在汉唐文明、印度文明、伊朗文明、希腊罗马文明、阿拉伯文明、突厥文明、欧洲文明七大区域的语境中,同时记者也要利用其对现实政治的知识和敏感,把历史上的丝绸之路与现实中的“一带一路”沿线国家的各种政治、军事、宗教、经济和文化冲突与和解结合起来写作，此外还要发挥这七大文明板块之间的中介作用。不管时代如何改变，亚洲东西划分（乌拉尔山、帕米尔山、天山）与南北运动（阿勒泰山、喜马拉雅山、喀喇昆仑山、兴都库什山）之间都存在交织关联。记者要跳出历史学家的专业视角，通过自己宽阔的视野和广博的知识，关注和书写那些东西南北交通史上的中介地区，这些中介地区在某种程度上成为决定和维系欧亚大陆东西南北交流互动的关键区域，如喀喇昆仑山、喜马拉雅山、兴都库什山、帕米尔山、阿勒泰山。

“一带一路”写作需要的信息量巨大。传统的历史学家可能只需要读一个国家的书，或者与一个国家某一阶段、某一时期相关的书，或者与某个人物、某件事情相关的史料，而后把史料搜集起来，就可以写一本书。但书写“一带一路”的记者需要读很多书。比如，如果要写“一带一路”北方线路，就要写西伯利亚的边地文化，从堪察加、海参崴、伯力、贝加尔湖、图瓦到新西伯利亚，除了要读俄罗斯人近代写的关于西伯利亚、海参崴、鄂霍次克海、萨哈林和堪察加半岛的书，还要读中国汉朝、唐朝、元朝、明朝、清朝的书；既要读历史学家的书，还要阅读大量的人类学家、民族学家、地质学家、植物学家、新闻记者、文学家的书。

记者，作为“准学者”，可能会比专职的学者或专家获得更多的珍贵材料——记者利用其在新闻学院采访写作课上获得的技能，亲赴“一带一路”沿线国家和地区实际观察和采集的一手材料。这些材料将要阐述现实生活中的人对“一带一路”和这个世界有着什么样的理解，记者将用什么样的情感故事吸引现实中的读者或网民。记者的“一带一路”书写不同于传统的历史学家以民族或国家为主线的叙事写作，而是在以民族国家为主线的历史之间，或是在文明与文明之间的空白区，挖掘那些历史学家遗漏的信息，比如观察国家与国家之间、文明与文明之间、地区与地区之间横向的联系与互动等。

记者与学者书写“一带一路”的另一个差别在于，记者更多地依赖自己采集的一手材料，而不是仅仅靠专业或狭窄的文献研究去写作。记者通过与现实世界广泛的采访调研去获得“一带一路”沿线国家地区的多元文化、多元生活方式、多元的思维方式等。记者通过跨界的泛读和精读，在对“一带一路”沿线地区的整体性知识把握的基础上，进行自己的采写，这有助于人们更好地认识“一带一路”文化的独特性和整体性之间的关系，在读者脑海里绘出一幅“一带一路”文化的整体图景。

曾有人问我：在社交媒体新闻传播速度几乎进入纳秒的时代，第一时间报道新闻的压力前所未有，您还坚持这种传统的新闻人才培养模式，是不是与时代脱节了，或者说这是一种非常“奢侈”的新闻学观念？的确，在社交媒体上，新闻传播是即时的。但是，当我们打开手机会发现，肤浅的八卦传播已经让网民饱尝了快新闻的肤浅、虚假和浮躁。网上的虚假新闻愈来愈与广大人民群众的现实生活脱节。再这样下去，新闻学真的要死亡了。毫无疑问，我提倡的这种新闻学和新闻写作是奢侈的慢写作或称慢新闻学。这种写作需要时间，而时间就是金钱。从时间上算一笔账，慢新闻写作是奢侈的，要求记者花大量的时间对作品精雕细琢。这是对当代新闻学理论和业务的颠覆。慢新闻就是要颠覆快新闻的霸权，颠覆快新闻所形成的新闻文化，颠覆这种媒体文化所塑造的新闻价值。我们的时代需要一种慢写作、深写作、长写作，而不是不走脑子、人云亦云的快新闻写作。慢新闻记者的采访写作和新闻报道的截稿时间不是按天计算的，更不是分秒必争的，而是按月、按年来算的。

过去 30 年里，我一直在丝绸之路上采访写作，但并不急于出版我的作品。我不急于一个月走完丝绸之路，也不是花一年走完丝绸之路，我是花了整整 30 年走丝绸之路，而且今天还在走。我在清华大学教书的这 20 多年里，每年都要带学生一块儿去丝绸之路上采访写作，这就是一种对法显和玄奘创立的传统新闻学的坚守。

五、有关改革中国新闻与传播学院学科设置的建议

由于新闻学是人文学科，传播学是社会科学，二者在知识结构、人才培养目标、课程设置、专业方向上应该分开。

如果新闻与传播学院招收本科生，本科生应该是学新闻学，以通识教育为主。如果新闻与传播学院培养硕士生，可以分别设置新闻学和传播学两个专业方向。新闻学的培养目标是培养各行各业的“准学者”或“准专家”，他们是站在各行各业一线的普及性写作者、新闻工作者。传播学的培养目标是培养媒体市场营销、广告创意、公共关系等方面的专业实用人士。无论是新闻学硕士，还是传播学硕士，其生源应该以非新闻和传播学院的学生为主，比如，可以面向医学院、商学院、工学院、理学院、农学院、文学院招收硕士生。

针对博士生，新闻与传播学院分别设置新闻学和传播学两个专业方向，两个专业的人才培养目标都是培养大学教师和研究人员。新闻学博士的培养方案应该立足于

人文学科，开设当代文史哲、国学等课程。传播学博士的培养方案应在吸收借鉴当代传播学的基础上，立足社会科学，如统计学、经济学、人类学、民族学、管理学等开设课程，培养学术性人才。

总之，新闻与传播学院只有把新闻学定位于人文学科，在此基础上制订教学计划和进行课程改革，培养的新闻工作者或媒体人在国际话语竞争中和“一带一路”书写中才能打破西方中心论，才能更好地传承人类文明和价值观。

〔李希光，清华大学新闻与传播学院教授、清华大学国际传播研究中心主任〕

〔特约编辑：叶明睿〕

图书在版编目(CIP)数据

中国新闻传播研究. 网络视频传播 / 高晓虹主编. --北京 ：中国传媒大学出版社，2020.12
(传媒集刊)
ISBN 978-7-5657-2856-3

Ⅰ. ①中…　Ⅱ. ①高…　Ⅲ. ①新闻学－传播学－研究－中国　Ⅳ. ①G219.2

中国版本图书馆 CIP 数据核字(2020)第 236568 号

中国新闻传播研究：网络视频传播

ZHONGGUO XINWEN CHUANBO YANJIU：WANGLUO SHIPIN CHUANBO

主　　编　高晓虹
副 主 编　刘　宏　赵淑萍　曾祥敏
策划编辑　王雁来
责任编辑　陈　默　张　蕊
封面设计　拓美设计
责任印制　李志鹏

出版发行　中国传媒大学出版社
社　　址　北京市朝阳区定福庄东街 1 号　　**邮　　编**　100024
电　　话　86-10-65450528　65450532　　**传　　真**　65779405
网　　址　http://cucp.cuc.edu.cn
经　　销　全国新华书店

印　　刷　唐山玺诚印务有限公司
开　　本　787mm×1092mm　1/16
印　　张　17.25
字　　数　327 千字
版　　次　2020 年 12 月第 1 版
印　　次　2020 年 12 月第 1 次印刷

书　　号　ISBN 978-7-5657-2856-3/G・2856　　**定　　价**　79.00 元

本社法律顾问：北京李伟斌律师事务所　郭建平